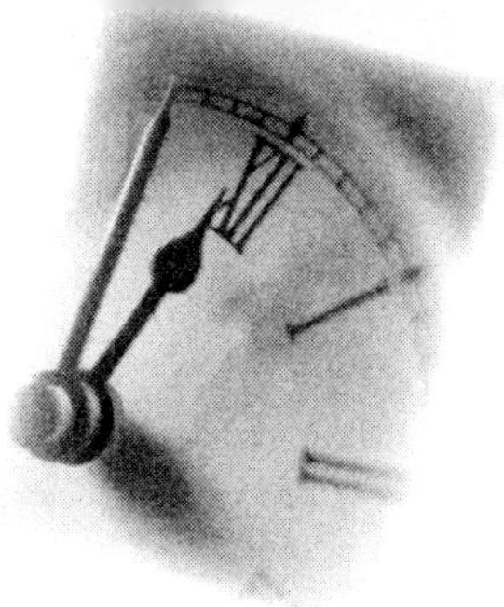

교사에 관한 철학적 담론

이 병 승 / 저

도서출판 원미사

머 리 말

우리는 교사에 관한 담론이 있을 때마다 흔히 "한 나라 교육의 질은 교사의 질을 넘지 못한다."라는 말을 자주 듣고 있다. 이 말은 언뜻 듣기에 진부한 표현 같지만 교육에 있어서 교사가 차지하는 비중이 얼마나 큰가 하는 점을 아주 간명하고도 강력하게 드러냈다는 점에서 나름대로 의미심장한 언명이라고 봐야 할 것이다. 교사의 가르침이 없고서야 어찌 한 개인이 스스로 인격을 도야하고, 어찌 지역 공동체가 바로 설 수 있을 것이며, 국가 공동체가 번영할 수 있다는 말인가? 이것은 상상도 할 수 없는 일이다.

이러한 의미에서 동서 어느 나라를 막론하고 훌륭한 교사(good teacher)를 기르려는 것은 국가가 성취하고자 하는 중요한 과업들 중의 하나였다. 국가의 이러한 태도는 교사의 질이 한 개인의 인격(人格)과 인품(人品)은 물론이고 한 나라의 국격(國格)과 국력(國力)을 결정하는 중요한 요인이라는 자각에 기반을 두고 있다고 볼 수 있다. 그러나 교사와 교사교육의 중요성을 십분 이해한다고 하더라도 과연 우리가 길러내고자 하는 훌륭한 교사란 누구이며, 그런 교사를 어떻게 길러낼 수 있을 것인가 하는 문제가 제기되면 이에 대한 속 시원한 답을 찾기란 좀처럼 쉬워 보이지 않는다. 그러나 논리적으로 말하자면, 후자에 대한 답은 전자에 대한 논의를 기반으로 이루어질 수밖에 없다. 왜냐하면 훌륭한 교사가 누구인지를 논의하지 않고 그를 어떻게 길러낼 것인가를 논의하는 것은 이치에 맞지 않는 것이기 때문이다. 목적지 없이 배를 띄울 수는 없는 일이다.

이러한 점에서 "과연 훌륭한 교사란 누구인가?"라는 질문은 교사 및 교사교육자의 가장 중요한 화두(話頭)일 수밖에 없다. 일반적으로 사람들은 훌륭한 교사를 '우수한 교사'라고 하기도 하고 '유능한 교사'라고 부르기도 하며, 혹은 '좋은 교사'라고 부르기도 한다. 유능한 교사 혹은 좋은 교사가 곧 훌륭한 교사라고 불릴 수 있는가 하는 점을 밝히기 위해서는 상당한 지면을 할애해야 할 것이다. 하지만 교사에 관한 한 분명한 사실 하나는 가르치는 교과에만 정통하거나 가르치는 방법에만 정통한 교사가 반드시 훌륭한 교사는 아니라는 점이다. 일선 학교에는 가르치는 교과내용을 통달하였으며, 가르치는 방법에 정통한 교사들이 얼마든지 있다. 즉 '방법의 교사'(teacher of method) 혹은 '기법의 교사'(teacher of technique)라고 불리는 사람들이 바로 그들이다. 그런데 최근 들어 이들이 마치 훌륭한 교사처럼 평가받고 있다는 점에서 실소를 금할 수 없다. 일선 교육청이나 모 방송국에서 이런 교사들에게 '수업명사'(授業明師) 혹은 '수업달인'(授業達人)이라는 호칭을 붙여주면서 이들을 마치 훌륭한 교사와 동일시하는 것은 아이러니가 아닐 수 없다. 분명히 말하건대, 수업을 잘하는 기술이나 기법의 소유자가 곧 훌륭한 교사는 아니다. 나의 오랜 교직 경험이나 상당한 기간 동안 교직 생활을 해온 교사들의 체험담에 비추어 볼 때 그는 '잘 가르치는 교사'일 수는 있겠지만 훌륭한 교사는 아니다. 왜냐하면 잘 가르치는 능력이 곧 훌륭한 교사의 자질을 결정하는 충분조건은 아니기 때문이다.

그렇다면 훌륭한 교사의 자질을 결정하는 것은 무엇인가? 교사의 일차적인 과업이 교과를 가르치는 것이라는 점에 대해 이의를 제기할 수 없다. 하지만 교사는 교과만을 가르치는 사람이어서는 안 된다. 교사의 더 중요한 과업은 바로 '사람'을 가르치는 데에 있기 때문이다. 교사의 과업이 단지 교과 지식만을 전달하는 사람이라면 구태여 교사교육기관이 그토록 오랜 시간을 들여 교사를 양성할 필요가 없을 것이다. 오랜 시간과 노력을 들여 교사를 길러내려는 데에는 그럴만한 충분한 이유가 있다고 봐야 한다. 특정 지식을 전수하는 일은 사람을 사람답게 만들어가는 일에 비하면 그렇게 큰 힘이 드는 작업은 아니다. 지식을 전수하는 일은 상대방의 반응과 무관하게 진행될 수 있지만 사람을 기르는 일은 그렇게 간단하지가 않다. 가르치는 교사가 그러한 일에 성심성의를 다하지 않고는 본래적 뜻을 이룰 수 없다. 가르치는 일에 헌신(獻身)하지 않고는 사람다운 사람을 길러내기가 어렵다. 이러한 의미에서 분명해 진 것 한 가지는, 훌륭한 교사란 교과지식을 전수하는 방법에 유능하기보다는 사람을 사람답게 길러 가는데 혼신의 힘을 다하는 사람이라는 사실이다.

교사가 사람을 사람답게 길러가기 위해서는 여러 가지 자질을 갖추어야 한다. 그는 교과지식을 효과적으로 전달할 수 있는 수업적 자질, 학생을 효과적으로 다룰 수 있는 지도적 자질, 나아가 학생들의 모범이 되는 도덕적 자질들을 갖추고 있어야 한다. 하지만 교사에게 더욱 기본이 되는 자질은 철학적 자질이다. 그에게 철학적 자질이 결여되게 되면 앞에서 언급한 자질들이 그 빛을 잃게 될 뿐만 아니라 교사다운 교사로서 본래적 길을 걸어갈 수 없다. 누구나 아는 바와 같이 교단에 서서 정부, 부모, 매스컴의 압력에 굴하지 않으면서 아이들을 사람다운 사람으로 길러낸다는 것은 여간 고단하고 힘든 일이 아니다. 신념이 강한 교사도 이런 저런 압력에 시달리다보면 본래적인 길에서 벗어나거나 매너리즘에 빠져들기 쉽다. 이러한 외부의 적 혹은 내부의 적과 맞서 싸우면서 교사 본래의 길을 걸어간다는 것은 엄청난 용기와 결단을 요구한다. 이러한 상황 가운데서 그에게 필요한 것은 가르치는 기술과 기교가 아니라 교사의 철학이다. 교사의 철학은 교사 스스로의 정체성을 지키는 지적 방패이며, 나태와 부패로부터 자기를 지키는 도덕적 방부제이다.

필자는 변혁의 소용돌이 속에서 사람다운 사람을 길러야 한다는 막중한 소임을 부여받은 교사들이 스스로의 정체성을 지키면서 본래적 과업을 어떻게 수행해 가야 할 것인가에 관해 숙고하는 과정에서 몇 편의 글들을 발표한 바 있다. 이 책은 총 4부로 구성되어 있으며, 이곳에 수록된 글들은 필자가 주로 학회에 발표했던 글을 재구성하여 게재한 것이다. 이 글들은 성격상 독립적인 것도 있지만 대부분 논리적이고 유기적인 관련을 가지고 있다.

제1부에서 필자는 '교사의 자질과 이상'에 관련된 글들을 실었는데, 이러한 글을 싣게 된 동기는 장차 교사가 되려는 사람들이 교사다운 교사의 자질이 무엇이며, 이를 위해 무엇을 어떻게 공부해야 할 것인지를 숙고해 보도록 하기 위해서이다. 예비교사

들은 철학자 혹은 교육철학자가 제시한 이상적인 교사상(教師像)을 통해 교사로서의 소명과 역할을 배울 수 있을 것이며, 현직 교사들은 자신의 교육활동을 이러한 이상적인 교사상에 비추어 반추해 볼 수 있을 것이다.

제2부에서 필자는 '교사의 권위와 교육철학'이라는 주제와 관련된 글을 실었다. 이러한 주제를 다루게 된 것은, 우리 사회에서 급속도로 확산된 바 있는 교실붕괴와 학교붕괴의 원인이 교사권위와 교육철학의 부재에서 비롯되었다는 문제의식을 꼼꼼히 들여다보고 그 해결방안을 찾아보려는데 기인한다. 권위가 없이는 훌륭한 교사가 될 수도 없으며, 좋은 수업을 진행할 수도, 좋은 학교를 운영해 갈 수도 없다. 기존의 연구들이 권위의 의미, 종류, 정당화에 관심을 가진 반면 필자는 권위를 회복하기 위한 방안을 제시하고자 하였다. 특히 권위의 붕괴 원인이 외적인 것에 있기 보다는 내적인 것에 기인한다는 점을 강조하는 가운데 권위 회복의 방안이 바로 교사의 교육철학 수립과 자기성찰에 주어져 있음을 밝히고자 하였다.

제3부에서 필자는 '교사의 인문적 소양과 사회적 역할'과 관련된 글들을 실었다. 모름지기 훌륭한 교사는 자신이 가르치는 교과목에 대한 관심과 이해를 넘어 세상에 대한 폭넓은 안목을 가지고 있어야 하며, 사회문제에 대해서도 적극적인 관심과 참여를 할 수 있어야 한다. 교사가 나누는 지식은 세상살이와 동떨어진 것이 아니며, 사회생활과 유리된 것이 아니다. 그리하여 필자는 교사가 세상에 대한 안목을 넓히기 위해 인문적 소양과 자질을 높여야 한다는 점을 강조하였다. 이제 교사는 스스로 교양의

세계에 입문해야 하며, 자기가 가르치는 아이들을 교양의 세계로 끌어들일 수 있는 능력을 갖추어야 함을 강조하였다. 아울러 필자는 훌륭한 교사는 급변하는 사회 속에서 발생하는 사회 공동체의 문제들에 대해서도 부단한 관심과 이해를 가져야 하며, 문제해결 과정에 적극 참여해야 한다고 역설한 듀이(John Dewey)의 주장을 적극적으로 검토하였다.

제4부에서 필자는 '교사교육과 교사교육자'와 관련된 글들을 실었다. 이 글들은 대체로 교사교육을 담당하는 대학 교수들이 예비교사의 자질 향상을 위해 어떤 노력을 기울여야 하는가를 다루었다. 교사의 자질은 교사교육자의 자질을 넘을 수 없다는 진리를 마음에 새기면서 교사에 관한 연구가 과학적인 관점에서만 이루어져서는 안 되며, 교사에 대한 가르침 역시 과학적인 마인드만을 가지도록 이루어져서는 안 된다는 점을 강조하였다.

이 책에 실린 대부분의 글들은 그 동안 필자가 각종 학회 및 연구소에 게재하였던 교사 및 교사교육 관련 논문을 부분적으로 수정하거나 재구성한 것이다. 제1부의 1장은 한국교육철학회에서 펴낸 《교육철학》 제36집에 각각 실린 글이며, 제1부의 2장과 3장, 제3부의 8장, 제4부의 9장은 한국교육사상학회에서 펴낸 《교육사상연구》 제24권 1호, 24권 3호, 제23권 1호, 제19집에 실린 글들이다. 제2부의 4장, 제3부의 6장, 제4부의 10장은 공주대학교 교육연구소에서 펴낸 《교육연구》 제25집, 제23집, 제21집에 실린 글들이다. 그리고 제2부의 5장은 계명교육철학회에서 펴낸 《교육철학연구》 제6호에 실린 글이며, 제3부의 7장은 인문과학연구소에서 펴낸 《인문학논총》 제7권 1호에 실린 글이다.

아무쪼록 이 책이 장차 교단에 설 예비교사들, 지금 이 순간에도 자기 정체성을 지키기 위해 노력하고 있는 현직 교사들, 그리고 교사다운 교사를 길러내기 위해 노력하는 교사교육자 여러분에게 도움이 되었으면 한다. 끝으로 이 책을 구성하는 과정에서 필자의 발표논문을 다시 게재할 수 있도록 허락해 준 한국교육철학회, 한국교육사상학회, 한국인문과학회 등 여러 학회 관계자 여러분에게 고마운 마음을 전하며, 기꺼이 이 책의 출판을 맡아 준 원미사 사장님과 편집부 여러분에게 감사의 말씀을 드린다.

2012년 1월
신관동 연구실에서
저자

차 례

제3부 교사의 인문적 소양과 사회적 역할에 관한 담론

제4부 교사교육과 교사교육자에 관한 담론

제 1 부

교사의 자질과 이상에 관한 담론

장차 교사가 되려는 사람들은 교사다운 교사의 자질이란 무엇이며, 이를 위해 무엇을 어떻게 공부해야 할 것인지에 대해 깊이 있는 숙고를 해 봐야 한다. 제1부에서는 훌륭한 교사의 자질을 논한 글, 이상적인 교사의 모습을 그린 글, 그리고 자기교육자로서 모범적 삶을 살았던 소로우에 관한 글을 소개하였다.

제1장에서는 훌륭한 교사의 자질이 무엇인지를 고찰하였다. 훌륭한 교사는 과학적인 자질만이 아니라 합리적 사고, 비판적 활동, 정당화 작업, 교육윤리적 활동을 해 갈 수 있는 철학적 자질을 갖추어야 한다는 점을 강조하였다.

제2장에서는 피터스의 교육개념 안에 논리적으로 가정되어 있는 교사의 모습을 탐색하였다. 피터스에 의해 그려진 이상적인 교사란 편협하게 훈련받은 교사가 아니라 폭넓게 교육받은 사람이라는 점을 제시하였다.

제3장에서는 소로우의 『월든』에 나타난 자기 교육자의 모습을 탐색하였다. 자기 교육자로서 소로우가 보여준 위대한 정신 중의 하나는 남을 가르치기 전에 스스로가 소박하고 성실한 삶을 살아가야 한다는 점이었다. 고매한 정신의 교육자요 자연의 교육자로서의 그의 모습을 담아내고자 하였다.

제 1 장

훌륭한 교사의 자질

1. 들어가는 말
2. 교사 자질의 비판적 검토
3. 훌륭한 교사의 철학적 자질들
4. 맺는 말: 교사교육의 방향

CHAPTER 1

훌륭한 교사의 자질

1 들어가는 말

오늘날 교육 현장에는 교육활동과 교육현상을 과학적인 안목을 가지고 이해할 뿐만 아니라 수업을 과학적인 방법과 절차에 따라 수행해 가는 능력이 뛰어난 교사들이 얼마든지 있다. 이들은 학교에서 우수한 교사, 유능한 교사, 능력 있는 교사로 평가받고 있다. 그러나 문제는 이러한 과학적 자질[1]만 갖추면 '훌륭한 교사'(good teacher)로서의 자격을 갖추었다고 말할 수 있는가 하는 점이다. 즉 교육을 과학적으로 이해하고 다룰 줄 아는 능력과 자질이 '교사다운 교사'의 충분조건이라고 할 수 있는가 하는 점이다. 교사가 수업을 과학적으로 계획, 조직, 운영, 평가할 수 있는 뛰어난 능력을 가지고 있다고 하더라도 그(그녀)가 교육본질에 비추어 교육사태를 직관할 수 있는 능력, 교육현상

1) 여기서 말하는 과학적 자질이란 과학교과를 가르치는 교사가 갖추어야 할 자질을 말하는 것이 아니라, 일반적으로 특정 교과를 불문하고 과학적인 방법과 절차에 따라 교육활동을 수행해 가는 자질, 즉 과학적인 마음과 태도를 가지고 교육활동 전반을 계획, 조직, 구성, 운영, 측정, 평가할 수 있는 자질을 의미한다.

을 폭 넓게 바라볼 수 있는 지적 안목, 교육현실을 비판적으로 숙고하는 능력, 미래교육에 대한 희망과 비전을 제시하는 능력, 자신의 교육활동을 철저하게 반성하는 능력 등의 자질이 결여되어 있다면 우리는 그(그녀)에게 '훌륭한 교사'라는 칭호를 붙이기를 꺼려 할 것이다.

훌륭한 교사가 되기 위해서는 교육을 과학적으로 이해하고 다룰 줄 아는 능력과 더불어 그것을 철학적으로 숙고하고, 이해하고, 실천할 수 있는 자질(資質: quality)[2]을 갖추어야 한다. 말하자면 교사는 과학적 자질(scientific quality)과 함께 철학적 자질(philosophical quality)을 함께 지니고 있어야 한다. 아마도 교사교육기관에서 장차 교사가 되려는 예비교사들에게 교직과목으로서 교육과학과 교육철학을 부과하는 것도 바로 이러한 이유에서 일 것이다. 예컨대, 교사가 교육과학적인 자질만을 갖추었을 뿐 교육철학적 자질을 갖추지 못하였다면 그의 가르침과 지도는 교육이 실현하고자 하는 본래의 목적을 달성하는데 큰 도움을 주지 못할 것이다. 교사가 교육 과학적 자질만 소유해서는 교사다운 교사로서 설 수 없을 것이며, 훌륭한 교사로 거듭날

---

2) 피터스(1977: 23-25)에 의하면, 자질이란 라틴어 *qualitas*에서 온 단어로서, 원래는 아리스토텔레스가 사물의 속성, 즉 사물의 본질을 묘사하기 위해 사용한 용어이다. 이 말은 처음에 사물의 속성을 가리키는 용어로 사용되었지만 나중에는 사람의 자질, 마음과 성격의 특징을 설명하는 개념으로 사용되었다. 즉 이 말은 처음에 기술적인 의미(descriptive meaning)로 사용되다가 나중에 규범적인 의미(normative meaning)로 사용되었다. 최근에는 사물, 현상, 활동의 결과를 측정하는 평가적 용어로 쓰이기도 하고, 어떤 가치있는 일을 성취하고자 할 때 따라야 할 기준(criterion)으로 사용하기도 한다. 대체로 교육과학자들은 전자의 관점에서, 교육철학자들은 후자의 관점에서 자질이라는 말을 사용하고 있다.

수 없을 것이다. 교사가 철학적인 마음과 태도를 가져야 할 까닭이 바로 여기에 있다.

그러나 안타깝게도 우리 학계에서 교사의 교육 과학적 자질 혹은 능력에 대한 논의는 풍성하지만 교사의 교육 철학적 자질에 대한 논의는 부족한 편이다.[3] 즉 교사가 갖추어야 할 수업능력, 업무능력, 지도능력에 대한 심리학적, 사회학적, 행정학적 논의는 많이 이루어졌지만, 교사의 철학적 자질에 대한 논의는 거의 이루어지지 않고 있다. 이 글은 한편으로, 과학적 자질과 철학적 자질, 이 두 가지를 고루 겸비한 교사가 온전한 교육을 해갈 것이라는 믿음을 가지면서, 다른 한편으로는 교사의 자질에 대한 기존의 연구들이 가진 한계를 비판적으로 검토하면서, 교사교육자들이 길러야 할 훌륭한 교사의 자질들이 무엇이어야 하는지를 탐색해 보고자 한다. 따라서 이 글에서는 먼저 훌륭한 교사의 자질에 대한 기존의 연구들을 비판적으로 검토한 후, 훌륭한 교사가 갖추어야 할 철학적 자질들이 무엇인지를 차례로 제시하고 이를 정당화하려고 한다.

---

3) 물론 훌륭한 교사에 대한 논의는 윤팔중(1969), 윤정윤(1997), 장석우(2000), 윤정일 · 허형(2002), 강기수(2002), 오욱환(2005), J. M. Banner and H. C. Cannon(이창신 옮김, 2003), W. Glasser(박정자 옮김, 2004) 등 몇 몇 연구자들에 의해 이루어졌다. 하지만 이들 연구 대부분은 교사의 과학적 자질들을 포함한 전문가적 자질들에 대해서는 비교적 구체적으로 논의했지만 철학적 자질들에 대해서는 부분적으로 혹은 거의 논의하지 않고 있다. 지난 2006년 교육철학회 연차학술대회(2006. 11. 18)에서 이루어진 '좋은 교사'에 대한 논의도 엄격하게 말하자면 좋은 교사의 일반적인 자질을 논의한 것이지 훌륭한 교사의 철학적 자질을 논한 것은 아니다.

2 교사 자질의 비판적 검토

과연 어떤 교사가 훌륭한 교사인가? 훌륭한 교사가 가져야 할 자질이란 무엇인가? 이러한 질문들에 답을 한다는 것은 여간 어려운 일이 아니다. 그도 그럴 것이 상식적인 수준으로부터 전문적인 수준에 이르기까지 다양한 답들이 제시될 수 있기 때문이다. 그렇기는 하지만 필자는 우선 교육계에서 이루어졌던 논의를 중심으로 '교사의 자질'에 대한 기존의 연구들을 다음 몇 가지 맥락에서 비판적으로 검토해 보고자 한다.

1) '좋은 교사'의 자질

최근 몇 년 간 교육철학계에서 '좋은 교사'(good teacher)에 대한 논의들이 활발하게 이루어진 바 있다. 특히 2006년 말 교육철학회 연차학술대회(2006년 11월 18일)에서 좋은 교사에 대한 논문 두 편이 발표되었다. 하나는 박영만의 "좋은 교사란 어떤 사람인가?"이며, 다른 하나는 김회용의 "좋은 교사의 자질"이다. 이 두 편의 글은 좋은 교사의 개념을 명료화하고 좋은 교사에게 요구되는 자질이 무엇인지를 구체적으로 밝혔다는 점에서 나름대로 의의가 크다고 할 수 있다. 박영만의 글에 나타난 중요한 논의 중의 하나는, 좋은 교사란 좋은 학교와 불가분의 관계를 가지고 있다는 점을 지적한 점이다. 그리하여 그는 먼저 좋은 학교란 어떤 학교인지를 구체적으로 제시하고 그것에 기초하여 좋은 교사의 자질들을 제시하려고 하였다. 즉 그는 굿래드(J. I.

Goodlad)의 설명을 토대로, 좋은 학교에서 발견할 수 있는 특징으로 학업성취, 창의성, 자기주도적인 학습, 문제해결, 지역사회에 대한 봉사, 사회적 협동 등을 제시하고, 나아가 글리크만 등(C. D. Glickman, et. al.)의 주장을 기초로 좋은 학교의 도덕적 원리들, 예컨대 열정, 전체성, 연계, 포괄, 정의, 평화, 자유, 신뢰, 권한부여, 공동체 등을 제시한 후 좋은 교사의 모습과 특징을 추론해 내고자 했다(박영만, 2006: 77-93). 이에 반해 김회용은 "좋은 교사의 자질은 특정 사상이나 철학적 기반을 토대로 하기 보다는 어디까지나 현실적인 제약 아래서 실천 가능한 대안으로서의 자질을 의미한다. 따라서 사회적 요구가 포함되어 있는 관련법규와 교사 자격증의 의미, 사전적 정의 등을 통해 좋은 교사의 자질을 도출하고자 한다."(김회용, 2006: 102-103)고 전제한 후 좋은 교사의 모습을 크게 세 가지, 즉 학생과 신뢰로운 관계를 형성하는 교사, 잘 가르치는 교사, 지도적 교사를 제시하였다(김회용, 2006: 106-114).

그러나 아쉽게도 이 두 편의 논문에 담긴 논의는 다음과 같은 난점을 안고 있다는 생각이 든다. 우선, '좋은 교사'라는 말이 개념적으로 애매·모호해서 과연 어떤 교사가 좋은 교사인지를 이해하기 어렵다는 점이다. '좋은 교사'라는 말이 애매하다는 것은 이 표현이 두 가지 이상을 의미를 가지고 있다는 것이요, 모호하다는 것은 이 말이 아무런 기순(基準)이 없이 사용되고 있다는 것을 의미한다. 따라서 좋은 교사란 '마음이 좋다'는 것인지, 풍기는 '이미지가 좋다'는 것인지, 아이들을 '잘 대해준다'는 것인지 '좋다'는 것의 대상이나 기준이 불분명하다는 점이다. 그럼에도 불구하고 연구자들은 여러 곳에서 '좋은 교사'와 '훌륭한 교사'의 개념을 구분 없이 사용하고 있다. 개념적으로 '좋음'은 '훌륭함'의 필요조건이지 충분조건은 아니다. 다음으로, 이 두 논의는 좋은 교사의 자질을 귀납적인 방법으로 이끌어내는 과정에서 '존재하는 교사'로부터 바람직한 자질을 이끌어냄으로써 일종의 '자연론적 오류'(naturalistic fallacy)를 범하고 있는 듯 하다. 이 두 논의는 현존하고 있는 좋은 학교, 법규, 사전, 사회적 요구로부터 좋은 교사의 모습이나 자질을 추론해 제시하였다. 그러나 존재하는 사실들, 즉 학교제도, 법규, 사회적 요구로부터 존재해야 할 교사의 모습을 이끌어낼 경우 교사의 자질은 제도적으로, 사회적으로만 규정될 수밖에 없다. 이럴 경우 교사의 자율성, 창의성, 주도성, 비판적 실천 자질 등은 논의 밖으로 밀려나게 된다. 끝으로, 이들 논의가 가지고 있는 가장 큰 난점은, 이들 연구자들이 사실적인 것으로부터 이끌어낸 '좋은 교사'의 자질들 대부분이 과학적인 자질에 속하는 것이라는 점이다. 연구자들은 '좋은 교사'의 자질들을 여러 교사연구자들의 논의를 빌어 다양하게 제시하였지만, 아쉽게도 그 자질들이 과학적 패러다임으로 교육을 바라보는 연구자들이 제시한 자질들과 크게 차이가 없어 보인다는 점이다. 요컨대, 그들이 제시한 '좋은 교사'의 자질은 과학적인 자질을 넘어서지 못하고 있는 듯하다.

이러한 의미에서 이들이 밝힌 '좋은 교사'의 개념은 '훌륭한 교사'를 설명하기 위한 필요조건은 될지언정 충분조건은 될 수 없다. 좋은 학교로 평가를 받은 학교에서 찾아낸 교사를 모두 훌륭한 교사라고 부를 수 있는지 의문이며, 사회적 요구가 포함되어 있는 관련 현행 법규에서 찾아낸 교사를 훌륭한 교사라고 부를 수 있는지 보다 비판적으로 검토해 봐야 할 일이다. 교사는 한 사회가 요구하는 지식, 정보, 기술을 가르쳐야 할 소임을 맡은 사람이기는 하지만 그는 동시에 기존의 지식과 기술을 비판하고 그것을 최상의 상태로 이끌어 올릴 수 있는 자질을 갖춘 사람이다. 희랍어의 *Arete*가 가지는 본래적인 의미에 비추어볼 때 이들 연구자들이 제시한 좋은 교사의 모습은 훌륭한 교사의 *Arete*를 충족시키기에는 부족한 점이 있다.

2) '수업명사'와 '수업달인'의 자질

경상남도 교육청은 2002년부터 수업을 잘하는 교사를 '수업명사'(授業明師)[4]로 선정하여 수상하고 있으며, 2007년 EBS방송국에서는 〈생활의 달인〉이라는 프로그램을 제작하여 방영하면서 수업을 재미있게 하는 교사를 '수업달인'(授業達人)으로 선정, 소개한 바 있다(http://image search.naver.com). 이들 교사들은 수업을 잘한다는 이유 하나만으로 좋은 교사 혹은 훌륭한 교사라는 평가를 받았다. 그들에게서 나타나는 가장 두드러진 수업행동 특징은 주어진 교과의 내용을 재구성하는 능력이 탁월할 뿐만 아니라 그것을 재미있게 전달하고 이해시킨다는 점이었다.

4) 수업명사가 되려면 매년 개최되는 '학습지도연구대회' 및 '교실수업개선실천사례발표대회'에서 1등급을 수상한 경력이 있어야 하고, 이들 수상자들만 참가하는 '수업연구교사발표대회'에서 2회 이상 1등급을 수상해야하는 어려운 관문을 통과해야 한다. 뿐만 아니라 수업명사가 되면 동료교사의 수업을 선도해야 한다는 점 때문에 지역교육청교육장의 추천 과정까지 거치게 하는 등 까다로운 절차를 거쳐 선정이 되고 있다.
(http://news.gne.go.kr/serlet5/news)

달리 말하자면 그들은 교과지식을 조직하는 능력이 뛰어나고 그러한 지식을 전달하는 수업기술 능력이 뛰어나다는 점이다. 그들은 기발한 아이디어로 학습동기를 유발시키는 능력이 탁월하며 독특한 제스처와 목소리, 유머를 활용해 학습의 효과를 극대화시키고 있다는 점이다. 사실 학교 현장에서 아이들을 가르쳐본 경험이 있는 사람이라면, 어려운 교과내용을 아이들의 지적 수준에 맞게 재구성하고 또한 그것을 기발한 기법과 기교로 전달하는 일이 결코 쉬운 일이 아니라는 점에 공감할 것이다. 이런 의미에서 그들이 가진 교수기법과 기교는 높이 평가받아야 한다.

그러나 수업명사 및 수업달인에게서 나타나는 자질들, 즉 수업내용을 재구성하는 능력, 그것을 효과적으로 전달하는 교수기술 혹은 수업동기를 적절히 이끌어내는 능력이 과연 훌륭한 교사의 자질을 결정하는 충분한 조건인가 하는 점은 비판적으로 검토할 필요가 있다. 이것을 보다 압축해서 말하자면, 수업의 질이 교사의 질을 결정하는 충분조건인지 비판적으로 따져봐야 한다. 아이러니컬하게도 일선 학교에서 '수업명사'나 '수업달인'으로 평가받은 교사들이 훌륭한 교사와 동일시되고 있다는 점이다. 수업을 잘 하는 교사가 모두 훌륭한 교사라면 구태여 교사교육기관들이 예비교사들에게 수업기법 및 수업기술 이외의 것을 가르칠 필요가 없을 것이다. 예컨대, 인문적 소양을 기르기 위한 교양교과들, 교육활동 및 교육현상 전반에 걸쳐 폭 넓은 이해와 안목을 가지도록 하는 교육학 교과목들에 대해 가르칠 필요가 없을 것이다. 수업기술이나 기교는 교사양성기관이 아니더라도 배울 수 있는 곳이 얼마든지 있기 때문이다.

대체로 수업을 잘 하는 교사가 다른 업무들을 처리하는데 있어서도 열성적일 가능성이 있지만, 반드시 수업자질이 교사자질을 결정하는 충분한 조건은 아니다. 왜냐하면 수업을 잘 하지만 인문적 소양이 부족하거나 학생지도 및 상담에 소질이 없거나 학급관리 및 경영에 소질이 없는 교사도 얼마든지 존재하기 때문이다. 이러한 점에서 올리바(P. F. Oliva)가 제시한 교과내용지식, 일반교양지식, 교육학적 일반지식으로 구성된 8가지 능력과, 핸슨(K. T. Henson)이 동일한 영역에서 제시한 교수 기술적 자질과 인성적 자질에 비추어볼 때, 훌륭한 교사란 특정 기술이나 기교만을 통달해서는 안 된다는 점을 예증하는 충분한 근거가 될 수 있다(Oliva and Henson, 1980: 117). 따라서 수업자질이 곧 교사자질을 결정하는 충분조건으로 여기는 비전문적인 평가태도는 숙고되어야 한다. 모름지기 교사는 수업을 잘해야 하지만, 수업을 잘 하는 능력이 교사의 자질을 결정하는 충분조건은 아니며, 그것이 교사의 '훌륭함'(Arete)을 결정하는 충분조건은 더더욱 아니다.

3) '효율적인 교사'의 자질

앞의 논의와 관련하여 우리 교육계에 수업의 효과를 극대화할 수 있는 교사의 자질을 훌륭한 교사의 자질로 등식화하는 경향이 지배적이다. 윤정일과 허 형(2002)이 발간한 『훌륭한 교사가 되는 길』에서 윤정일은 '좋은 교사'라는 표현이 가지는 개념상의 모호성을 지적 비판한 후 '효율적인 교사'(efficient teacher)를 '훌륭한 교사'로 묘사한 바 있다[5]. 즉 수업을 효율적으로 운영함으로써 의도했던 결과를 얻어낼 수 있는 능력을 가진 교사를 훌륭한 교사로 규정하고 있다. 여기서 그가 말하는 '효율적인 교사'란 앞에서 지적한 바 있는 '수업을 잘 하는 교사', '수업명사', '수업의 달인'이라는 표현과 다를 바 없다. 이러한 표현이 가지는 한계는 우선 '효율적'이라는 말이 한 인격체로서의 교사를 설명하는 개념으로 적절하지 않다는 것이며, 다른 하나는 수업의 효율성을 높이는 능력이 탁월하다고 해서 그에게 즉각적으로 '훌륭한 교사'라는 칭호를 붙여줄 수 없다는 점이다. 앞에서 언급한 바 있듯이, 수업의 효율성을 이끌어 올리는 능력이 탁월하지만 인격과 품성을 갖추지 못한 교사도 얼마든지 존재하기 때문이다. 윤형일의 교사 자질 논의에는 몇 가지 난점들이 놓여 있다.

우선, 이러한 논의가 가진 난점 중의 하나는 '효율적인 교사'라는 표현이 언어적으로도 어색하며, 도덕적으로도 적절하지 못하다는 점이다. '수업의 효율성'이라든가 '업무처리의 효율성'이라는 표현은 자연스럽게 들리지만, '효율적인 교사'라는 표현은 어색해 보인다. '효율적인 교사'라는 표현 안에는 교사를 하나의 인격체로 바라보지 않으려는 생각, 그의 의도, 판단, 능력, 태도 그리고 자질을 순전히 인과론적이고 기계론적인 관점에서만 평가하려는 의도가 숨겨져 있다. 이러한 점에서 이 논의가 언어적 비판 작업 없이 효율적인 교사를 훌륭한 교사와 동일시하는 것은 개념적으로 부적절하며, 윤리적으로도 온당하지 못하다.

5) 이러한 관점은 외국의 경우도 예외는 아니다. 교사 연구가로 널리 알려진 Ryan과 Cooper(2004)의 경우도 *Those Who Can, Teach*에서 '효율적인 교사'를 훌륭한 교사로 규정한 후 그에게 요구되는 태도, 능력, 행동특성들이 무엇인지를 제시하였다(pp. 142-176).

다음으로, 이 논의가 가지는 가장 큰 난점은 교사의 자질을 순전히 행동과학적인 패러다임으로 측정하려고 한다는 점이다. 교사의 역량, 능력은 말할 것도 없고 교사의 자질을 과학적 평가 잣대로 재려고 한다는 점이다. 과연 교사의 자질, 특히 교사의 훌륭함을 수량화하여 측정할 수 있을 것이며 그러한 측정의 결과를 신뢰할 수 있는 것인가? 수많은 교사연구자들이 밝히고 있듯이, 교사의 자질을 결정하는 요인은 무수히 많을 뿐만 아니라 이것들은 상호작용하고 있기 때문에 과학적 잣대로 측량할 수 없거니와 측량이 가능하더라도 그것은 교사의 질을 이루는 부분을 잰 것일 따름이다.

이러한 맥락에서 주니어 베너(J. M. Banner Jr.)와 헤럴드 캐넌(H. C. Cannon)이 발간한 『훌륭한 교사는 이렇게 가르친다』(이창신 역, 2003)라는 책은 훌륭한 교사의 수업 능력이 아닌 인성적, 인격적, 품성적 자질에 무게를 두었다는 점에서 시사하는 바가 크다고 할 수 있다. 이들은 훌륭한 교사가 갖추어야 할 자질로서 학습, 권위, 도덕, 질서, 상상, 연민, 인내, 인격, 즐거움 등 9가지를 제시하였는데, 이 자질들은 훌륭한 교사를 설명하기 위한 조건으로서 손색이 없는 것이라고 할 수 있다. 하지만 이 자질들이 모두 훌륭한 교사를 설명하는 충분조건인가 하는 점은 보다 많은 논의를 필요로 한다. 왜냐하면 베너와 캐넌의 논의에서는 교사의 훌륭함을 결정하는 또 다른 자질들 즉 탐구, 반성, 비판, 정당화 등에 대한 자질들에 대한 논의가 거의 이루어지지 않았기 때문이다.

3 훌륭한 교사의 철학적 자질들

앞에서 살펴본 바와 같이 훌륭한 교사의 자질은 수업 전문성, 즉 교육내용과 교육방법을 과학적으로 다룰 줄 아는 능력에 의해서만 결정되는 것은 아니다. 이러한 능력을 갖춘 교사는 '방법의 교사', '좋은 교사', '유능한 교사', '효율적인 교사'일지는 몰라도 '훌륭한 교사'는 아니다. 왜냐하면 이러한 능력은 훌륭한 교사가 되기 위한 필요조건이지 충분조건은 아니기 때문이다. 그렇다면 그에게 과학적 자질들(scientific qualities) 이상으로 필요한 자질들은 무엇인가? 그것은 바로 철학적 자질들(philosophical qualities)[6]이라고 할 수 있다. 이 장에서는 교사의 철학적 자질들이 무엇인가를 제시하고 이를 정당화해 보고자 한다.

1) 합리적인 사고활동 자질

훌륭한 교사는 교육활동을 합리적으로 사고하고 판단하고 추진해 가는 자질을 갖춘 사람이다. 여기서 합리성란 어떤 활동이 따라야 할 원칙(原則)이요, 원리(原理)요, 법칙(法則), 혹은 규범(規範)이라고 할 수 있다. 따라서 합리성을 존중하는 교사는 원칙에 충실하게 가르치고 지도할 것이기 때문에, 편견, 선입견,

---

6) 이러한 철학적 자질들은 교사교육기관에서 교사교육자들이 예비교사들에게 가르치고자 하는 자질들이기도 하다. 여기에 소개된 자질들은 이미 필자가 "교사교육에 있어서 교육철학 교수의 역할"(교육연구, 제21집, 공주대학교교육연구소, 2007, 1-20)이라는 글에서 소개한 내용으로서 부분적으로 수정, 보완된 것임을 밝혀둔다.

억견, 감정에 치우치지 않을 것이다. 이러한 점에서 합리적인 사고와 판단(rational thinking and judgment)은 훌륭한 교사가 갖추어야 할 철학적 자질들 중의 하나라고 할 수 있다. 전통적으로 철학자들은 예외 없이 합리적 사고의 능력 신장을 중요시 해왔다. 왜냐하면 합리적 사고는 문제의 사태를 바르게 직시하고 인식할 수 있는 능력뿐만 아니라 그것을 효과적으로 해결해 갈 수 있도록 도와줄 것이라고 판단했기 때문이다. 오늘날 교사 교육자들도 예비교사들이 교육문제를 합리적으로 인식하고 해결해 갈 수 있는 능력을 갖추도록 돕고 있다. 왜냐하면 그들은 합리적 사고란 훌륭한 교사가 가져야 할 중요한 철학적 자질이라고 판단하기 때문이다.

흔히 합리적인 사고란 무슨 일이든지 이치(理致)에 맞도록 생각하는 능력을 말하는데, 이러한 능력은 하루아침 사이에 길러질 수 있는 것이 아니라 오랜 철학적 훈련을 통해 길러진다. 일찍이 영국의 교육철학자 피터스(R. S. Peters)는 "습관과 전통의 마당을 거쳐 이성의 궁전에 들어갈 수 있다."(Peters, 1974: 272)고 말한 바 있는데, 이것은 이성적인 능력이 오랜 타율(他律)의 과정을 거침으로써 비로소 획득될 수 있음을 암시해 준다. 우리 인간이 합리적 자율성(合理的 自律性)을 얻기 위해 비교적 긴 타율의 과정을 거쳐야 한다는 것은 분명히 하나의 패러독스(paradox)임에 틀림없다. 교사도 예외가 아니다. 그가 이성적으로 사고하고 판단하고 행동해 가기 위해서는 상당한 기간 동안 길고 험한 터널을 지나야 한다. 즉 교사는 일정한 기간 동안의 교사훈련을 받음으로써 합리적으로 생각하고 판단할 수 있는 능력을 획득하게 된다.

그렇다면 교사에게 이러한 합리적 사고가 중요한 까닭은 무엇인가? 우선, 교육이란 근본적으로 교사가 아이들에게 합리적인 사고를 할 수 있는 능력을 길러주는 과정이라고 할 수 있다. 즉 교육이란 아이들이 자신들이 살고 있는 세계 안의 인간, 사물, 자연을 이치에 맞도록 사고하도록 이끄는 활동이라고 할 수 있다. 동시에 이러한 세계 속에서 생겨나는 문제들 및 현상들을 이치에 맞도록 생각해 보도록 인도하는 활동이라고 할 수 있다. 교육을 이러한 관점에서 파악한다면, 교사가 보여주는 사고의 폭과 깊이가 아이들의 인간관, 세계관, 가치관, 자연관의 형성에 직접 혹은 간접으로 영향을 미치게 될 것이라는 결론에 이르게 된다.

이런 의미에서 교사의 사고는 아이들 사고의 원형(原型)이요 모형(模型)라고 해도 지나침이 없을 것이다. 많은 아이들이 자기가 좋아하는 선생님의 행동양식을 따라 배우듯이, 선생님의 사고하는 방식을 모방함으로써 사고하는 방법을 배운다. 말하자면 교사의 사고는 학생 사고의 모델(model)이라고 할 수 있다. 따라서 교육사태에서 교사가 보여주는 불합리한 사고는 아이들의 마음속에 불합리한 사고를 싹트게 할 가능성이 높다.

교사의 합리적인 사고는 합리적인 판단(rational judgment)의 단초(端初)가 된다는 점에서 매우 중요하다. 피터스가 롱기누스(Longinus)의 말을 인용해 주장했던 것처럼, "판단이란 여러 가지 경험의 마지막 꽃이다"(Peters, 1966: 60). 교육사태에서 교사가 내리는 판단은 경험의 산물이기는 하지만 사고의 산물이기도 하다. 물론 합리적 사고가 모두 합리적인 판단이나 결정을 이끌어내는 것은 아닐 것이다. 왜냐하면 실천의지가 약할 경우 그의 합리적 사고는 결실을 맺기 힘들기 때문이다. 하지만 합리적인 사고를 하는 교사가 비합리적인 판단을 내리거나 결정을 내릴 가능성은 희박하다.

2) **비판적인 활동 자질**

훌륭한 교사는 단지 존재하는 교육현실에 안주하거나 만족하지 않는다. 그는 자기비판을 통해 자기의 의식과 행동을 갱신해 갈 뿐만 아니라 교육체제와 제도를 개혁하려고 한다. 이러한 점에서 비판적 활동(批判的 活動: critical activities)은 훌륭한 교사가 갖추어야 할 중요한 철학적 자질들 중의 하나라고 할 수 있다. 최근 라이언과 쿠퍼(Ryan and Cooper, 2004: 146)가 훌륭한 교사는 교육현실 및 교육문제를 보다 근원적으로 바라볼 수 있는 비판적 관점을 가져야 한다고 주장한 바 있는데, 이것은 교사에게 이러한 자질이 부족하면 교육사태를 근시안적으로 바라볼 뿐만 아니라 조잡한 의사결정을 할 가능성이 있다는 점을 염두에 두고 한 말이다. 전통적으로 철학자들은 비판(criticism)을 중요한 철학적 활동으로 바라보았다. 비판이란 언어적으로 인간의 제반 활동의 가치, 정당성, 타당성을 검토하고 평가한다는 의미를 가지고 있긴 하지만 이것은 어디까지나 왜곡된 사실과 은닉된 허위의식들을 들추어냄으로써 현재의 상황을 보다 개선해 보려는 강한 의도를 반영하는 반추적 작업(反芻的 作業) 혹은 담금질이라고 할 수 있다.

존재하는 교육현실을 넘어 존재해야 할 교육이상을 염두에 두고 있는 교사라면 그는 자기 자신뿐만 아니라 자신이 활동해 가고 있는 교육제도를 비판적인 관점에서 담금질 할 수 있는 자질을 확보해야 한다. 대체로 교사의 비판적 활동은 크게 다음 두 가지로 구분해 볼 수 있다. 하나는 자신이 몸담고 있는 학교를 포함한 교육체제 및 제도의 비교육적, 반교육적인 기능을 비판하는 일이며, 다른 하나는 교사가 자기 자신을 비판하는 일이다. 전자는 소위 외향적 비판(exterior criticism)으로서, 이것은 교육체제 및 제도가 교육현장에서 가르치고 있는 교사와 배우고 있는 학생의 삶에 주는 긍정적 혹은 부정적 영향을 담금질해 보는 작업을 말하는 것이요, 후자는 내향적인 비판(interior criticism)으로서, 이것은 교사 개개인의 의식, 이해, 태도, 행동양식이 그의 교육행위에 어떤 영향을 미치고 있는지를 철저하게 검증해 보고자 하는 소위 자기 반성적 작업이다.

훌륭한 교사는 교육체제 비판에 침묵해서는 안 되지만 먼저 자신 비판에 철저해야 한다. 가르치는 주체로서 자신의 존재, 의식, 행위에 대한 비판이 없이 이루어지는 외향적 비판, 즉 교육체제와 교육제도 비판은 맹목적인 것이 될 가능성이 있으며, 그런 만큼 설득력을 가지기 어렵다. 그 동안 우리사회에서 전개되어 왔던 이러저러한 교육운동이 가지고 있는 가장 큰 맹점은 바로 철저한 자기비판 없이 체제를 비판했다는데 있다. 이것을 바꾸어 말하자면, 체제를 비판하는 일에 지나치게 몰두한 나머지 교사로서의 소임과 책임을 다하지 못하였다는 점이다. 제도가 개개 교사의 존재, 의식, 행위에 끼치는 영향이라는 크다는 점은 부인할 수 없는 사실이기는 하지만 교사의 자기비판을 통한 의식의 혁명이 없이는 교육제도의 개혁도 요원하다는 점도 부인할 수 없는 교육적 진실이다. 이러한 점에서 교사는 자기비판이 체제비판에 비해 더 근원적이고 본질적이라는 점을 인식해야 하며, 최소한 그것이 자기발전과 교육발전의 기반이요, 자양분이 된다는 점을 인식해야 한다.

교사의 비판적 활동이 교사의 훌륭함을 결정하는 중요한 철학적 자질이라고 할지라도 그것이 실천(practice)으로 옮겨지지 않는다면, 그것은 관념의 유희로 남을 가능성이 높다. 비판적 활동이 교육현장에서 모종의 교육적 변화를 가져올 때 비로소 가치를 가진다. 프레이리(P. Freire)가 즐겨 사용했던 '프락시스'(praxis)가 이루어지지 않고는 비판적 의식이란 무기력한 의식의 침전물로 남게 되게 된다. 따라서 교사의 비판활동은 지금까지 이루어져 왔던 다양한 교육활동들 즉, 연구활동, 수업활동, 지도활동 등에 영향을 주어야 하고 그것들을 개선해 가는데 도움을 주어야 한다. 특히 과학적인 패러다임에 의해 이뤄져온 수업방식, 평가방법, 학생지도의 문제점을 교육본질에 비추어 담금질해 볼 수 있어야 한다. 이러한 점에서 교사의 비판의 강도가 크면 클수록 연구의 폭과 깊이가 더해질 것이며, 수업활동 역시 심원해질 것이며, 지도활동 역시 감화를 줄 수 있을 것이다. 결국 비판적 활동은 존재하는 것을 넘어 존재해야 것을 지향하고 있다는 점에서 과학적 활동이 아니라 철학적 활동이며, 이러한 활동의 중심부에 서 있는 사람이 바로 교사라는 점에서 이것은 교사의 훌륭함을 결정하는 중요한 철학적 자질이라고 할 수 있다.

3) 교육활동 반성 자질

여러 교사연구자들이 지적한 바 있듯이, 반성(反省: reflection)은 '훌륭한 교사'에게서 나타나는 두드러진 특징들 중의 하나이다(김병찬, 2000; 서경혜, 2005; Schön, 1983; Zeichner and Liston, 2006). 일반적으로 훌륭한 교사는 자신의 교육활동이 종료됨과 동시에 자기반성 혹은 자기 성찰에 철저한 편이다. 왜냐하면 그는 교육활동 반성이 차후에 진행될 교육활동에 커다란 영향을 끼친다는 점을 염두에 두고 있기 때문이다. 말하자면 자신의 철저한 반성과 반추가 피드백(feed back)의 효과를 가진다는 점을 충분히 간파하고 있기 때문이다. 동시에 그는 이러한 반성과 반추가 없이는 교수활동의 질이 더 이상 향상될 수 없다는 점을 인식하고 있기 때문이다.

흔히 '교육활동을 반성한다는 것'은 소박하게 말하자면 이미 앞서 이루어진 교육활동을 되돌아보고(反) 주위를 살펴본다(省)는 의미를 가지고 있지만, 이를 보다 적극적으로 해석하자면, 그것은 자신이 교육활동을 전개할 때마다 내렸던 의사결정(decision making)이 제대로 성취되었는가를 확인해보려는 적극적인 평가 작업이라고 할 수 있다. 교사는 매일같이 학교 안에서 수도 없이 이루어지는 의사결정 과정의 중심부에 서 있다. 그는 교과를 가르치는 교실에서, 학생을 상담하는 상담실에서, 그리고 동료 교사 및 학부모들과의 관계 속에서 이러 저런 선택과 판단과 결정을 내려야 하는 의사결정자이다. 결국 그가 내리는 의사결정이 교사로서의 자질을 결정하고 교육의 질을 결정한다고 해도 과언이 아니다. 이런 이유로 어떤 교육연구자들은 의사결정 능력을 교사의 가장 중요한 자질로 바라보기도 한다.

일찍이 듀이(John Dewey)는 교육활동에 있어서 반성 혹은 반성적 사고(reflective thinking)의 중요성을 강조한 바 있는데, 그가 말하는 반성적 사고란 이미 이루어진 활동을 되돌아본다는 소극적인 의미를 가지기보다는 어떤 문제를 발견하고, 가설을 세우고, 가설을 검증하고, 그것을 문제사태에 적용한다는 적극적인 의미를 가지고 있다.[7] 적어도 듀이는 이러한 반성적 사고를 통해 교육문제를 해결할 수 있는 능력을 갖춘 교사를 훌륭한 교사로 상정(想定)하고 있다. 학교 현장에서 수업을 진행하는 교사의 입장에서 볼 때 수업반성이란 수업을 계획(planning)하고, 실행(implementing)하고, 평가(evaluating)한 후 그것을 강력하게 피드백 하는 효과를 가지고 있다. 이러한 점에서 반성의 정도와 깊이가 수업의 질을 결정하고 나아가 교사의 자질을 결정한다고 할 수 있을 것이다.

그렇다면 반성적인 자질을 갖춘 교사는 구체적으로 수업을 어떻게 진행하고 평가해 가는가? 라이언과 쿠퍼(Ryan and Cooper, 2004: 149-151)는 반성적인 교사는 "내가 가르쳐야 할 것은 무엇인가?"라는 질문으로부터 "내가 가르치는 학생들이 배워야 할 것

---

7) 듀이는 『사고하는 방법』(*How We Think*)에서 반성적 사고의 단계를 다섯 가지로 나누어서 상술하였다. 즉 문제의 발견 단계, 문제에 대한 정리 및 정의 단계, 가능한 해결책의 암시단계, 추론의 단계, 실험 및 검증 단계로 제시하였다(John Dewey: *How We Think*, edited by J. A. Botdston (1978), *John Dewey: The Middle Works*, vol. 6, 236-241).

은 무엇인가?", "나는 학생들에게 어떤 도움을 줄 수 있는가?", "중요한 것이 무엇인가?" 등과 같은 질문을 던지면서 다음과 같은 다섯 가지 내용을 토대로 의사결정을 할 것이라고 보았다. 즉 학습과 인간행동에 관한 이론적인 이해, 학습을 증진시키는 탁월한 태도, 교재에 대한 해박한 지식, 효과적인 교수기술, 사적인 지식의 활용 등을 토대로 수업에 필요한 의사결정을 할 것이며, 이 의사결정에 따라 수업을 계획하고, 실행하고, 평가할 것이라고 보았다.

그러나 수업반성만 가지고는 훌륭한 교사의 자질을 가졌다고 말하기 곤란하다. 왜냐하면 이것은 좋은 수업(good instruction)을 하기 위한 자질이지 이것이 곧 훌륭한 교사의 자질을 설명할 수 있는 충분조건은 아니기 때문이다. 따라서 훌륭한 교사가 되는 데는 수업반성 이외에도 학생 이해활동에 대한 반성, 교재연구에 대한 반성, 학급관리에 대한 반성, 업무처리에 대한 반성 등이 동시에 수반되어야 한다. 반성은 자기 자신의 자아의식, 의도, 바램, 희망, 신념을 철저하게 들여다보고 그것을 지속시키거나 바꾸려는 혁명적 각성작업이라는 점에서 이것은 과학적인 활동이 아니라 철학적인 활동이다. 결국 이러한 반성의 깊이와 폭이 교사로서의 자질을 결정한다.

4) 교육활동 정당화 자질

최근 들어 교육철학자들은 교사가 자신의 교육활동을 정당화할 수 있는 능력과 자질을 갖춰야 한다고 강조하고 있다. 흔히 정당화(正當化: justification)란 일종의 어떤 활동의 합리적 근거를 제시하는 작업 혹은 합리적인 신념과 행동의 이유를 제시하는 작업을 말한다(Bailey, 1984: 11). 실제로 학교 현장에서 이런 저런 교육활동을 전개해 가고 있는 교사들에게도 정당화는 대단히 의미 있는 작업들 중의 하나이다. 오늘날 교단에서 가르치고 있는 교사들이 직면하는 심각한 문제들 중의 하나는, 자신이 행한 교육활동에 대해 합리적 근거(reasoning)를 제시하는 능력이 다소 부족하다는 점이다. 예컨대, 왜 수학을 가르쳐야 하는지, 왜 수학이 당구보다 가치가 있는지, 왜 학생의 인권을 존중해야 하는지, 왜 체벌을 해서는 안 되는지, 왜 교사로서 권위를 세워야 하는지 등에 대한 질문에 합당한 근거를 제시하는 능력이 부족하다. 이러한 질문들에 대해 합리적인 이유를 제시하지 못하기 때문에 그들의 설명과 행동은 설득력을 가지지 못하고 있다. 또 교사는 교육활동을 해가는 가운데 자주 이런 저런 선택을 하고 결단을 내려야할 상황에 직면하게 되는데, 이러한 상황 가운데서 왜 X가 아닌 Y를 수행했는가에 대한 합리적인 이유를 제시하지 못하고 있다. 예컨대, 왜 강의식 수업보다 토론식 수업이 더 적절한지, 왜 체벌보다는 훈계가 바람직한지, 왜 사복이 아닌 교복을 입어야 하는지에 대한 이의 제기에 대해 설득력 있는 설명을 하지 못하고 있다. 이러한 교육사태 속에서 정당화가 제대로 이루어지지 않기 때문에 학생과 학부모들에게서 반발과 비난이 거세지고 있으며 결국 교사의 권위가 실추되는 일이 벌어지고 있다. 이러한 점에서 교사의 정당화 활동은 교사를 교사답게 정위(定位)시키는 작업이며, 훌륭한 교사를 그렇지 못한 교사로부터 구분하는 중요한 기준이다.

그러나 교사가 자신의 교육활동을 정당화하는 일은 결코 쉬운 일이 아니다. 왜냐하면 자신의 교육활동을 정당화하기보다는 합리화(合理化)할 가능성이 크기 때문이다. 정당화란 논리적인 이유(logical reason)를 제시하는 활동이지 심리적인 이유(psychological reason)를 제시하는 활동이 아니기 때문이다. 이러한 의미에서 정당화란 심리학적인 활동이 아니라 철학적인 활동이다. 이러한 정당화의 능력은 심리학적 지식이나 기법을 터득했다고 해서 성취될 수 있는 것도 아니거니와 하루아침 사이에 길러지는 것도 아니다. 오히려 이러한 자질은 자신의 교육활동에 대한 깊은 철학적 성찰과 반성을 기반으로 성취될 수 있다. 일찍이 교육활동에 대한 내재적 정당화에 깊은 관심을 보였던 피터스(Peters, ed., 1973: 242-252)의 논의를 빌어 말하자면, 교사는 자신의 교육행위를 도구적으로 정당화하기보다는 비도구적으로 정당화해 가는 것이 바람직하며, 공리주의적으로 정당화하기보다는 선험적(先驗的) 혹은 윤리적으로 정당화하는 것이 교육 본질에 가깝다는 점을 인식할 필요가 있다. 또 교사는 자신들의 교육활동을 외재적(外在的)으로 정당화하기보다는 내재적(內在的)으로 정당화하는 것이 교육본질에 합치된다는 점을 인식할 필요가 있다.

우선, 교사는 교육목적을 내재적으로 정당화할 수 있는 자질을 갖추어야 한다. 오늘날 현장의 교사들은 종종 "교육을 받는 목적이 무엇인가?", "수학을 배우는 목적이 무엇인가?" 등과 같은 질문을 종종 받게 되는데, 이러한 질문들에 대해 교사는 외재적 혹은 도구적인 이유를 들어 답할 것이 아니라 내재적 혹은 비도구적인 이유를 들어 답할 수 있어야 한다. 그러나 많은 교사들이 이러한 질문에 대해 답을 회피하거나 기껏해야 도구적인 답을 제시하고 있다. 이러한 외재적 정당화가 교육계를 지배하게 된 것은 교사 스스로가 자신의 교육활동을 철저하게 반추해 보지 않았기 때문이기도 하지만 근본적으로 철학적인 훈련이 부재하기 때문이다.

다음으로, 교사는 교육내용 및 방법을 정당화할 수 있는 자질을 갖추어야 한다. 왜 A가 아닌 B의 내용을 가르쳐야 하는지, 혹은 X의 방법이 아닌 Y의 방법으로 가르쳐야 하는지에 대해 합리적인 이유를 제시할 수 있어야 한다. 현장에서 가르치는 교사들은 수학교과가 컴퓨터게임보다 왜 더 가치가 있는지의 이유를 제시할 수 있어야 하고, 또 토론수업이 강의식 수업보다 왜 더 교육적인지의 이유를 제시할 수 있어야 한다. 이 경우에도 교사는 도구적인 이유를 제시하기보다는 비도구적인 이유를 제시할 수 있어야 한다. 즉 교육의 본질에 비추어 교육내용과 방법을 정당화할 수 있어야 한다.

결국, 이러한 정당화 활동은 훌륭한 교사의 자질을 결정하는 중요한 요인이다. 이러한 자질은 훌륭한 교사와 그렇지 못한 교사를 구분하는 중요한 준거이며, 학교 교사와 학원 강사를 구별하는 중요한 기준이다. 왜냐하면 교사의 훌륭함이란 교육의 목적, 내용, 방법을 어떻게 합리적으로 설명하는가 하는 정당화의 자질에 의해 결정되기 때문이다.

5) 교육윤리적 자질

전통적으로 실천철학자들은 선, 악, 옳음과 그름의 판단기준을 제시하는데 관심을 기울여왔을 뿐만 아니라 인간으로서 마땅히 따르고 지켜야할 윤리적 규범이 무엇이냐를 찾고 이것에 이르기 위한 방안을 제시해왔다. 현장의 교사도 학생들에게 가치있는 것이 무엇이며, 인간으로서 마땅히 따라야 규범이 무엇이냐를 가르치고 있다는 점에서 실천철학자들과 크게 다르지 않다. 기본적으로 교사는 학생들을 과학적으로 가르치고 민주적으로 가르쳐야하기도 하지만 그는 윤리적인 방식으로 가르쳐야 한다. 말하자면 학생들을 '도덕적으로 온당한 방법'으로 가르쳐야 한다. 이러한 점에서 훌륭한 교사가 되기 위해서는 교육윤리(educational ethic)를 실천할 수 있어야 한다. 이를 위해 교사는 먼저 투철한 윤리의식(ethical consciousness)을 가져야 한다. 그렇다면 그는 구체적으로 어떠한 윤리의식을 가져야 하는가? 다음 세 가지 측면에서 교사의 윤리의식을 논할 수 있을 것이다.

우선, 교사는 교직(教職)과 관련된 윤리의식을 가져야 한다. 즉 가르치는 직업이 윤리적으로 대단히 중요하고 고귀한 일이라는 점을 인식해야 한다. 왜냐하면 교직에 관한 이러한 윤리의식이 결여될 경우 교사는 가르치는 직업에 대한 사명감, 소명의식, 책임감을 가질 수 없기 때문이다. 최근까지만 해도 교직은 성직(聖職)으로 평가받아 왔는데, 그것은 교직에 몸담고 있는 사람들에게 수준 높은 윤리적 의식 및 도덕적 표준이 요구되기 때문이었다. 이러한 교직관은 중세 대학의 교수들로부터 유래하였다. 이들은 가르치는 소임을 맡은 사람으로서 청빈(清貧), 검소(儉

素), 금욕(禁慾)을 몸소 실천해 왔다. 또 교사는 교직이 사적인 이익을 추구하는 전문직이 아니라 공적인 이익을 위해 봉사하는 전문직이라는 점을 인식할 필요가 있다. 결국 교직에 관한 이러한 강한 윤리의식이 교사를 '훌륭한 교사'로 만들어 준다.

다음으로, 교사들은 교수활동과 관련된 윤리의식을 가져야 한다. 즉 가르치는 일이 윤리적으로 대단히 중요하다는 점을 알아야 한다. 대체로 교사의 본업이란 크게 교재연구, 교과지도, 그리고 생활지도라고 할 수 있는데 이 중에서도 가르치는 일이 교사의 가장 중핵적인 활동이라고 할 수 있다. 그러나 불행하게도 교사들 중에는 이러한 활동에 충실하기보다는 다른 부수적인 활동에 더 많은 관심과 시간을 할애하고 정열을 쏟는 경우가 있다. 예컨대 취미생활, 스포츠활동, 시민단체 활동, 보직 활동, 부업 등에 더 많은 투자를 하고 있다. 이러한 활동들은 교사의 본래적인 활동이 아니며 오히려 본래적인 활동을 방해하는 것들이다. 본래적인 활동을 게을리 하는 교사들은 법률과 규정의 범위 안에서만 가르치고 지도하려고 한다. 이러한 교사는 자신뿐만 아니라 학생, 동료교사에게도 나쁜 영향을 끼친다. 최근 교육부와 학부모 단체가 교사를 평가해야 한다고 주장하고 나선 것도 바로 본업에 충실하지 않은 교사들 때문에 생겨난 조처라고 봐야 한다.

교사는 교수활동과 관련하여 학생을 가르치는 방법이 도덕적으로 온당해야 한다는 점을 인식해야 한다. 피터스의 주장을 빌어 말하자면, 아무리 가치있는 내용을 많이 가르쳤다고 하더라도 그것이 도덕적인 방법으로 전달되지 않았다면 그것은 '교육'

이라고 할 수 없다(Peters, 1966: 45). 따라서 교사는 많이 가르치고 잘 가르치는 것이 중요한 것이 아니라 바르게 혹은 온당하게 가르치는 것이 더 중요하다는 점을 알아야 한다. 그는 교수와 수업이라는 이름으로 행해지는 선전(宣傳), 세뇌(洗腦), 조건화(條件化)가 학생에게 어떠한 해악을 가져오는지를 인식해야 한다. 교사가 자신의 정치적, 종교적 신조를 학생에게 선전하거나 세뇌하려는 태도가 도덕적으로 얼마나 큰 문제를 불러일으키는지를 인식해야 한다.

끝으로, 교사는 연구 활동과 관련된 윤리의식을 가지고 교단에 서야 한다. 연구 활동이 교사의 본질적인 활동은 아니지만 좋은 수업(good instruction)의 필요한 조건이라는 점에서 매우 중요한 요인이다. 최근까지 교사를 교수자로서가 아니라 탐구자 혹은 연구자(researcher)로 바라보려는 연구들이 본격적으로 이루어진 바 있다(최의창, 1998; 조재식, 2002; 양은주, 2003; Kincheloe, 1991; Clandinin & Connelly, 1999). 이러한 연구들은 교사를 이미 완결된 존재가 아니라 현장 연구를 통해 자신의 능력을 끊임없이 강화하고 자신을 완성해 가려는 존재로 부각시키고 있다. 하지만 연구자로서 교사는 학생을 연구의 대상으로 삼을 경우 연구윤리를 준수해야 한다. 학생을 피험자로 할 경우 연구자는 학생에 대한 인권(人權)을 고려해야 하며, 학생 개개인의 정보를 함부로 공개하거나 악의적으로 이용해서도 안 될 것이다. 교사는 연구활동이 교사를 교사답게 만드는 중요한 활동이기는 하지만 그러한 활동이 초래할 수 있는 윤리적인 문제도 함께 고려해야 한다. 또한 교육연구에 몰입한 나머지 교수활동이나 학생지도 활동을 소홀히 할 가능성이 있다는 점도 함께 인식해야 한다.

4 맺는 말: 교사교육의 방향

이 글은 훌륭한 교사의 자질에 대한 기존의 연구들을 비판적으로 검토한 후, 훌륭한 교사가 갖추어야 할 철학적 자질들이 무엇인지를 제시하고 이를 정당화하려는데 목적을 두었다. 앞에서 논의한 내용을 요약하면 다음과 같다.

첫째, '좋은 교사', '수업명사', '수업달인'의 개념은 '훌륭한 교사'의 개념과 구별되어야 한다. 이들 개념들은 부분적으로 공유하는 부분이 있기는 하지만 일치하지는 않는다. 왜냐하면 앞의 개념들 안에 담긴 교사의 자질은 훌륭한 교사의 자질을 설명하기에 불충분하기 때문이다. 다시 말해서 수업 자질이란 훌륭한 교사의 자질을 결정하는 필요조건이지 충분조건은 아니다. 또한 '효율적인 교사' 역시 '훌륭한 교사'와 동일시되어서는 안 된다. 전자에서 나타나는 자질들 역시 후자의 자질을 이루는 필요조건에 지나지 않기 때문이다. 결국 과학적인 자질들이란 교사의 훌륭함을 결정하는 필요조건에 지나지 않는다.

둘째, 훌륭한 교사는 과학적 자질뿐만 아니라 철학적 자질을 갖추어야 한다. 그가 갖춰야 할 철학적 자질들이란 (i) 합리적 사고활동 자질, (ii) 비판적 활동 자질, (iii) 반성적 활동 자질, (iv) 교육활동 정당화 자질, (v) 교육 윤리적 자질 등이다. 이러한 자질들은 교사의 훌륭함을 결정하는 중요한 자질들이기는 하지만 절대적인 것은 아니다. 이것들은 특수한 자질이라기보다는 교과와 관계없이 교사들이 갖추어야 할 일반적인 자질들이다. 이 자질들은 과학적 훈련을 통해 길러질 수 있는 것이 아니라 오랜 철학적 훈련을 통해 성취할 수 있는 것들이다. 이러한 자질들은 과학적 패러다임을 가지고 학생과 학급과 학교세계를 이해하고 바꾸어보려는 교사의 일방적이고 편향적인 태도를 교정하는데 큰 몫을 할 수 있을 것이다.

이상에서 논의한 내용들이 교사교육에 주는 시사점들을 제언하면 다음과 같다.

첫째, 교사교육기관이 길러내고자 하는 이상적인 교사상에 대한 개념 정립이 이루어져야 한다. 앞에서 밝혔듯이, 교육학계뿐만 아니라 교육현장에서 '수업을 잘하는 교사', '잘 가르치는 교사', '효율적인 교사'를 '훌륭한 교사'로 등식화하는 논의는 재검토되어야 한다. 왜냐하면 이러한 교사상들에서 나타나는 자질들이란 기껏해야 '훌륭한 교사'의 자질을 설명하는 필요조건이지 충분조건은 아니기 때문이다. 나아가 과학적인 자질을 갖춘 교사를 훌륭한 교사로 바라보는 시각도 달라져야 한다. 왜냐하면 과학적인 자질이란 훌륭한 교사를 설명하는 필요조건이지 충분조건이 아니기 때문이다. 따라서 훌륭한 교사의 개념 안에 과학적 자질 뿐만 아니라 철학적 자질 혹은 예술적 자질이 함께 포함되어야 한다. 즉 통합적 자질을 갖춘 교사개념의 정립이 필요하다.

둘째, 오늘날까지 교사교육기관들은 명목상 훌륭한 교사를 길러낸다는 목표를 세웠다고는 하나 실제로는 수업을 잘 하는 교사, 즉 교육방법 및 기술의 전문가를 양성해 내는데 에만 관심을 보여 왔다. 이러한 점에서 교사교육기관들은 '온전한 교사', '균형 잡힌 교사'를 길러내기보다는 '반쪽 교사', '절름발이 교사'를 길러낸 것이 아닌가 하는 반성을 할 필요가 있다. 이러한 반성이 없이는 이 나라 교육의 미래를 낙관할 수 없다. 따라서 균형 잡힌 교사를 길러내기 위한 교육과정이 마련되어야 한다. 철학을 포함하여 인문학교과들(humanities), 교양교과들(liberal arts)이 보다 많이 개설되고 강화될 필요가 있다. 이러한 교과들을 통해 철학적으로 훈련받은 교사들이 장차 학교 현장에서 균형을 잃은 학교교육의 목적, 내용, 방법을 바로잡아줄 수 있을 것이다.

훌륭한 교사를 길러내는 일은 교사교육자의 최대과제이며, 훌륭한 교사로 거듭나는 일은 교사 스스로가 성취해야 할 지상과제이다. 이 글에서 이루어진 훌륭한 교사의 철학적 자질들에 대한 논의가 미흡하나마 교사교육의 목적, 내용, 방법을 탐구하는 연구자들에게 도움이 되길 바라며, 아울러 훌륭한 교사로 거듭나기를 희망하는 학교현장의 교사들에게 자신의 교육활동을 반추해 볼 수 있는 조그마한 계기가 되길 바란다.

참고문헌

강기수(2002). 인간학적 교사론. 서울: 세종출판사.
김병찬(2000). "교사교육의 패러다임 변화". 한국교사교육. 17(3), 한국교원교육학회, 113-141.
김회용(2006). "좋은 교사: 좋은 교사의 자질". 좋은 교육이란 무엇인가?. 교육철학회연차학술대회, 101-118.
박영만(2006). "좋은 교사: 좋은 교사란 어떤 사람인가?". 좋은 교육이란 무엇인가?. 교육철학회연차학술대회, 69-95.
박정자 옮김(2004), W. Glasser지음. 좋은 선생님이 되는 비결. 서울: 사람과 사람.
서경혜(2005). "반성과 실천: 교사의 전문성 개발에 대한 소고". 교육과정연구. 23(2), 285-310.
양은주(2003). "연구자로서의 교사개념과 대안적 교실 실천". 한국교사교육, 20(2), 한국교원교육학회, 203-221.
오욱환(2005). 교사전문성: 교육전문가로서의 교사에 대한 논의. 서울: 교육과학사.
윤정윤(1997). "교사-학생 관계 증진 모색을 위한 훌륭한 교사상의 특성 탐색". 중등교육연구. 39, 경북대학교 사범대학 부설 중등교육연구소, 73-82.
윤정일 · 허형(2002). 훌륭한 교사가 되는 길. 서울: 교육과학사.
윤팔중(1969). "교사와 학생의 관계별로 본 기억에 남는 훌륭한 교사상". 논문집. 11, 전북대학교, 133-148.
이병승(2007). "교사교육에 있어서 교육철학 교수의 역할". 교육연구. 21, 공주대학교 교육연구소, 1-20.
이창신 옮김(2003), 제임스 M. 베너 주니어 외 지음. 훌륭한 교사는 이렇게 가르친다. 서울: 풀빛.

장성우(2000). “예비교사를 어떻게 선발할 것인가?”. 전국사립사범대학교수협의회, 2000년대의 훌륭한 교사: 어떻게 확보할 것인가?, 전국사립사범대학교수협의회자료집, 1-15.

조재식(2002). “연구자로서의 교사개념에 대한 이론적 고찰”. 2002년 춘계학술대회 자료집, 한국교육인류학회, 35-61.

최의창(1998). “학교교육의 개선, 교사연구자, 그리고 현장 개선 연구”. 이용숙 · 김영천 편. 교육에서의 질적 연구. 서울: 교육과학사, 559-585.

Bailey, C.(1984). *Beyond the Practitioner and the Present: A Theory of Liberal Education.* London: Routledge and Kegan Paul.

Clandinin, J. & Connelly, M.(1999). “The Teacher Research Movement: A Decade Later.” *Educational Researcher.* vol. 28, no. 7, 15-25.

Dewey, J.(1910). *How We Think*, edited by J. A. Boydston(1978), *John Dewey: The Middle Works*, vol. 6, Carbondale and Edwardsville: Southern Illinois University Press.

Kincheloe, J.(1991). *Teachers as Researchers: Qualitative Inquiry as a Path to Empowerment.* London: The Falmer Press.Oliva, P. E. and Henson, K. T.(1980). “What are the Essential Generic Teaching Competencies?”. *Theory Into Practice*, 19(2).

Peters, R. S.(1966). *Ethics and Education.* London: George Allen & Unwin.

______(1973). The Justification of Education. in R. S. Peters, ed., *The Philosophy of Education.* Oxford: Oxford University Press.

______(1974). *Psychology and Ethical Development*. Oxford: George Allen & Unwin.

______(1977). *Education and Education of Teachers*. Oxford: Routledge & Kegan Paul.

Ryan, K. and Cooper, J. M.(2004). *Those Who Can Teach*, 10th ed. Boston and New York: Houghton Mifflin Co.

Schön, D. A.(1983). *The Reflective Practitioner: How Professionals Think in Action*. New York: Basic Books.

Zeichner, K. and Liston, D. P.(2006). "Teaching Student Teachers to Reflect". In D. Hartley and M. Whitehead, eds.(2006). *Teacher Education: Major Themes in Education*. Vol. 4, London and New York: Routledge, 5-34.

http://image search.naver.com/search.naver/2007.8.23

http://news.gne.go.kr/serlet5/news/2008.11.15

제 2 장

교육받은 교사의 이상(理想)

CHAPTER 2

교육받은 교사의 이상(理想)

1 들어가는 말

교사를 바라보는 관점은 교육을 바라보는 관점만큼이나 다양하며, 전자는 주로 후자의 영향을 받아 성립되거나 그것을 토대로 전개된다. 예컨대, 교육계에 널리 알려진 뒤르켕(E. Durkheim)의 교사관은 교육을 사회화의 수단으로 바라보는 교육개념과 분리되지 않는다. 그의 교육개념에 비추어볼 때, 교사의 주된 역할은 학생을 사회화하는 것이다. 듀이(J. Dewey)의 교사관 역시 교육을 경험의 연속적인 성장과정으로 바라보는 그의 교육개념과 분리될 수 없다. 듀이의 관점에서 볼 때, 교사의 주된 역할은 학생이 스스로 경험을 재구성하고 확장해 가도록 돕는 것이다. 정범모(鄭範謨)의 교사관도 교육을 "인간 행동의 계획적 변화"라고 규정한 행동과학적 혹은 공학적 교육관과 무관하지 않다. 그의 교육개념에 비추어볼 때, 교사의 주된 역할은 학습자의 행동(내면적이고 외면적인 행동)을 변화시키기 위해 과학적인 계획을 세우고 추진하는 일이다.

1960-70년대 영국에서 활동했던 피터스(R. S. Peters: 1919~)의 교사관 역시 그의 교육 개념과 분리될 수 없는 것이다. 『윤리학과 교육』(*Ethics and Education*, 1966)에서 밝힌 그의 주장에 의하면, 어떤 활동이 교육이라는 이름으로 불리기 위해서는 세 가지 기준(criteria), 즉 규범적 기준, 인지적 기준, 그리고 과정적 기준에 부합해야 한다. 즉, 규범적 기준에 따르면, 어떤 활동이 교육이라고 불리기 위해서는 그것이 가치있는 것을 전수하는 것이어야 하고, 인지적 기준에 따르면 그것이 지식, 이해, 인지적 안목을 넓혀주는 것이어야 하며, 과정적 기준에 따르면, 그것이 도덕적으로 온당한 방법으로 이루어져야 한다. 그는 이러한 엄격한 기준을 적용함으로써 '교육'과 '교육이 아닌 것'을 구별해 내고자 하였다. 이러한 엄격한 개념적 기준들에 비추어볼 때, '교육'은 부분적으로 '훈육' 혹은 '교화'와 구별되며, '훈련', '세뇌', '조건화' 등과는 보다 엄격하게 구별된다. 이러한 그의 교육개념에 비추어 볼 때, 교사가 해야 할 가장 중요한 과업 혹은 역할이란 이러한 기준들에 부합하는 교육을 해 내는 일이다. 따라서 교사의 역할과 자질은 그가 이러한 교육의 개념적 기준을 어느 정도 만족시켰는가에 의해 좌우된다. 즉 교사의 자질은 우선, 그가 학생에게 가치있는 것을 제대로 전수했는가, 다음으로 학생에게 모종의 지식을 전수하고 그의 이해와 안목의 폭을 넓혀 주었는가, 끝으로 도덕적으로 바람직한 방법으로 가르쳤는가에 의해 결정된다. 이러한 관점에서 볼 때 교사의 자질과 역할에 대한 그의 견해는 매우 엄격하고 원론적이라고 할 수 있다.

이러한 그의 교사관을 어떻게 이해해야 할 것인가? 주지하다시피 그의 교육개념이 여러 가지 문제를 안고 있듯이, 그의 교사관 역시 여러 가지 문제를 안고 있다. 그 동안 학계에서 그에게 주어졌던 비판은, 교육 개념에 대한 그의 논의가 탈문화적이고 탈역사적인 것이라는 점이었다. 그는 전기 저작[1]에서 자신이 분석한 교육의 개념이 사회와 문화와 역사를 초월하는 보편성과 객관성을 가지고 있는 것으로 믿었으며 이것을 선험적 논의(transcendental argument)를 통해 정당화하려고 하였다. 그에 의하면, 교육이란 학생을 가치있는 것에 입문(入門)시키는 과정이며, 학교란 이러한 입문이 이루어지는 최적의 장소이다. 또 교사의 주된 역할이란 학생을 가치있는 것에 입문시키는 일이다. 이때까지만 해도 피터스는 '교육', '학교', '교사', '지식'이 전혀 다른 관점에서 해석될 수 있는 가능성이 있다는 점을 통찰하지 못하였다. 전기 저작들에 나타난 교육의 개념은 학교교육(schooling)의 개념과 구별되지 않으며, 마찬가지로 교사의 개념 역시 학교교사(school teacher)와 구별되지 않는다.

이러한 피터스의 주장이 안고 있는 심각한 문제점 중의 하나는 학교교사의 역할을 조금도 의심해 보지 않았다는 점이다. 즉 교사란 늘 합리성과 자율성을 가진 교육받은 사람(educated person)을 길러내는 일에 종사하는 것이 아니라 사회가 필요로 하는 지식과 기술만을 전수하는 체제 유지의 대리인(代理人)으

1) 피터스의 저작은 크게 전기 저작과 후기저작으로 나뉜다, 여기서 전기 저작이라 함은 교육에 대해 본격적으로 글을 쓰기 시작한 1960년대에 쓰인 저술들을 말하는 것으로, 주로 "교육자는 목적을 가져야 하는가?"(1959), "입문으로서의 교육"(1964)과 『윤리학과 교육』(1966)을 가리킨다.

로 이해될 수 있으며, 때론 특정 지배계급의 이데올로기를 재생산해 내는 사람으로 이해될 수도 있다는 점에 대해 숙고해 보지 않았다는 점이다. 그는 자신의 저서 여러 곳에서, 교사의 주된 역할이 학생을 가치있는 것, 즉 '공적 전통', '지식의 형식', '삶의 형식'에 입문시키는 것이라고 주장하지만 이러한 주장이 오히려 특정 이데올로기를 합리화하는 발언이 될 수 있다는 점을 간과하였다. 엘리어트(Elliott, 1986: 45)가 암시한 바와 같이, 그의 전통적이고 보수적인 학문적 성향은 그의 교사관에 그대로 반영되었다. 즉 교사를 바라보는 그의 관점은 주지적이며 보수적이다. 그에 의하면, 교사의 주된 과업은 가치있는 지식을 전수하는 것이다. 물론 그가 말하는 가치있는 지식이란 내재적으로 가치있는 것이며, 이것은 주로 실제적인 것이라기보다는 이론적인 것이다. 그는 이론적인 지식이 왜 실제적인 지식보다 가치가 있는가를 밝히기 위해 선험적 정당화를 시도하였다.

그렇다면 이러한 피터스의 주지적이고 보수적인 교사관을 어떻게 평가해야 할 것인가? 그는 급변하는 사회 안에서 자신의 소임을 다하는 교사다운 교사의 모습을 제대로 그려냈다고 말할 수 있는가? 그는 교사의 역할과 학교교사의 역할을 지나치게 동일시한 것은 아닌가? 그는 교사의 권위를 지나치게 강조한 나머지 시대에 뒤쳐진 교사의 모습을 그려낸 것은 아닌가? 그는 보편적인 가치를 가르친다고 하면서 실제로는 특정 지배계급의 가치를 전달하는 교사를 그린 것은 아닌가? 그는 남성과 여성 모두에게 도움을 주는 교사를 그려냈다고 할 수 있는가? 이러한 실제적인 물음에 대한 구체적인 답은 그의 교사관을 면밀하게 검토한 후 찾을 수 있을 것이다. 그러나 아쉽게도 국내 학계에서 이러한 답을 찾으려는 노력은 충분하지 못하다. 그의 교육론 및 교육철학에 관한 연구들이 부분적으로 이루어지기는 했으나 그의 교사관에 관한 탐색은 본격적으로 이루어진 바가 없다. 다만 외국 학계의 경우 디어든(R. F. Dearden)이 피터스의 교사 개념과 교사교육론에 대해 부분적으로 논평을 하였을 뿐이다(1986: 69-88).

이러한 맥락에서 이 글은 피터스의 교사관을 비판적인 관점에서 고찰함으로써 그의 주장이 가지는 난점 및 한계를 좀 더 선명하게 드러내고 그것을 극복할 수 있는 대안을 찾아보려는데 목적을 두고 있다. 이를 위해 필자는 우선 그의 교사관이 잘 담겨 있는 저술을 분석하고자 한다. 피터스는 1950년대 말 세편의 글[2)]과 1977년의 저작[3)]에서 각각 교사 혹은 교사교육에 대해 논의한 바 있다. 하지만 이 저술들은 1966년의 주저인 『윤리학과 교육』(Ethics and Education)[4)]에 비하면 그의 교사관이 잘 담겨

---

2) 여기서 말하는 세 편의 글이란 『권위, 책임 그리고 교육』(*Authority, Responsibility and Education*, London: George Allen & Unwin, 1959)에 실린 "교육자는 하나의 목적을 가져야 하는가?"(pp. 86-87), "경험과 교육자의 기능"(pp. 96-107), "심리학자와 교사"(pp. 119-137)를 가리킨다.

3) 『교육과 교사교육』(*Education and Education of Teachers*)은 총 2부로 구성되어 있다, 제1부는 1960년대 자신이 내세웠던 '교육', '교육받은 사람', '교양교육'의 개념에 대한 수정된 관점을 담고 있으며, 제2부는 주로 교사교육에 있어서 철학의 위치, 교육철학의 교수방법, 교직과목으로서의 교육학, 대학의 역할 및 책임 등 그의 교사교육에 대한 관점을 담고 있다.

4) 『윤리학과 교육』은 단순히 교육 일반에 관해 서술한 교육학 개론서가 아니라 듀이의 『민주주의와 교육』(*Democracy and Education*, 1916) 출판 이후 쓰인 가장 훌륭한 교육철학서이다. 이 책은 교육활동의 윤리학적 근거를 찾고 정당화하려고 하였다는 점에서 교육윤리학서로서의 가치를 가지며, 왜 교사가 교육을 해야 하는지에 대한 근원적인 질문을 던지고 그 근

있다고 말하기는 어렵다. 따라서 이 글에서는 그의 교사관이 암묵적으로 가장 잘 담겨있는 『윤리학과 교육』을 주된 논의의 대상으로 삼을 것이다. 필자는 우선, 『윤리학과 교육』에 나타난 그의 교육개념 논의 안에 교사에 대한 관점이 이미 논리적으로 상정되어 있다는 점을 염두에 두면서 그가 그린 이상적인 교사의 모습 혹은 역할을 도출하고, 다음으로, 그의 교사관이 지닌 문제점들을 몇 가지 측면에서 비판적으로 논의할 것이다.[5] 이러한 비판적 논의가 모더니티(modernity)에 기반을 두고 있는 교사관의 난점을 극복할 수 있는 대안을 찾는데 도움을 줄 것으로 보인다.

2 교육의 개념과 교사의 이상

교사에 대한 피터스의 논의는 1960-1970년대 이루어진 '교육'과 '교육받은 사람'의 개념에 대한 그의 명료화 작업과 관련이 깊다. 일찍이 디어든이 지적한 바와 같이, 피터스의 교사관은 '교육' 및 '교육받은 사람'에 대한 그의 논의방식과 분리될 수 없다

거를 탐색했다는 점에서 이 책은 근본적으로 교사를 위한 교육철학서라고 할 수 있다. 이 책은 학습자를 염두에 두고 쓴 것이 아니라 어디까지나 교사들이 무엇을 어떻게 왜 가르쳐야 하느냐에 대해 철학적으로 깊이 성찰해 보도록 하기 위해 쓰였다는 점에서 그의 교사에 대한 관점이 가장 암묵적으로 잘 담겨있는 저서라고 할 수 있다.

5) 물론 이 글에서 다루고 있는 피터스의 교사관은 피터스 자신이 교사에 관해 직접적으로 언명한 내용을 기초로 하고 있기 보다는 연구자가 그의 교육개념으로부터 도출해낸 내용을 기초로 하고 있다는 점에서 상당 부분 주관적이거나 임의적이라는 점을 밝혀둔다.

(Dearden, 1986: 69). 이 장에서는 피터스의 주저인 『윤리학과 교육』에 나타난 교육의 개념이 그의 교사관에 어떻게 투영되었는지를 살펴보고자 한다.

1) 규범적 기준과 내재적 가치의 전수

피터스의 교사관은 그가 교육의 개념을 분석할 때 가장 먼저 내세운 기준, 즉 규범적 기준(normative criterion)과 밀접한 관련을 갖는다. 여기서 밀접한 관련을 갖는다는 것은 교육이라는 말의 규범적 기준이 어떤 식으로든지 교육을 하고 있는 교사활동과 관련이 깊다는 것을 의미한다. 피터스의 관점에서 볼 때, 어느 교사의 자질 혹은 능력은 이러한 교육의 개념적 기준을 만족시켰는가 아니면 만족시키지 못했는가에 의해 평가된다. 이러한 점을 구체적으로 논의하기 전에 먼저 그가 제시한 교육의 첫 번째 개념적 기준의 내용에 대해 개관할 필요가 있다.

피터스는 교육의 개념을 분석하는 가운데, 어떤 활동이나 과정을 교육적이라고 부르기 위해서는 먼저 규범적 기준을 만족시켜야 한다고 보았다. 여기서 그가 말하는 규범적 기준이란 어떤 활동이나 과정이 과연 가치있는 것을 전달했는가를 평가하는 중요한 잣대이다. 이러한 잣대에 따르면, 우선, 도박, 흡연, 음주 등과 같은 행동은 가치있는 것이 아니라는 점에서 교육이라고 할 수 없으며, 식사, 휴식, 산책 등의 활동은 가치가 있는 일이기는 하지만 그러한 활동 자체가 교육적인 것은 아니다. 말하자면 교육이라는 말은 가치의 문제를 떠나서는 성립될 수 없는, 가치내재적인 개념이다. 교육이라는 말 속에는 이미 가치있는 것

(worthwhileness)을 전달했거나 전달받았다는 의미가 논리적으로 전제되어 있기 때문에 누군가를 교육시키면서 가치있는 어떤 것도 가르쳐주지 않았다고 말하는 것은 논리적인 모순이다. 예컨대, '나쁜 교육'(bad education)이라는 말은 논리적으로 모순된 표현이다.

피터스에 의하면, 교육이라는 말이 가지는 개념적 사실에 비춰볼 때, '교육받았다는 것'(to be educated)은 가치 혹은 규범을 바라보는 태도 및 성향과 분리될 수 없다. 그는 "입문으로서 교육"에서 "교육받았다는 것은 가치있는 것을 배려하고, 가치있는 것에 몰입한다는 것을 의미한다."라고 적었다(Archambault, ed., 1967: 97). 가치있는 것을 배려한다는 것은 그것을 깊이 있게 숙고하고, 걱정하고, 염려한다는 것을 의미하며, 가치있는 것에 몰입한다는 것은 그것의 본질을 파악하기 위해 탐구한다는 의미와 더불어 그것을 실현하기 위해 노력한다는 의미가 담겨있다. 그는『윤리학과 교육』에서 교육받았다는 것이 가치있는 것을 대하는 태도와 긴밀한 관계를 가진다는 점을 보다 강하게 드러내 보이기 위해, '가치있는 것에 대한 헌신'이라는 표현을 썼다. 즉 "교육이란 가치있는 것을 전달함으로써 그것에 헌신하는 사람을 만든다는 뜻을 함의하고 있다."는 것이다(Peters, 1966: 45). 흔히 헌신(獻身: commitment)이란 몸과 마음을 다하고 정성을 다하는 태도를 말하는 것으로서, 교육은 그러한 헌신을 필요로 한다는 것이다. 교사가 전달하고자 하는 사고의 형식 및 지식의 형식도 이러한 헌신이 없고는 무의미하다는 것이다.

그렇다면, 교육이 가치있는 것에 대한 배려, 몰입, 헌신, 노력의 태도를 요구하는 활동이라고 했을 때 구체적으로 어떤 것에 헌신해야 한다는 것인가? 피터스는 가치있는 것이 무엇이냐에 대해 매우 다양하게 표현하였다. 예컨대, 그는 이것을 '지식의 형식'이라고 부르기도 하고, '사고 및 행위의 형식', 혹은 '탐구의 형식'이라고 부르기도 했지만, 이러한 것들은 대체로 '삶의 형식'(forms of life)이란 말로 집약된다. 피터스는 교육받은 사람이란 이러한 삶의 형식을 소유한 사람이라고 정의하면서, 삶의 형식이란 다음과 같은 두 가지 특징을 가지고 있다고 보았다. 하나는 헌신해야 할 삶의 형식은 그 자체로서 가치를 가진다는 것이요, 다른 하나는 실제적이기보다는 이론적인 특징을 가진다는 것이다. 그렇다면 그는 왜 이론적인 활동이 실제적인 활동보다 더 가치가 있다고 보는가? 그에 의하면, 이론적인 활동은 신체적 조건에 좌우되지 않는다는 점, 대상의 희귀성도 경쟁의 대상도 없다는 점, 기술과 분별을 위한 계속적인 기회를 제공한다는 점, 너무나 정통한 나머지 싫증이 나는 일이 없다는 점에서 가치가 있다(Peters, 1966: 157-158). 그는 학교 안에서 가르치고 있는 교육과정 활동들, 예컨대 과학, 역사, 문학감상, 시와 같은 활동이 가지는 가치를 이러한 기준에 비추어 정당화하였다. 이것들은 "다른 여러 영역에 빛을 던져주고 삶을 풍부하게 해 주는 데에 도움을 준다는 점에서 심각한 활동"이며(*ibid.*: 159), "인지적 관심과 더불어 인지적 내용을 가지고 있다는 점에서 다른 활동들과 구별된다."고 보았다(*ibid.*).

앞에서 살펴본 바와 같이, 그가 제시한 교육의 규범적 기준 혹은 가치기준에 비추어 볼 때 교사의 일차적인 역할은 가치있는 것에 헌신하는 사람을 길러내는 일이다. 여기서 그가 말한 '가치있는 것'이란 좁게는 지식의 형식 혹은 사고의 형식이요 넓게는 삶의 형식을 의미한다. 그에 의하면, 가치있는 것이란 다른 어떤 것을 실현하기 위한 수단이나 도구가 아닌 내재적인 가치를 가지는 것이며, 실제적인 것이기보다는 이론적인 것이다. 이를 보다 구체적으로 표현하자면, 가치있는 것이란 학교교육과정 안에 담긴 교과목들을 의미한다. 이러한 주장에 비춰볼 때 피터스가 그린 이상적인 교사란 학교 교과서에 담긴 지식을 전달하는데 헌신하는 사람이다. 이러한 그의 관점에 따르면, 우선 가치있는 것을 전달하는데 무관심하거나 열정이 없는 교사는 교사다운 교사라고 보기 어렵다. 또한 교과지식을 전달하는 일에 소홀한 교사 역시 교사로서의 소임을 다했다고 보기 어렵다. 뿐만 아니라 실제적인 지식을 가르치는데 열중한 나머지 이론적인 지식을 가르치는 일에 소홀한 교사 역시 교사다운 교사라고 보기 어렵다.

2) 인지적 기준과 학습자의 안목 넓히기

피터스의 교사관은 그가 제시한 교육 개념의 두 번째 기준, 즉 인지적 기준(cognitive criterion)으로부터 자연스럽게 추론되어 나온다. 이러한 추론이 어떻게 가능한지를 밝히기 위해 먼저 그가 제시한 교육의 인지적 기준에 대해 개관할 필요가 있다.

피터스는 교육의 개념을 분석하는 가운데, 어떤 활동이나 과정을 교육적이라고 부르기 위한 두 번째 기준, 즉 인지적 기준을 만족시켜야 한다고 보았다. 그는 이 인지적 기준에 속하는 것으로서 지식(knowledge), 이해(understanding), 그리고 인지적 안목(cognitive perspective)을 들었다(Peters, 1966: 30). 이 기준에 의하면, 교육받았다는 것은 모종의 지식을 소유하고, 사물에 대한 폭넓은 이해를 가지고 있으며, 나아가 세상을 폭넓게 바라볼 수 있는 인지적인 안목을 가졌다는 것을 의미한다.

피터스는 지식과 이해의 소유가 교육받았다는 것을 평가할 수 있는 중요한 징표이기는 하지만 인지적 안목이 더 중요하다고 보았다. 왜냐하면 지식과 이해는 인지적 안목을 넓히기 위한 조건이라고 보기 때문이다. 예컨대, 누군가가 해박한 지식과 정보를 가졌거나 지식을 조직할 수 있는 원리를 이해한다고 해서 그에게 곧바로 교육받은 사람이라는 이름을 붙여주기는 어렵다는 것이다. 오히려 교육받은 사람은 지식과 이해를 통해서 자신과 세계를 폭넓게 바라볼 수 있는 인지적 안목을 가져야 한다고 강조한다. 이러한 점에서 피터스가 "인지적 안목의 발달은 교육받은 사람의 중요한 징표이다."(*ibid.*: 64)라고 주장한 것은 하등 이상할 것이 없다. 이 점에 대해 그는 다음과 같이 적었다.

> 지식은 서로 축적되어 있는 것이 아니라 전체적으로 사물을 보는 안목을 이루어야 한다. 역사에 관하여 이것저것 많은 것을 알고 있어서 역사시간이나 역사시험에 정답을 할 수 있는 사람이라고 해서 반드시 자기 주위의 건물이나 제도를 역사적인 안목으로 볼 수 있는 것은 아니다(*ibid.*: 30-31).

해박한 지식을 가지고 있지만 그것이 사물을 폭넓게 이해하고 안목을 넓히는데 도움을 주지 않는다면 그러한 지식이란 '무기력한 관념'(inert idea)에 지나지 않을 것이다. 이러한 이유로 그가 '많이 알기만 하는 사람'(knowledgeable man)과 교육받은 사람을 구별하려고 한 점은 충분히 납득할 만하다. 나아가 그는 교육받은 사람이 되기 위해서는 사물이 왜 그렇게 되어 있는가 하는 '이유'(reason why)에 관한 이해가 있어야 한다고 주장한다. 그에 의하면 이해한다는 것은 사물의 이치를 밝히려는 시도이며, 진리를 탐구하려는 태도이기도 하다. 이해한다는 것은 단순히 사물과의 관계를 파악하는 것이 아니라 원인과 결과를 논리적으로 연결하여 추리할 수 있는 능력을 가지고 있다는 것을 의미한다. 여기서 피터스는 교육받은 사람에게는 추리능력으로서의 이해만이 아니라 원리(principle)를 이해하는 능력이 있어야 한다고 주장한다. 왜냐하면 오늘날 엄청나게 쏟아져 나오는 정보들과 나날이 배가(倍加)되는 지식들 모두를 이해한다는 것이 불가능하다는 점에서 사물의 이치와 현상 이면에 놓인 원리를 이해하는 것이 무엇보다 중요하다고 주장한다.

피터스는 지식과 이해가 교육받은 사람을 설명하는 중요한 조건이기는 하지만 충분한 조건은 아니라고 주장한다. 즉 어떤 사람을 교육받은 사람이라고 부르기 위해서는 또 다른 조건 즉 인지적 안목 조건이 필요하다는 것이다. 예컨대, 전문분야에 종사하는 사람들은 대체로 자기가 종사하는 분야의 전문적인 지식과 원리를 이해하고 있다는 점에서 교육받은 사람으로 불릴 수 있겠지만 이들에게 인지적 안목이 결여되어 있다면 그렇게 부를 수 없다는 것이다. 실제로 오늘날 전문가들 중에는 자기가 종사하는 일에만 능통했을 뿐 다른 분야에 대해서는 무관심한 사람들이 적지 않다. 예컨대 과학에 종사하면서 자기가 하는 일이 다른 분야에 어떻게 관련되어 있고, 어떤 영향을 미치는지에 대한 이해가 부족한 사람들이 있다. 피터스의 말대로, "삶의 정연한 패턴 속에서 과학이 차지하는 위치를 바라볼 수 있는 능력이 결여된 사람들이 있다"(*ibid.*: 31). 이러한 능력이 결여되어 있는 사람들의 두드러진 특징은 전문적인 분야에서 '훈련받았다'(trained)는 점이다. 훈련받은 사람에게서 나타나는 가장 큰 문제점은 세상을 폭넓게 조망하는 능력의 결여이다. 이러한 맥락에서 피터스가 '훈련받은 사람'과 '교육받은 사람'을 엄격하게 구별하려고 한 것은 나름대로 설득력이 있는 것처럼 보인다.

앞에서 살펴본 바와 같이 피터스가 제시한 교육의 인지적 기준에 비추어볼 때 교사의 중요한 역할은 크게 세 가지로 구분된다. 첫째, 학습자에게 지식을 전수하는 일이며, 둘째, 학습자의 이해능력을 심화시키는 일이며, 셋째, 학습자의 인지적 안목을 넓히는 일이다. 그에 주장에 의하면, 교사란 학습자를 '많이 알기만 하는 사람'으로 길러가는 사람이 아니다. 그는 학습자가 잡다한 지식의 소유나 단편적인 이해의 수준을 넘어 그것들을 삶의 정연한 패턴으로 끌어올리고 통합함으로써 학습자 자신이 몸 담고 있는 세계를 폭 넓은 안목을 가지고 조망(眺望)할 수 있는 능력을 가진 사람으로 길러나가는 사람이다. 나아가 피터스가 내세운 개념적 기준에 비춰볼 때 교사가 학습자의 안목을 넓혀가기 위해서는 학습자를 지나치게 전문화된 분야에 입문시켜서는 안 된다. 피터스는 자신의 여러 저작들에서 전문화가 가져온 폐해를 지적했거니와 이를 해결하기 위한 한 방안으로 교양교육을 누누이 강조한 바 있다. 요컨대, 피터스가 그려낸 이상적인 교사의 주된 역할은 학습자를 무기력한 지식, 단편적인 기술을 가진 기능인으로 길러내는 것이 아니라 세상을 넓은 안목을 가지고 관조(觀照)할 수 있는 능력을 갖춘 교양인(教養人)으로 길러내는 일이다. 즉 교사의 핵심적인 역할은 특정한 지식이나 기술을 가진 전문인이 아니라 폭 넓은 안목을 가진 교양인을 길러내는 일이다.

3) 과정적 기준과 교사의 도덕적 교수

피터스의 교사관은 그가 제시하는 교육의 세 번째 기준, 즉 과정적 기준(procedural criterion)과 아주 밀접한 관련을 가지고 있다. 이 기준은, 교육을 받는 입장에서 보면, 자신이 제대로 된 교육을 받았는지를 평가하는 기준이 될 수 있지만, 교육을 하는 사람의 입장에서 보면 교육을 제대로 했는가를 평가하는 기준이 되기도 한다. 이러한 논의를 보다 구체적으로 전개하기 위해 먼저 그가 제시한 교육 개념의 과정적 기준에 대해 간단히 개관할 필요가 있다.

피터스는 앞에서 제시한 두 기준 못지않게 교육의 과정적 기준을 중시하였다(1966: 35). 왜냐하면 전달되는 내용이 아무리 가치가 있다고 하더라도 그것이 전달되는 방법이 비도덕적이라면 교육의 과정 또는 교육활동이라고 부를 수 없다고 판단했기 때문이다. 실제로 많은 학교에서 학습의 결과를 중시한 나머지 과정을 무시하는 경향이 있다.

피터스는 교육과정에 관해서 전통주의와 아동중심주의 간에 오랜 논쟁이 있었다는 점을 지적하였다. 전통적인 형식교육(formal education)은 아동에게 가르쳐야 할 가치있는 교육내용이 무엇이어야 하는가를 명백히 하는데 큰 관심을 기울였으나 아동존중의 원리와 자유의 원리를 등한시하는 결과를 초래하였으며, 아동중심교육(child-centered education)은 아동의 자유와 인간 각 개인의 인격을 존중한 점에 있어서는 옳았지만 교육내용의 가치문제를 소홀히 하였다는 점에서는 결함을 가지고 있다고 지적하였다. 그에 의하면, 방법적인 측면에서 이 두 가지 형태의 교육관은 학습자와 교사가 함께 존중해야 할 성역(聖域), 즉 문명과 공적 전통을 소홀하게 취급했다는 점에서 난점을 안고 있다고 보았다. 이것들은 매우 가치있는 것이지만 이것에 입문시키는 방법은 적어도 학습자의 자발성(自發性)과 의도성(意圖性)을 존중하는 방법으로 이루어져야 한다고 보았다. 즉 그는 "교육은 학습자의 의식과 자발성을 무시하는 몇 가지 전달과정은 적어도 제외된다."(*ibid*.: 45)고 선언함으로써 전통적 교육관이 지지해온 '훈련', '교화', '조건화' 등의 방법을 비판적으로 탐색하였으며, 동시에 아동중심 교육관이 지지해온 '성장', '자아실현', '흥미' 등의 방법을 비판적으로 논의하였다(*ibid*.: 35).

피터스는 교육현장에서 교사들이 사용하는 많은 교육방법들 중에 상당히 많은 것들이 교육적으로 받아들여 질 수 없는 것이라고 보았다. 예컨대, 명령(command)과 교시(教示: mere instruction)가 때로는 교육적인 방법으로 쓰이고 있으나 인간존중의 정신을 결여하고 있다는 점에서 도덕적으로 문제가 있다고 지적하였다. 그에 의하면, 명령과 교시의 방법이 안고 있는 가장 큰 난점은 학습자의 의식(意識)을 무시한 채 일방적으로 적용된다는 것이다. 말하자면 이러한 방법들은 학습자를 의식의 구심점으로 바라보지 않는다는데 심각한 난점이 있다는 것이다.

피터스는 '훈련'(training)이 특수한 목적 내지 기능을 위하여, 또는 제한된 범위의 사고의 형식이나 실천 기준에 맞게 사용될 것을 전제로 하여 특정 기술이나 능력을 습득시키는 것임에 반하여, '교육'은 보다 넓은 신념체제를 다룬다는 측면에서 훈련과 교육은 구별되어야 한다고 주장하였다(*ibid.*: 32). 물론 훈련받은 철학자, 훈련받은 관찰자, 훈련된 마음과 같은 말들이 확대되어 쓰일 수는 있지만 훈련이라는 말은 어디까지나 어떤 일을 하거나 물건을 조작하는 기술 분야에 적용되는 제한적인 용어라고 주장하였다. 요컨대 피터스는 훈련이란 제한된 사고방식이나 제한된 기술을 길러내는 방법이라는 점에서 교육의 방법으로 채택하기에는 한계가 있다고 지적한다.

피터스는 '조건화'(conditioning)란 신념의 형성과는 하등 관계가 없는 반사적 반응일 뿐이며 사람들에게 모종의 변화가 일어났다는 의식을 전혀 주지 않는 단순한 동작에 관계되기 때문에, '교육'과는 구별되어야 한다고 주장하였다. 또한 '교화'(indoctrination)는 일종의 신념에 관련되어 있기는 하지만 학습자의 자발성과 자율성을 무시한다는 측면에서 교육과정에서 제외되어야 한다고 보았다. 이것 외에도 그는 교화가 합리적인 대화를 제지시킬 뿐만 아니라 자율적인 사고를 저해하고, 독립적인 판단능력을 흐리게 한다는 점에서 교육적인 방법일 수 없다고 단호하게 주장했다. 요컨대 훈련은 제한된 기술이나 사고방식만을 기르려는 의도에서 이루어진다는 점에서 교육적인 과정일 수 없으며, 교화 역시 조건화나 세뇌와 마찬가지로 학습자의 자발성이나 의식을 무시한다는 점에서 교육방법으로 받아들일 수 없다는 것이 피터스의 기본입장이다.

위에서 살펴본 바와 같이 피터스가 제시한 교육 개념의 과정적 기준에 비추어볼 때, 학습자의 자발성과 의도를 존중하지 않는 교사는 훌륭한 교사라고 부르기 어렵다. 하지만 교육현장 안에는 아직도 이러한 기준을 만족시키지 못하는 교육방법들, 예컨대 명령, 지시, 교시, 교화, 훈련, 심지어는 조건화 및 세뇌 등이 '교육적인 방법'이란 이름으로 널리 쓰이고 있다. 사실, 이 세 번째 기준은 앞의 두 기준에 비해 교사다운 교사와 그렇지 못한 교사를 구별하는 아주 중요한 기준이다. 왜냐하면 교사의 자질은 무엇을 가르치는가 하는 '교수내용'(教授內容)에 의해 구별되기도 하지만 어떻게 가르치는가 하는 '교수방법'(教授方法)에 의해서도 구별되기 때문이다. 이러한 피터스의 과정적 기준에 의하면, 학습자의 자발성과 의도를 도외시한 채 특정한 교과내용만을 전달하는데 급급한 교사는 훌륭한 교사라고 보기 어렵다. 또한 제한적인 기술이나 사고방식만을 전달하려는 교사 역시 교사다운 교사로 평가받기 어렵다. 결국 교육과정의 측면에서 교사가 도덕적 온당성(穩當性)을 확보할 때만이 교사다운 교사로서의 자격을 갖출 수 있다.

3 비판적 논의

앞장에서 소개한 바와 같이 피터스가 제시한 이상적인 교사의 모습 혹은 역할은 한마디로 그가 제시한 교육의 개념적 기준으로부터 자연스럽게 추론되어 나온 것이다[6]. 하지만 피터스의 교육개념이 여러 가지 측면에서 수긍하기 어려운 난점 및 한계를 지니고 있듯이[7], 그의 교육개념으로부터 추론되어 나온 교사관 역시 난점과 한계를 지니고 있다. 이 장에서는 그의 교사관을 다음 몇 가지 측면에서 비판적으로 담금질해 봄으로써 그의 교사관이 가진 한계를 드러내고 이를 극복하기 위한 대안을 찾아보려고 한다.

1) 학교교사와 교사다운 교사

피터스의 교사관에서 발견되는 첫 번째 난점은, 교사에 대한

---

6) 물론 피터스는 자신의 교육개념에 대한 비판을 받은 후 자신의 교육개념 및 교육받은 사람의 개념을 부분적으로 수정했다는 점을 고려해 볼 때, 그의 교육개념으로부터 추론되어 나온 교사의 모습과 역할도 달라졌다고 봐야 할 것이다. 예컨대, 50년대-60년대 제시했던 교육의 개념은 여러 학자들의 비판을 받고 나서 70년대 허스트와 함께 집필한 『교육의 논리』(1970), "교육과 교육받은 사람"(1970), "민주적 가치와 교육목적"(1979)에서 부분적으로 수정되었다. 이러한 점을 감안할 때 그의 교사를 바라보는 관점에도 모종의 변화가 있을 것이라는 생각이 든다. 하지만 이 글에서는 그의 교사관의 변천과정에 대해서는 다루지 않을 것이다.

7) 피터스의 교육개념이 안고 있는 난점에 대해서는 이미 우즈(Woods, 1973), 드레이(Dray, 1973), 솔티스(Soltis, 1970; 1978), 에델(Edel, 1973), 프랑케나(Frankena, 1973), 마틴(Martin, 1981), 이홍우(1992), 신득렬(2003) 등 여러 학자들에 의해 비판적으로 논의된 바 있다.

그의 논의가 주로 학교교사(school teacher)에 국한되어 있다는 점이다[8]. 적어도 초기 저작들에서 그는 '교육'을 '학교교육'과 동일시하였으며, '교사'를 '학교교사'와 동일시하고 있다. 그가 비판을 받은 1970년대까지만 해도 그는 이러한 자신의 교육개념과 교사관을 전혀 의심해 보지 않았다. 다시 말해서 교육이란 말이 다양하게 사용될 수 있다는 점을 통찰하지 못하였으며, 학교교사의 존재 및 역할이 다르게 해석될 수 있는 점에 대해 전혀 의심해 보지 않았다. 사실 그는 영국사회 안에서 교사의 존재와 역할을 상당히 높게 평가하였다. 그의 말로 표현하자면, 교사가 아니고는 가치있는 것의 전승(傳承)이 불가능할 뿐만 아니라 '삶의 형식', '지식의 형식', '사고의 형식'에로의 입문은 상상할 수도 없는 일이다. 하지만 그는 교사를 학교교사와 동일시할 경우 다음과 같은 문제가 제기될 수 있다는 점을 간과하였다.

우선, 피터스의 주장을 그대로 받아들인다면, 우리는 학교교사 모두가 교사다운 교사요 훌륭한 교사라고 해야 할 것이다. 그러나 누구나 인정하듯이, 오늘날 학교교사가 모두 가치있는 것들에 헌신하는 것도 아니고 그것을 도덕적으로 온당한 방법으로 전달하고 있는 것도 아니다. 학교교사들 중에는 피터스가 상정하고 있는 교사다운 교사의 삶과는 거리가 먼 사람들이 얼마든지 존재한다. 가르치는데 게으른 교사, 입시지도에만 매몰되어 있는 교사, 아이들의 인권을 유린하는 교사, 일방적인 명령과 지시로 학생들을 지도하는 권위주의적인 교사가 얼마든지 존재

8) 피터스가 '학교'의 개념을 '학교교육'의 개념과 동일시하였다는 비판은 이미 해리스(K. Harris)에 의해 제기된 바 있다(Harris, 1977: 33-48; Harris, 들불편집부 역, 1989).

한다. 이러한 점을 고려해 볼 때, 교사를 학교교사와 동일시하여 논의하는 것은 언어적으로 혼란스러울 뿐만 아니라 단지 '존재하는 교사'로부터 '존재해야 할 교사'를 이끌어냈다는 점에서 일종의 자연론적 오류(naturalistic fallacy)를 범한 것이 아닌가 하는 생각이 든다.

다음으로, 피터스가 제시한 바와 같이 교사를 학교교사와 등식화하고 나아가 학교교사만을 교사다운 교사로 생각할 경우 우리가 흔히 교육자(educator)라고 부르는 사람들이 교사다운 교사로부터 제외되어 버리는 이상한 결과를 낳을 수 있다. 역사적으로도 학교라는 울타리를 벗어나 대중에게 가치있는 것을 전수하는데 헌신한 사람들이 얼마든지 있지 않았는가? 예컨대 소크라테스와 예수는 학교교육과는 거리가 먼 사람들이지만 대중의 마음에 심대한 영향을 끼쳤을 뿐만 아니라 그것을 위해 몸을 바친 위대한 교육자들(great educators)이었다. 피터스의 논의 안에는 이들 교육자들에 대한 논의가 충분하게 이루어지지 않았으며, 심지어 학교교사와 교육자에 대한 구별이 이루어지지 않고 있다[9]. 언어적인 관점에서 볼 때 교육자와 학교교사는 구별되어야 한다. 또한 학교교사만이 반드시 학생의 삶에 심대한 영향을 끼친다고 보기도 어렵다. 오히려 학교 울타리 밖의 교육자들이

---

9) 피터스는 교사에 관련된 여러 편의 글을 썼는데, 이 글들에서 교사와 교육자를 개념적 구별 없이 사용하고 있다. 예컨대, 『권위, 책임 그리고 교육』(*Authority, Responsibility and Education*, London: George Allen & Unwin, 1959)에 실린 여러 편의 글, 즉 "교육자는 하나의 목적을 가져야 하는가?"(pp. 86-87), "경험과 교육자의 기능"(pp. 96-107), "심리학자와 교사"(pp. 119-137), 그리고『윤리학과 교육』(1966), 『교육와 교사교육』(1977) 등에서 교사와 교육자를 구별 없이 사용하고 있다.

인간의 삶에 더 큰 영향을 끼치는 경우도 허다하다. 이러한 점에 비추어볼 때 피터스는 학교교사의 역할을 지나치게 낙관적으로 이해한 나머지 학교제도권 밖에서 활동하는 교육자의 존재와 역할을 상대적으로 낮게 평가한 것이 아닌가 하는 생각이 든다.

2) 계몽적 교사관의 한계

피터스의 교사관에서 발견되는 또 다른 난점은, 교사의 주된 과업 혹은 역할을 합리성 및 자율성을 기르는 일에 국한시켜 논의하였다는 점에서 계몽적 교사관과 거리가 멀지 않다는 점이다. 그는 전통적인 교사관과 아동중심주의적인 교사관의 문제점을 신랄하게 비판하면서도 그는 여전히 전통적인 교사관의 논리적 지층을 이루고 있는 계몽적 교사관을 지지하고 정당화하고 있다. 18세기 계몽주의(Enlightenment)시대 이래 출현한 계몽적 교사관에 의하면, 교사의 주된 역할은 무엇보다도 이성적으로 사고하고 판단하고 행동하는 소위, 합리적이고 이지적(理智的)인 인간을 길러내는 일이다. 여러 비판가들이 지적한 바와 같이, 피터스의 교육개념은 그 자체가 후기 계몽주의의 논리를 기반으로 하거나 그것을 재해석하고 있는 것처럼 보인다.[10]

---

10) 카아는 가다머(H. G. Gadamer), 하버마스(D. Habermas), 맥킨타이어(A. MacIntyre), 로티(R. Rorty) 등의 철학자들이 근본적으로 역사적이고 문화적인 차이를 보이고 있음에 불구하고 분석철학을 후기 계몽적 사고의 유산으로 생각하고 있으며, 그것을 모더니티를 해결하기 위한 원천이라기보다는 모더니티가 안고 있는 문제의 부분이라고 바라본다는 점에서 큰 차이가 없다고 지적한다(Carr, 2005: 6:. 24), 카아의 지적대로라면 피터스에 의해 전개된 분석교육철학 역시 계몽적 사고와 모더니즘을 근간으로 하고 있다고 봐야 할 것이다.

이러한 관점이 그의 인간관, 세계관, 교육관 그리고 교사관에 투영되어 나타났다는 지적은 놀랄만한 것이 아니다. 예컨대, 브라운이 지적한 바 있듯이, "피터스의 이상은 무엇보다도 합리적인 인간에 관한 것이며, 그가 선호했던 성향은 지적인 것이다."(Brown, 1970: 81). 이러한 점에서 그가 말하는 이상적인 교사는 기본적으로 학습자의 정서 및 의지의 발달에 관심을 가지는 것이 아니라 인지발달에 관심을 가진다. 교사가 입문(入門)시켜야 한다고 주장하는 소위 '가치있는 것'이란 것도 따지고 보면 결국 지적이고 이론적인 것이다. 즉 교사가 길러내고자 하는 교육받은 사람의 이상은 인지적이고 합리적인 것이지 정서적이고 의지적인 것이 아니다. 이러한 입장은『윤리학과 교육』제5장에서 가치있는 활동이 무엇인지, 그리고 교육과정 안에 속한 교과목들이 다른 활동보다 왜 더 가치가 있는가를 정당화하는 과정에서 분명하게 밝히고 있듯이, 그가 상정하고 있는 교사의 주된 관심사는 주로 주지적이고 합리적인 것이다.

이상과 같은 피터스의 주장은 다음과 같은 논란을 불러일으킬 가능성이 높다. 우선, 사랑과 배려(配慮)의 교사가 교사다운 교사의 자리에서 소외될 수 있다. 사랑과 배려는 가르치는 교사가 갖추어야 할 가장 중요한 마음의 태도이다. 페스탈로치를 비롯한 위대한 교사들은 교육애(教育愛)를 유감없이 보여준 인물들이다. 교육활동의 기반이요 교사 자질의 정서적 토대인 사랑과 배려를 소홀히 하고는 교육다운 교육이 이루어질 수 없다는 것은 교육사(教育史)가 보여준 소중한 가르침이다. 그럼에도 불구하고 피터스가 인간존중(respect for person)을 교육의 중요한 원리로 제시하면서 사랑과 배려의 덕목을 소홀하게 다룬 것은 이해하기 힘든 부분이다. 다음으로, 피터스의 교사관에 따르면, 실제적인 활동에 관여하고 있는 교사 역시 교사다운 교사에서 제외될 수 있다. 실제적인 활동에 관심을 가지거나 이것을 가르치는 교사는 교육받은 교사의 영역에서 제외되어 버리는 결과를 가져오게 된다. 예컨대, 비교적 실제적인 지식과 기술을 가르치는 교과교사는 교사다운 교사의 범주에 들어갈 수 없다. 이러한 관점에서 피터스가 이론과 실제를 함께 아우르는 능력을 갖춘 통합적 교사상을 그려냈다고 말하기 어렵다.

3) 성 불평등과 교사

피터스의 교사관에서 나타나는 또 다른 난점은, 그가 그린 이상적인 교사가 남성 학습자에게는 이로운 사람일 수 있으나 여성 학습자에게는 해로운 사람으로 보일 수 있다는 점이다. 일찍이 페미니스트 철학자로서 피터스의 교육철학을 신랄하게 비판하였던 마틴은 피터스의 교육받은 사람의 이상이 여성에게 해(害)로울 뿐 아니라 남성에게도 해롭다고 주장한 바 있다(Martin, 1981: 3) 그녀는 특히 피터스가 강조하는 인지적 안목(cognitive perspective) 역시 남성 중심적인 덕목에 지나지 않는다고 지적한 바 있다(*ibid.*: 8). 로이머 역시 피터스의 교육받은 사람의 이상이 가져온 해악을 지적한 바 있다. 그는 첫째, 피터스가 인지적이고 이론적인 분야로부터 여성을 제외시킨 점, 둘째, 피터스가 여성의 삶을 왜곡시킨 점, 셋째, 피터스의 견해가 일방적이라는 점들을 제시하면서 피터스의 관점을 비판한 바 있다(Roemer, 1981: 120-123).

이러한 마틴과 로이머의 비판을 있는 그대로 받아들이기는 어렵겠지만, 피터스는 자신의 저작들 여러 곳에서 이성, 합리성, 자율성, 권위의 가치를 일관되게 강조하면서 상대적으로 감정, 정서, 감성 등의 가치를 비교적 소홀하게 다루었다는 점에서 이 두 학자의 비판은 부분적으로 설득력을 가지고 있다고 봐야 한다. 이들의 주장이 어느 정도 옳다면, 피터스가 그린 이상적인 교사의 모습은 부분적으로 남성적인 이데올로기를 반영하고 있다고 볼 수 있을 것이다. 나아가 피터스가 지지하는 교사의 교수활동이 자칫 잘못하면 여성의 삶에 심대한 피해를 입히는 결과를 가져올 수도 있을 것이라는 추론이 가능하다. 남성적인 이데올로기를 기반으로 한 그의 교사관은 그가 『윤리학과 교육』 제8장에서 온갖 정성을 다해 정당화한 인간존중의 원리와도 어울리지 않는다. 여기서 그는 인간존중이란 소위 인간을 의식(意識)의 구심점이요, 자율적인 존재로 인정하는 태도라는 점을 강조하면서 이를 정당화하고자 하였다. 그럼에도 불구하고 그가 여성에게 이익을 주기보다는 해를 주는 소위 성적으로 불평등한 교사상을 그려냈다는 것은 아이러니컬한 일이 아닐 수 없다. 이러한 점에서 그가 그린 이상적인 교사의 모습은 성적으로 편향되어 있으며 따라서 보편적인 교사상이라고 말하기 어렵다.

4) 이데올로기와 교사

피터스의 교사관에서 나타나는 또 다른 난점은, 그가 그런 이상적인 교사가 교육다운 교육을 해 가기보다는 오히려 지배 이데올로기를 유지하거나 재생산하는 사람으로 해석될 가능성을 가지고 있다는 점이다. 이러한 비판은 주로 마르크스주의자들로부터 제기되는 것으로서, 일찍이 사럽은 피터스가 문화적 상대성을 도외시하였고, 지식을 실체화(實體化)하였으며, 학교교육의 기능을 지나치게 낙관적으로 이해했다고 지적한 바 있다(Sarup, 1978: 65). 이들의 비판은 피터스의 교육개념 및 교육받은 사람의 개념을 다른 관점에서 해석할 수 있는 가능성을 열어주었을 뿐만 아니라 그의 교사상을 새롭게 해석할 수 있는 가능성을 열어주었다는 점에서 의의를 가지고 있다. 그들 비판 중 피터스가 지식을 실체화하였다는 말은 무엇을 의미하는가?

마르크스주의자들에 의하면, 지식이란 원래 유동적이고 변화하는 것임에도 불구하고 그것이 어느 순간에 특정한 사람들에 의해 합법화되어 자연스럽고 필연적인 사실로 받아들여지게 되었다는 것이다. 그들에 의하면, 지식이 실체화되고 있는 곳이 바로 학교이며 교육과정은 이러한 실체화를 가속화시키고 영속화시키고 있다는 것이다. 이들은 피터스가 선험적 논의(transcendental argument)를 통해 이를 정당화했다는 것이다. 이들의 공격은 여기서 그치지 않고 있다. 즉 그들은 피터스가 지지해온 교육관, 지식관, 학교관, 세계관을 하나의 이데올로기(ideology)로 해석하면서, 그가 이러한 이데올로기를 합법화하는데 주도적인 역할을 해 왔다는 것이다. 결국 교육받았다는 것은 이 같은 그릇된 지배

이데올로기를 전수받았다는 것 외에 아무 것도 아니라는 것이다.

이러한 급진주의 교육론자들의 관점에서 보면, 피터스가 지지하는 교사란 잘못 실체화된 지식, 그릇된 허위의식(false consciousness), 편향된 이데올로기를 전달하는 대리인(代理人) 혹은 사도(使徒)로 평가받을 수 있다. 급진주의 교육론자들의 비판을 전적으로 받아들이기 어렵다고 하더라도, 그가 부분적으로 인정했듯이, 교육이란 말을 지나치게 좁게 사용하고 탈문화적인 맥락에서 사용했다는 점에서 이 같은 비판은 어느 정도 설득력을 가진다고 봐야 할 것이다. 마찬가지로 그가 그린 이상적인 교사의 역할 역시 너무 좁게 규정되었다는 점에서 이런 비판의 포화로부터 자유로울 수 없다고 봐야 할 것이다. 사실, 피터스의 교사관 안에서 의식 형성자 및 전수자로서의 교사의 모습을 찾기는 쉬우나 의식의 생성자 및 비판자로서의 모습을 찾긴 어렵다.

4 맺는 말

앞에서 논의한 바와 같이 피터스의 교육개념으로부터 추론되어 나온 교사관은 일반적으로 전통적이고 주지주의적인 것이다. 그의 교사관 안에는 어떤 교사가 과연 교사다운 교사인가에 대한 그의 이상적인 교사관이 잘 나타나 있다. 적어도 그가 그려낸 이상적인 교사의 모습은 단지 '존재하는 교사'가 아니라 '존재해야 할 교사'의 모습이다. 그가 그린 이상적인 교사의 주된 자질 혹은 역할이란 학습자에게 가치있는 것을 헌신적으로 전달하고, 학생의 인지적 안목을 넓혀주며, 나아가 도덕적으로 온당한 방법으로 가르치는 일이다. 보기에 따라서 이러한 자질들은 교사다운 교사와 그렇게 못한 교사를 구별하는 일반적인 기준으로 이해될 수 있다. 하지만 이러한 자질들은 근대적인 혹은 전통적인 교사관들에서 발견되는 자질들과 크게 다르지 않다. 다만 차이가 있다면 교사가 왜 이러한 자질들을 갖추어야 하는가에 대한 논리적 근거를 밝히고 정당화하였다는 점이다.

앞에서 지적한 바와 같이 그의 교사관은 그의 교육개념 안에 논리적으로 상정되어 있다는 점에서 그의 교사관이 안고 있는 문제점은 곧 그의 교육개념이 안고 있는 문제점과 구별되지 않는다. 연구자는 이미 피터스의 교사관이 언어분석의 측면에서 교사와 학교교사를 명료하게 구분하지 않았다는 점에서 일종의 자연론적 오류 내지는 범주적 오류를 범하였다는 점을 지적하였으며, 계몽주의적인 근대성에서 벗어나지 못한 관점을 정당화하려고 했다는 점을 지적하였다. 또 연구자는 그의 교사관이 남성학습자에는 유리할지 몰라도 여성학습자에게는 해가 되는 성 편견적인 관점을 드러냈으며, 교사가 때로는 특정한 지배이데올로기를 전수하는 대리인으로 해석될 가능성이 있다는 점을 간과하였음을 지적하였다.

이러한 비판들은 피터스의 교사관 자체를 부정하거나 폐기하려는 것이 아니라 그의 교사관이 안고 있는 약점을 극복하고 그 대안을 찾기 위한 근거로서 의의와 가치를 가진다고 할 수 있다.

우선, 피터스의 교사관이 가진 최대 약점은 교사의 역할을 학교교육에 지나치게 제한했다는 점이다. 교사의 일차적인 과업은 학교 안에서 주어진 교과를 가르치는 일이다. 하지만 교과를 가르치는 것만이 교사의 유일한 과업은 아니다. 교사의 중요한 과업 중의 하나는 학생과 세상을 연결시키는 일이다. 교사란 일종의 학생과 세상을 잇는 연결고리이다. 피터스의 주장대로 교사는 학생들을 지적인 삶의 세계로 입문시키기도 해야 하지만 실천적 삶의 세계로 안내해야 한다. 이러한 점에서 듀이(John Dewey)의 실천적 교사관은 피터스의 주지주의적인 교사관이 안고 있는 한계를 어느 정도 극복할 수 있는 대안으로 제시될 수 있을 것이다.

다음으로, 피터스의 교사관이 안고 있는 또 다른 약점은 계몽주의적 근대성으로부터 여전히 벗어나지 못하고 있다는 점이다. 계몽주의적 교사관의 관점에서 볼 때, 교사의 가장 중요한 과업은 이미 주어진 교과지식을 가르침으로써 합리적이고 자율적인 인간을 길러내는 일이다. 또한 교사가 가르쳐야 할 지식이란 시공을 초월하는 보편적 가치를 가지는 것, 즉 내재적으로 가치가 있는 것이다. 하지만 포스트모던의 관점에서 볼 때 실체화된 지식이란 존재하지 않으며, 또 교사가 그러한 지식을 가르쳐야 할 이유도 없다. 피터스의 계몽적 지식관은 오히려 교사와 학생을 지식 생성 및 구성의 주체로부터 밀어낼 가능성이 있다. 지식이 끊임없이 생성되고 구성되는 과정에 있다는 점에 비추어볼 때 교사의 수업내용 및 방식 역시 유연하고 융통성이 있어야 한다.

이제 교육, 학습자, 지식, 수업을 바라보는 교사의 계몽적 이해방식은 구성적 이해방식으로 수정되거나 보완되어야 한다.

끝으로, 피터스의 교사관이 안고 있는 또 다른 약점은 성적으로 불평등한 교사관을 제시함으로써 커다란 오해를 불러일으켰다는 점이다. 이러한 오해는 그가 그린 교육받은 사람의 자질이 주로 남성적인 덕목들(masculine virtues)이라는데 기인한다. 예컨대, 인지적 안목, 합리성, 자율성, 권위 등은 여성에게 어울리기보다는 남성에게 어울리는 덕목들이다. 실제로 그의 교사관 안에서는 여성적인 덕목들(feminine virtues)이라고 할 수 있는 사랑, 배려, 연민, 동정 등에 대한 덕목들이 중요하게 다루어지지 않는다. 이런 점에서 그의 교육개념, 교육받은 사람의 이상, 심지어 교사상이 성 편견적인 관점에서 비롯된 것이라는 비판을 받게 된 것은 이미 예견된 것이라고 할 수 있다. 페미니즘의 관점에서 볼 때 성적으로 불평등한 입상을 드리낸 교사관은 부분적으로 수정, 보완되어야 하며 때론 폐기되어야 한다. 왜냐하면 미래 교육이 실현하고자 하는 이념 중의 하나는 성적 배려를 통한 인간복지의 구현이기 때문이다.

이상과 같은 피터스의 교사관에 대한 비판은 그의 교사관 자체를 폐기하기 위한 것이 아니라 그것을 발전적으로 수용하기 위한 예비작업으로서 가치를 가질 수 있을 것이다. 그가 통찰하지 못한 부분은 후학들의 끊임없는 담금질과 비판을 통해 변증적으로 보완될 필요가 있을 것이다.

참고문헌

신득렬(2003). 현대교육철학. 서울: 학지사.

이홍우(1992). 교육의 개념. 서울: 문음사.

Archambault, R. D., ed.(1967) *Philosophical Analysis and Education*. London: Routledge & Kegan Paul.

Dray, W. H.(1973). "Commentary." Edited by R. S. Peters(1973). *The Philosophy of Education*. Oxford: Oxford University Press.

Brown, L. M.(1970). *Aims of Education*. New York: Teachers College Press.

Dearden, R. F.(1986). "Education, Training and the Preparation of Teachers." Edited by D. E. Cooper(1986). *Education, Values and Mind: Essays for R. S. Peters*. London: Routledge & Kegan Paul, 69-88.

Edel, A.(1973). "Analytic Philosophy of Education at the Crossroad." Edited by J. F. Doyle(1973). *Educational Judgment*. London: Routledge and Kegan Paul.

Elliott, R. K.(1986). "Richard Peters: A Philosopher in the Old Style" Edited by D. E. Cooper(1986). *Education, Values and Mind: Essays for R. S. Peters*. London: RKP, 41-68.

Frankena, W. K.(1973). "The Concepts of Education Today." Edited by J. F. Doyle (1973). *Educational Judgment*. London: Routledge and Kegan Paul.

Harris, K. 저, 들불편집부 역(1989). 교사와 계급. 광주: 들불출판사.

______(1977). "Peters on Schooling," *Educational Philosophy & Theory*. vol. 9, no. 1, 33-48.

Hirst, P. H. and Peters, R. S.(1970). *The Logic of Education*. London: Routledge & Kegan Paul

Martin, J. R. (1981), "The Ideal of the Educated Person." *Philosophy of Education*. Presidential Address, Proceedings of Thirty-Seventh Annual Meeting of the Philosophy of Education, Normal Illinois: Philosophy of Education Society, 3-20.

Peters, R. S.(1959). "Must and Educator Have an Aim?" in *Authority, Responsibility and Education*. London: George Allen & Unwin, 83-95.

______(1959). "Experience and the Function of the Educator." in *Authority, Responsibility and Education*. London: George Allen & Unwin, 96-107.

______(1959). "The Psychologist and the Teacher." in *Authority, Responsibility and Education*. London: George Allen & Unwin, 119-137.

______(1964). "Education as Initiation." Edited by R. D. Archambault(1967). *Philosophical Analysis and Education*. London: Routledge & Kegan Paul, 87-111.

______(1966). *Ethics and Education*. London: George Allen & Unwin.

______(1970). "Education and the Educated Man." in R. S. Peters(1977). *Education and The Education of Teachers*. London: Routledge & Kegan Paul.

______(1977). *Education and The Education of Teachers*. London: Routledge & Kegan Paul.

______(1979). "Democratic Values and Education." Edited by R. S. Peters(1981). *Essays on Educators*. London: George Allen & Unwin.

Roemer, E. K.(1981). "Harm and the Ideal of Educated Person: Response to Jane Roland Martin." *Educational Theory*. vol. 31, no. 2: 115-124.

Soltis, J. F.(1970). "On Defending Education: An Apology". *Philosophy of Education 1969*, Proceedings of the Twenty-Fifth Annual Meeting of the Philosophy of Education Society, 172-176.

______(1978). *An Introduction to the Analysis of Educational Concepts*. 2nd ed., Reading, Mass.: Addison-Wesley Publishing Co.

Sarup, M.(1978). *Marxism and Education*. London: Routledge and Kegan Paul.

Woods, J.(1973). "Commentary." Edited by R. S. Peters(1973). *The Philosophy of Education*. Oxford: Oxford University Press.

제 3 장

교사의 실존적 삶과 자기교육

1. 들어가는 말
2. 가치있는 삶의 의미
3. 실존적인 삶과 자기교육
4. 논의 및 시사
5. 맺는 말

CHAPTER 3

교사의 실존적 삶과 자기교육

1 들어가는 말

소로우(H. D. Thoreau: 1817-1862)는 그의 명성과는 달리 그리 많은 책을 써내지는 않았다. 그는 생전에 『콩코드와 메리맥 강에서의 일주일』(*A Week on the Concord and Merrimack Rivers*, 1849), 『시민불복종』(*Civil Disobedience*, 1849), 『월든』(*Walden*, 1854), 『소풍』(*Excursions*, 1863), 『메인 숲 』(*The Maine Woods*, 1864) 등의 책들을 써냈다. 앞의 세 권은 생전에 출판되었으며, 나머지 두 권은 사후에 출판되었다. 이들 책 중 소로우 사상의 정수를 담고 있는 책은 역시 『시민불복종』과 『월든』이다. 특히 『월든』은 그의 정신세계가 가장 잘 드러난 작품으로서 그가 28세가 되던 1845년부터 1847년까지 약 2년 2개월간 그의 고향 월든 호숫가(Walden Pond)에 통나무집을 손수 짓고 생활하면서 느끼고 배우고 깨달았던 것을 진솔하게 기록한 자서전적인 작품이다.

지난 세기 동안 소로우에 대한 평가[1]와 더불어 그의 주저인 『월든』에 대한 다양한 평가들이 있어왔다. 첫째, 월든 숲에서의 자신의 체험을 역설, 상징, 은유, 비유 등 다양한 기법을 통해 묘사한 수필문학의 백미로서, 둘째, 그가 왜 숲 속의 생활을 하게 되었는지, 그가 어떻게 자연 속에서 삶을 살았는지, 그리고 거기서 사는 동안 정신적으로 얼마나 성장했는지를 보여주는 자서전으로서, 셋째, 인간, 자연, 사회, 경제를 초절주의(transcendentalism)적 관점에서 탐색한 사상서로서, 넷째, 자연의 중요성과 가치, 인간이 자연과 하나가 되는 합일(合一)의 과정, 자연을 존중해야 하는 까닭을 밝힌 자연환경 보고서로서, 끝으로 물질 지향적인 문명인의 삶과 일상을 통렬하게 꼬집고 비판하는 사회비평서로서 평가를 받아왔다. 최근까지도 『월든』에 대한 평가와 재해석이 소로우의 연구자들, 소로우학회 회원들, 그리고 환경 작가들에 의해 끊임없이 이루어지고 있다. 지난 2003년 이들은 "21세기에 왜 소로우를 읽어야 하는가?"하는 공통의 주제에 대해 저마다 의미있는 논평을 내 놓은 바 있다.[2]

---

1) 소로우는 자신을 스스로를 '신비주의자', '초절주의자,' '자연철학자'로 불렀지만(Thoreau, 1986: intro; Meyer, 1986: 9.). 그 후 소로우의 연구자들은 그를 다양하게 불렀다. 예컨대, 고다드는 그를 '진정한 미국의 신비주의자'라고 불렀으며(Goddard, 1969), 부엘은 그를 '문학상의 초절주의자'(Buell, 1973)로, 맥킨토시는 그를 '낭만적인 개인주의자'라고 불렀다(McIntosh, 1974). 또 윌슨은 그를 '최초의 위대한 자연작가'(Wilson, 2003)로, 맥키벤은 그를 '반정보운동가'라고 불렀다(McKibben, 2003).

2) 예컨대, 캠벨은 『월든』을 읽어야 할 이유로, 위선적인 것으로부터 진실한 것을 선별하게 해 준다는 점을 지적하였으며(Campbell, 2003: 7), 딘은 그 어느 때보다도 우리가 진실하게 살아갈 수 있는 곳이 어디이며 무엇을 해야 하는지를 보여주고 있다는 점을 지적하였고(Dean, 2003: 7-8), 맥키번은 정보의 홍수 속에서 양심의 목소리를 회복시켜 준다는 점을 지적하였다(McKibben, 2003: 8). 또한 마이어슨은 『월든』을 읽어야 할 중요한

소로우의 『월든』은 수필문학서, 자서전적 체험서, 자연환경 보고서, 그리고 사회비평서로서 후대 여러 사람들에게 커다란 영향을 준 작품임에 틀림없다. 하지만 이미 소로우의 연구자들과 학회 회원들이 밝힌 바 있듯이, 소로우는 물질주의에 매몰되어 본래적 삶을 살아가지 못하고 있는 현대 문명인들에게 어떻게 사는 것이 과연 가치있는 삶인지를 깊이 통찰하도록 해 줄 뿐만 아니라 비범한 학습(uncommon learning)[3)]을 통해 자아실현을 해 가는 과정을 보여주고 있다는 점에서 이 책은 교육적으로도 시사하는 바가 큰 저작이라고 할 수 있다. 그는 전문적인 교육이론가도 아니요 교육실천가도 아니지만 월든 숲에서의 체험과 그의 체험 보고서인 『월든』은 오늘날의 교육이 과연 궁극적으로 지향해야 할 가치가 무엇인지를 곰곰이 되씹어보게 한다. 또 사람들이 진실하고 가치있는 삶을 살아가도록 하기 위하여 무엇을 어떻게 가르쳐야 하는지를 숙고하도록 해준다.

이유로, 우리 자신을 끊임없이 재평가를 하도록 권한다는 점을 지적하였으며(Myerson, 2003: 9), 피츠는 내적인 삶을 탐구하는 것이 얼마나 소중한 것인지를 보여주었다는 점을 지적하였고(Pitts, 2003: 11), 포겔송은 자신에 대한 배움이 가장 큰 모험이라는 점을 보여주었다는 점을 지적하였다(Vogelsong, 2003: 15). 또한 월스는 21세기의 우리가 『월든』을 읽어야 할 또 다른 이유로, 소로우가 21세기의 과학과 문학을 통섭할 수 있는 가능성을 보여주었다는 점과 남벌된 땅을 회복할 수 있는 야생의 원리를 제시하였다는 점을 지적하였으며(Walls, 2003: 16), 끝으로 윌슨은 소로우가 과학과 인문학을 연결할 수 있는 가능성을 최초로 제시하였다는 점을 지적한 바 있다(Wilson, 2003: 17).

3) uncommon learning은 소로우의 교육사상을 연구한 바 있는 빅맨이 사용한 개념으로, 그가 저술한 책의 표지이기도 하다. 그는 기본적으로 소로우를 비범한 학습을 통해 자아를 실현해 간 인물로 이해하고 있다(Bickman, 1999).

『월든』에 나타난 소로우의 삶은 시간의 흐름 속에서 크게 세 단계로 전개되고 있다. 우선, 그는 가치있는 삶이 무엇인가를 진지하게 탐색하고자 하였으며, 다음으로, 그러한 삶을 살기 위해 상식을 뛰어넘는 실존적 선택과 결단을 내렸으며, 끝으로 자신이 발견한 가치를 실현하기 위해 과감한 모험과 실험을 시도했다. 여기서 흥미로운 점은 소로우가 그 당시 미국인답지 않게 삶의 문제를 공리주의적이고 실용주의적인 관점에서가 아니라 실존적인 관점에서 통찰하였다는 점이다. 그는 월든 숲 생활을 통해 스스로 깨달은 것을 다른 어떤 외부의 힘에 의존하지 않고 오직 자기 자신의 힘만으로 이루고자 하였다. 그는 철저하리만큼 개인적인 관점에서 주체적인 선택과 결단, 자기계발, 자기도야를 통해 정신적 자아의 깨달음을 얻고자 하였다. 이러한 맥락에서 소로우를 실존적인 자기교육자(existential self-educator)라고 부를 수 있을 것이다. 그에게 있어서 가르치는 주체(主體)와 배우는 객체(客體)는 구분되지 않는다. 그는 스스로 가르치는 교사인 동시에 배우는 학습자로서 구도(求道)의 길을 걸었다.

이 글은 소로우의 『월든』에 나타난 그의 삶이 실존적이었다는 점에 주목하면서 그가 월든 숲에서 보여준 과감한 선택과 용기있는 결단, 그리고 자기각성, 자기계발, 자기완성 과정이 오늘날 자기교육의 전형(典型)이 될 수 있음을 밝히고자 한다. 특히 그의 실존적 삶이 물질 지향적이고 소비 지향적인 삶의 방식에 매몰되어 헛되이 살아가는 현대 문명인들에게 던지는 중요한 메시지들을 포착하고 이를 교육적인 관점에서 논의해 보고자 한다.

2 가치있는 삶의 의미

소로우의 『월든』에 나타난 가장 핵심적인 주제는 인간의 삶이다. 그것도 가치있는 삶이란 어떤 것인가에 관한 것이다(Alexander, 1965: 8). 초절주의자로서 그는 정신 지향적인 삶이 물질 지향적인 삶보다 우위에 있으며, 절제된 삶이 소비 지향적인 삶보다 우위에 있음을 분명히 하고자 하였다. 그러나 그는 그 당시 대다수의 문명인들이 물질 지향적인 삶을 살아가는 가운데 자신의 본성, 자연성, 본래성, 순수성을 잃어가고 있음을 안타까워했다. 『월든』제1~2장은 주로 인간 실존의 상실 원인이 어디에서 비롯되었는가를 날카롭게 진단하였으며, 이러한 진단을 기초로 가치있는 삶의 모습을 제시하였다. 이 장에서는 그가 진단한 실존 상실의 원인과 결과, 그리고 그가 살고자 원했던 가치있는 삶의 모습이 무엇이었는지를 살펴보고자 한다.

1) 실존상실의 원인과 결과

일반적으로 실존(實存)이란 개별자가 본래 지니는 순수한 모습, 본래적인 모습, 주체적인 모습을 의미한다. 그러나 소로우의 눈에 비친 그 당시 사람들의 삶은 이러한 모습과는 거리가 먼 것이었다. 그는 사람들이 사람답지 못하게 사는 원인이 무엇인가에 주목하였다.

우선, 소로우는 인간의 실존 상실이 지나친 물욕(物欲)과 소유욕(所有欲)에서 비롯되었음을 지적한다. 특히 금전에 대한 집착이 인간을 황폐하게 만들고 불행하게 만든다고 진단한다. 반물질주의자(anti-materialist)로서 소로우는 문명의 이기를 누리기 위해 돈벌이에 혈안이 되어 있는 사람들의 삶의 방식을 못마땅하게 여겼을 뿐만 아니라 돈의 노예가 되어버리는 사회풍조를 신랄하게 꼬집었다. "여러분 중에 많은 분들이 얼마나 누추하고 비루한 생활을 하고 있는가는 경험을 통해 날카로워진 나의 눈에는 너무나도 선명하게 보인다. 여러분은 새로운 삶을 시도하고 빚을 청산하려고 노력하지만 은행에서 빌린 돈은 항상 대부상한선까지 와 있다. 빚이란 태고 적부터 있던 진흙 수렁인데, 구리로 만들어 썼던 로마 사람들은 이것을 '남의 구리'라고 불렀다. 여러분은 살아있기는 하지만 이 '남의 구리'에 묻혀 죽은 목숨이나 다름없으며 항상 빚을 갚겠다고, 내일은 꼭 갚겠다고 약속하지만 끝내 갚지 못하고 오늘 죽는 신세이다."(*Walden*, 1986: 49)[4]. 여기서 '남의 구리에 묻혀 죽은 목숨'이란 반드시 생물학적 죽음을 의미하는 것이 아니라 인간이 자신의 존엄성을 지키지 못하고 돈의 노예로 전락하였음을 의미한다. 결국 그는 금전욕이 인간의 실존을 얼마나 황폐하게 만드는가를 보여주고 있다.

다음으로, 소로우는 사람들의 그릇된 삶의 방식이 인간성을 황폐하게 만드는 주된 원인임을 지적한다. 특히 자신의 분수를 망각하고 사치와 유행에 맞추어 주택과 가구를 사들이는 사람들의 허영심과 어리석음을 비판한다. 그는 쓰기를, "대부분의 사람

---

4) 여기서 *Walden*은 H. D. Thoreau, *Walden and Civil Disobedience*(New York: Penguin Book, 1986)를 말하며 이하에 인용된 페이지는 이 책의 페이지를 가리킨다.

들이 주택이 무엇인지를 한번도 생각해 보지 않은 것 같다. 그들은 이웃사람들이 소유하고 있는 정도의 집은 나도 가져야겠다고 생각한 나머지, 가난하게 살지 않아도 될 것을 평생 가난에 쪼들리며 살고 있다."(*ibid.*: 78). 허영심과 어리석음이 가난의 원인이요 불행의 씨앗임을 보여주고 있다. 그렇다면 허영심은 왜 생겨나는 것인가? 그것은 한마디로 남의 이목(耳目)을 의식하기 때문이다. 이것은 곧 주체적인 생각과 독립적인 판단능력을 상실했다는 것을 의미한다. 이러한 모습은 리즈맨(D. Riesman)이 지적한 바 있듯이, 타자 지향적인 사람(other-oriented person)에게서 나타나는 전형적인 삶의 모습이다.

소로우가 바라본 문명세계에서의 삶이란 비교적 비극적이다. 즉 문명인의 삶이란 즉물적이고 물질 지향적이며, 때론 속물적이다. 그의 삶이란 한마디로 소유욕과 금전욕으로 점철되어 있으며, 그의 삶을 움직이는 원동력은 유행, 사치, 시류이다. 그리하여 그는 일반 대중의 삶을 '조용한 절망의 인생', '체념의 인생'으로 읽어낸다(*Walden*, 50). 소로우는 그러한 삶을 주체성, 독립성, 자율성이 없는 삶, 말하자면 실존 상실의 삶으로 읽어내고 있다.

2) 가치있는 삶의 모습

그렇다면 즉물적, 소비 지향적, 세속적인 삶을 경계했던 소로우가 궁극적으로 지향하는 가치있는 삶이란 무엇인가?

우선, 소로우가 강조하는 가치있는 삶이란 진실하고 성실한 삶(truthful and faithful life)이다. 이 점에 대해 그는 쓰기를, "가령 우리가 길을 가다가 '진실'이나 '정의' 같은 섬세하고 미묘한 미덕(비록 그 양이 소량이고 새로운 변종이라 할지라도)을 보았다고 하자. 해외에 나가 있는 우리의 대사들은 이러한 미덕들의 씨앗을 본국에 보내도록 훈령을 받아야 하며, 의회는 그 씨앗이 전국에 널리 퍼질 수 있도록 노력해야 할 것이다. 우리는 성실에 대하여 격식을 차려서는 안 된다. 인격과 우정의 핵만 있으면 우리는 비열한 행동으로 서로를 속이고 욕하고 쫓아내지 않을 것이다."(*ibid.*: 210). 소로우는 진실과 성실이 가치있는 삶을 살기 위해 필요한 개인적 덕목들이며, 이것들의 바탕을 이루고 있는 것은 바로 인격과 우정이라고 본다. 그에 의하면 인격과 우정을 바탕으로 한 진실함과 성실함은 비열하고 비도덕적 행동을 막아주는 방부제 역할이다. 나아가 그는 이러한 덕목들이 개인적 덕목에 그칠 것이 아니라 이웃과 공동체 전체로 확산되어 나가길 희망한다.

다음으로, 소로우가 강조하는 가치있는 삶이란 단순하고 소박한 삶(simple life)이다. 그에게 소박함(simplicity)이란 삶의 중요한 원리이다. 진실하고 성실한 삶도 결국 소박함을 전제로 하지 않고는 이루어질 수 없다는 것이 그의 굳건한 신념이다. 우리들의 삶의 방식, 의 · 식 · 주를 간소화하고 소박하게 하지 않고는 진실하고 독립적이고 자유로운 삶을 살아가기 어렵다는 것이 그가 월든 숲 생활을 통해 얻은 중요한 교훈이다. 그는 동서양의 성인(聖人)들이 보여준 가장 두드러진 특징이 바로 간소하고 결핍된 생활이었음을 강조한다. 즉 "가장 현명한 사람들은 항상 가난한 사람들보다도 더 간소하고 결핍된 생활을 해왔다. 중국,

인도, 페르시아 및 그리스 옛 철학자들은 외관상으로는 그 누구보다도 가난했지만 내적으로는 그 누구보다도 부유한 사람들이었다."(*ibid.*: 57)라고 적고 있다. 그에 의하면, 성인들이란 소위 '자발적 빈곤'(voluntary poverty)을 선택하고 실천한 사람들이다. 따라서 그는 "자발적 빈곤이라는 이름의 유리한 고지에 오르지 않고서는 인간생활의 공정하고도 현명한 관찰자가 될 수 없다."(*ibid.*: 57)라고 단호히 선언한다. 사실 복잡함과 번잡함에 얽매여서는 삶의 중요한 가치들을 놓칠 가능성이 높다. 우리들의 삶의 방식을 간소하고 소박하게 하지 않고는 진실하고, 성실하며, 독립적인 삶을 영위하기 어렵다. 이런 이유로 그는 사람들에게 "소박하게, 소박하게, 소박하게 살라. 제발 바라건데 여러분의 일을 두 가지나 세 가지로 줄일 것이며 백 가지나 천 가지가 되도록 두지 말라."(*ibid.*: 135)고 강하게 주문한다. 그에게 소박함이란 물질문명 세계로부터 개인의 영혼을 구원하고 인간성을 회복시키기 위한 도덕적 원리이다.

끝으로, 소로우가 염두에 두고 있던 가치있는 삶이란 그 무엇에도 얽매이지 않는 자유로운 삶(free life)이다. 그는 이러한 삶을 살기 위해서는 주체적이며 독립적인 태도가 필요하다고 역설한다. 그의 눈에 포착된 문명인의 삶이란 물질, 재산, 돈의 노예로서 비주체적이고 의존적이다. 문명의 이기(利器)에 매몰되어 금전을 쫓기에 혈안이 되어 있고, 사치와 유행을 좇아 살아가는 사람들에게 주체적이고 독립적인 마음이란 자리할 수도 작동할 수도 없다. 그렇다면 문명인들이 주체적이고 독립적인 삶을 살기 위해서는 어떤 태도를 가져야 하는가? 소로우는 이러한 삶을 살아가기 위해서는 먼저 잘못된 고정관념과 사고방식에서 벗어나야 한다고 주장한다. 그는 "잘못된 고정관념은 지금이라도 버리는 것이 낫다. 아무리 오래된 사고방식, 혹은 행동방식일지라도 증명되지 않은 것을 믿어서는 안 된다."(*ibid.*: 50-51)라고 충고한다. 주체적이고 독립적인 삶은 비판적 과정, 즉 회의(懷疑)와 부정(否定)의 과정을 수반한다. 그것은 상식, 관습, 의견, 선배들의 경험의 차원을 뛰어넘을 것을 요구한다. "나이 많음이 젊음보다도 더 나은 선생이 될 수 없고 어쩌면 그보다 못하다고 할 수 있는 것은 나이 먹는 과정에서 얻는 것보다 잃는 것이 더 많기 때문이다. 아무리 현명한 사람이라도 삶의 과정에서 절대적 가치가 있는 무언가를 배우지는 못했을 거라고 나는 생각한다."(*ibid.*: 18). 소로우는 노인의 풍부한 경험, 선배들의 충고가 주체적이고 독립적인 삶을 살려는 사람들에게 반드시 도움이 되는 것은 아니라는 점을 분명히 하고자 한다. 그는 사람들이 주체적인 삶을 살아가기 위해서는 각자가 자신만의 '고유한 길'(*own way*)을 걸어가야 한다고 권고한다(*ibid.*: 114). 그는 자기만의 고유한 길을 걸어가기 위해서는 실존적 선택과 결단, 삶에 대한 실험(experiment)이 필요하다는 점을 강조한다. 실제로 그는 주체적이고 독립적인 삶을 살기 위해 월든 숲으로 갔으며 그곳에서 문명인의 상식을 뛰어넘는 비범한 자기학습을 감행하였다.

3 실존적인 삶과 자기교육

『월든』에서 소로우는 자신의 실존적 삶이 자기교육(self-education)을 통해 정화되고 순화되고 완성되어 나가는 과정을 보여주고 있다. 그에 의해 이루어진 자기교육은 크게 두 가지 방향으로 전개되고 있다. 하나는 휴머니티의 회복을 위한 방향으로, 다른 하나는 자연과의 교류 및 합일(合一)의 과정을 통해 전개되고 있다. 전자는 독서행위를 통해, 후자는 자연관찰과 체험을 통해 구체화되었다. 이 장에서는 소로우가 실존적 삶을 살아가기 위해 구체적으로 어떠한 선택과 결단과 실험을 감행했는지를 살펴보고자 한다.

1) 실존회복과 독서행위

월든 숲 속에서 소로우는 생계를 위해 직접 개간한 밭에 씨를 뿌리고 김을 매면서 밭을 가꾸는 일을 하였지만 그의 더 큰 관심사는 자연 속에서의 사색과 명상, 야생에 대한 관찰, 그리고 독서였다. 특히 그에게 독서는 특별한 의미를 지니고 있다. 독서는 단순히 책 안에 담긴 문의(文意)를 이해하고 음미하는 차원을 넘어 실존적 삶에 다가서는 중요한 계기이며 사건이다. 독서가 가지는 특별한 의미를 다음과 같이 적고 있다. “기록된 말은 역사적 유물 중에서도 가장 귀중한 것이다. 그것은 다른 어떤 예술작품보다도 더 우리에게 친밀감을 주며 동시에 더 큰 보편성을 가지고 있다. 그것은 삶의 본질에 가장 가까운 예술작품이다."(*Walden*, 147). 여기서 그가 말하는 삶의 본질이란 삶의 본래적인 특성들, 즉 이미 그가 소개한 바 있는 진실함, 성실함, 소박함, 순수함, 자연스러움 등을 의미한다. 독서는 바로 이러한 본래적 삶에로 다가가는 통로이다.

소로우는 독서행위가 인간 개개인의 삶과 공동체 전체에 끼치는 영향을 충분히 인식하고 있었다. 개인적인 차원에서 독서는 한 개인에게 정신적 자양분을 제공함으로써 자기각성, 자기계발, 자기도야를 가능하게 하는 중요한 방법이며, 사회적 차원에서 독서는 정신문화 형성의 밑거름이다. 이러한 점에서 그는 "책이란 이 세계의 귀중한 재산이며 모든 세대와 모든 민족들의 고유한 유산이다. 어느 오두막이고 간에 그 집 선반에는 가장 오래되고 훌륭한 책들이 자연스럽고 떳떳하게 진열되어 있다. 책은 스스로 어떤 대의를 내세우지 않는다. 그러나 책이 독자들을 계발시키고 정신적인 자양분을 공급하는 한 양식을 가진 사람이라면 책을 버리지 않을 것이다."(*ibid.*: 148)라고 적고 있다.

독서가 실존회복의 중요한 계기가 되는 것은 사실이지만 모든 독서행위가 바람직한 것은 아니다. 왜냐하면 책들 중에는 영혼과 정신을 고양시키고 마음의 자양분이 되는 양서도 있지만 그렇지 못한 책들도 얼마든지 있기 때문이다. 그리하여 그는 읽기 쉽고 흥미를 자아내는 책들을 경계해야 한다고 경고한다. 말하자면 이러한 책들은 몸과 마음을 모두 퇴보시키기 때문이라는 것이다. 그렇다면 어떤 책을 어떤 방식으로 읽어야 하는가? 소로우는 고전을 읽어야 하며 그것도 폭넓게 읽어야 한다고 권한다. 이 점에 대해 그는 다음과 같이 쓰고 있다. "인류의 가장 고귀한 생각을 기록한 고전 말고 또 무엇이겠는가? 고전은 사라지지 않고 남아있는 유일한 신탁(神託)이며, 그 안에는 가장 현대적인 질문에 대하여 델피(Delphi)와 도도나(Dodona)의 신탁도 밝히지 못한 해답들이 있다. 고전연구를 그만두는 것은 자연이 낡았다고 해서 자연연구를 그만두는 것이나 다름없다."(*ibid.*: 146). 그는 고귀한 정신운동으로서 독서가 제대로 이루어지기 위해서는 여러 가지 태도 및 조건이 갖추어져야 하지만 무엇보다도 고전을 (i) 원전으로 읽어야 하며, (ii) 다양하고 폭 넓게 읽어야 하고, (iii) 지속적으로 읽어야 한다는 점을 강조한다(*ibid.*: 147-148). 나아가 그는 일반 대중은 물론이고 교육받은 사람들조차도 그릇된 독서습관을 가지고 있음을 비판하면서, 독서가 하나의 고귀한 정신운동으로 확산되어 가기 위해서는 학교를 넘어 지역사회로 확산되어야 한다고 주장한다. 그는 "정신을 위한 자양분은 등한시하지만 육체를 위한 자양분이나 육체적인 질병에는 비용을 아끼지 않는다."(*ibid.*: 154)라고 지적하면서 뉴잉글랜드 지방에 성인을 위한 교육기관 특히 평생학습기관이 존재하지 않음을 아쉬워했다.

이러한 독서에 관한 관점은 월든 숲 속의 소로우와 숲 밖의 소로우의 삶에 그대로 반영되었다. 그는 숲 속에서 농사짓고 자연을 관찰하고 사색하는 시간 이외에는 독서에 열중하였으며, 월든 숲을 떠나서도 평생 그리스 로마 원전은 물론 힌두사상과 유교에 관련된 동서양 고전들을 탐독하고 명상하였으며 글쓰기를 멈추지 않았다. 초절주의자로서 그는 다양한 독서를 통해 자기의 존재감을 확인했으며, 자신의 정신과 영혼을 고양시켜 나갔다. 그에게 독서는 그를 늘 깨어있게 하는 지적 각성제였으며 자신의 모습을 끊임없이 탈각하게해 주는 교재였다. 말하자면 그에게 고전은 자아를 발견, 계발, 실현해 가는 자기교육의 중요한 공간이었다.

2) 자연관찰과 자기각성

소로우는 고전의 세계를 탐색하고 이해하는 행위만 가지고는 충분하지 않다고 판단한다. 그리하여 그는 『월든』의 여러 장들에서 자연관찰이 병행되어야 한다는 점을 역설한다. "아무리 잘 정선된 고전이라 할지라도, 우리가 책에만 몰두하여 그 자체가 방언이며 지방언어에 지나지 않는 어느 특정의 언어들만 읽는다면 우리는 정말 중요한 언어를 잊어버릴 위험이 있다. 이 언어야말로 모든 사물과 사건의 비유를 쓰지 않고 말하는 언어이며, 풍부하기 이를 데 없는 어휘와 표준성을 지닌 언어인 것이다."(*ibid.*: 156). 여기서 그가 말하는 '중요한 언어'란 곧 자연(Nature)을 의미한다. 그는 자연을 읽는 행위가 고전을 읽는 행위 이상으로 중요하다는 점을 다음과 같이 쓰고 있다. "볼 가치가 있는 것을 그때그때 놓치지 않고 보는 훈련에 비하면 아무리 잘 선택된 역사나 철학이나 시의 공부도, 훌륭한 교제도, 가장 모범적인 생활습관도 그리 대단한 것이 아니다. 당신은 단순한 독자나 학생이 되겠는가? 아니면 '제대로 보는 사람'이 되겠는가? 당신 앞에 놓여 진 것을 보고 당신의 운명을 읽으라. 그리고 미래를 향하여 발을 내디뎌라."(*ibid.*: 156).

소로우가 월든 숲에서 행했던 활동의 대부분은 '자연을 보는 일', 즉 자연관찰(observation of nature)이다. 일반적으로 관찰은 학습의 출발점이다. 무엇을 배우고 익히는 일은 주로 주변 대상이나 자연 대상물들에 대한 세심한 관찰로부터 시작되기 때문이다. 따라서 자연을 본다는 것은 그냥 소풍을 가서 자연 대상들을 이리 저리 둘러보는 듯한 일이 결코 아니다. 그것은 예리한 직관과 통찰력을 가지고 자연 안에 내재한 조화의 아름다움, 변화의 원리와 이치를 이해하고 깨닫는 행위이다. 소로우는 콩밭을 가꾸면서, 산책을 하면서, 그리고 호수에서 목욕을 하면서 자연 대상물들, 즉 숲속 동·식물의 생김새와 특성, 토양의 상태, 호수의 변화에 이르기까지 면밀하게 관찰하고 측량하였으며 그 결과를 기록하였다. 이러한 점에서 그를 19세기가 낳은 탁월한 자연작가라고 부르는 것은 바로 이것을 두고 하는 말이다.

소로우에게 자연은 개척이나 개발의 대상이 아니라 '바라봄'(seeing)의 대상이며 관조(觀照)의 대상이다. 왜냐하면 그에게 자연은 바로 신령스런 영(靈)이기 때문이다. 따라서 자연은 이용과 개발의 대상이 아니다. 물론 이러한 자연관은 그의 정신적 멘토였던 초절주의자 에머슨(R. W. Emerson: 1803-1882)의 영향이라고 할 수 있는데, 일찍이 초절주의자들은 아름다움이란 인간과 자연이 하나가 될 때 가능하다고 믿었다. 즉 자연합일(自然合一)의 경지에 이르렀을 때 인간은 책을 통해 읽어낼 수도, 음미할 수도 없는 색다른 경험을 하게 된다는 것이다. 그는 이 점에 대해 다음과 같이 쓰고 있다. "나의 경험에 의할 것 같으면 가장 감미롭고 다정한 교제, 가장 순수하고 힘을 북돋워주는 교제는 자연물 가운데서 찾을 수 있었다. 이것은 가련하게도 사람을 싫어하거나 극도의 우울증이 있는 사람의 경우도 마찬가지일 것으로 생각된다. 자연 가운데서 살면서 자신의 감각 기능을 온전하게 유지하는 사람에게는 암담한 우울이 존재할 여지가 없다."(*ibid.*: 176).

앞에서 살펴본 바와 같이 소로우의 자연 개념은 이상화되어 있고 의인화되어 있어서 그 실체를 포착하기 어렵지만, 분명한 것은 그가 자연관찰을 자연의 위대함과 아름다움을 이해하기 위한 방법으로 채택하고 있다는 점이다. 그는 월든 숲 생활을 통해 인간에게 자연이 무엇보다 소중하고 존엄한 존재임을 보여주었으며, 인간에게 자연이란 책에서 발견할 수 없는 새로운 경험의 원천임을 강조하였다. 따라서 그에게 자연과의 접촉, 관찰, 교제는 자연의 본질, 자연과 인간과의 관계를 이해하는 중요한 통로였다. 실제로 소로우는 월든에서 대부분의 시간을 자연과 함께 했으며, 그 누구보다도 자연 가까이에 있었다. 나아가 그릇된 자연관을 가지고 있던 개발론자들을 신랄하게 비판하였을 뿐만 아니라 현세대와 미래 세대 모두에게 자연보호의 중요성을 각인시키기 위해 노력하였다. 무엇보다 중요한 사실은 그가 자연 속에서의 삶을 통해 새로운 사실들을 발견하고 체험하고 깨달았다는 점이다. 따라서 그에게 자연은 자기 각성, 자기 계발, 자기 탈각의 장이었다. 그는 고전을 '읽는 행위'를 통해서 뿐만 아니라 자연을 '보는 행위'를 통해 자아를 개혁하고 또 다른 자아를 만들어 나갔다. 이러한 점에서 그에게 자연은 자기의 정신적 깨달음을 얻기 위한 신령스럽고 신비스러운 자기 학습공간이었다.

3) 체험과 삶의 예술

소로우에게 가르치고 배우는 과정은 삶과 분리될 수 없는 것이다. 따라서 교육이 구현하고자 하는 일반적인 목적은 삶을 살아가는 방식, 특히 가치있는 삶을 살아가는 방법을 가르치는 것이다. 그는 이러한 삶의 방식을 '삶의 예술'(the art of life)이라고 표현한다(*Walden*, 94). 이미 앞장에서 소개한 바 있듯이 그가 마음에 두고 있던 바람직한 삶의 방식이란 진실하고 성실하며 소박하고 독립적이며 자유로운 태도이다. 그렇다면 이러한 삶의 방식을 어떻게 얻을 수 있다는 것인가? 소로우는 체험(體驗), 즉 '몸에 의한 경험(experience by body)을 제안한다. 문제는 이 체험의 과정이 필연적으로 선택(choice)과 결단(decision)을 요구한다는 점이다. 소로우는 자신이 가치있는 삶을 살기위해 그리고 삶의 예술을 배우기 위해 어떤 결단을 내렸는지를 다음과 같이 쓰고 있다. "내가 숲 속으로 들어간 것은 인생을 의도적으로 살아보기 위해서였다. 다시 말해서 인생의 본질적인 사실들만을 직면해 보려는 것이었으며, 인생이 가르치는 바를 내가 배울 수 있는지 알아보고자 했던 것이며, 그리하여 마침내 죽음을 맞이했을 때 내가 헛된 삶을 살았구나 하고 안타까워하는 일이 없도록 하기 위해서였다. … 만약 인생이 숭고한 것으로 밝혀지면 그 숭고성을 스스로 체험하여 다음 여행 때에 그것에 대한 참된 보고를 하고 싶었던 것이다."(*ibid.*: 135).

삶에 대한 실험과 체험은 때로 모험과 불안을 수반한다. 그럼에도 불구하고 소로우는 용기를 내어 월든 숲으로 들어갔으며, 그 안에서 독특한 형태의 체험을 하였다. 그는 삶의 예술을 배우는 방법으로서 체험이 학교 안에서 천편일률적으로 이루어지는 수업보다 훨씬 효과적이라고 생각했다. 다음과 같은 글 안에 그의 이러한 생각이 잘 나타나 있다. 즉 "그곳(학교)에서는 망원경이나 현미경으로 세계를 관찰하는 방법은 가르치지만 육안으로 세상을 보는 법은 가르쳐주지 않는다. 화학은 공부하되 자기의 빵이 어떻게 구워지는가는 배우지 않으며, 역학은 배우되 빵은 어떻게 얻어지는가에 대해서는 배우지 않는다. 해왕성의 새로운 위성은 발견해 내지만, 자기 눈의 티는 보지 못하며 또한 자기가 지금 어떤 악당의 위성 노릇을 하고 있는지는 깨닫지 못하고 있다."(*ibid.*: 94). 또한 소로우는 자기의 대학시절을 떠 올리며 체험학습의 중요성을 다시 한 번 강조한다. 즉 "대학을 졸업할 무렵 나는 내가 재학 중에 항해학 과목을 수강한 일이 있다는 것을 알고 깜짝 놀랐다. 차라리 내가 배 한 척을 직접 몰고 단 한번이라도 나갔더라면 항해술에 대해 훨씬 많은 것을 배웠으리라."(*ibid.*: 95). 이러한 지적들은 형식적인 수업방법의 한계를 지적한 것이기도 하지만 근본적으로 체험학습 혹은 실행학습(learning by doing)의 중요성을 강조한 것이다.

사실 예나 지금이나 교육실천가들은 학교 수업내용이 구체적인 삶의 현실과 괴리되어 있다는 점을 지적해 왔다. 여기서 배운 내용이 삶과 괴리되어 있다는 것은 그 내용이 삶을 개선하거나 변화시키는데 별반 도움을 주지 못한다는 것을 의미한다. 말하자면 그것은 화이트헤드가 말한 바 있는 '무기력한 관념'(inert idea)이다(Whitehead, 1958: 13). 학습내용과 삶의 괴리는 곧 관념이나 지식의 비신체화(非身体化)의 결과이다. 비신체화된 지식은 내면화되기 어려우며 자기의 것이 되기 어렵다. 이러한 이유로 소로우는 사람들과의 만남과 교류, 자연과의 만남과 교제, 혹은 고전과의 만남을 통해 이루어지는 체험이 더 큰 교육적 효과를 지니고 있다고 판단한다. 예컨대, 그는 하버드대학 학창시절부터 여러 사람들과 교류를 해 왔는데, 그 대표적인 인물로는 그의 정신적 스승이었던 에머슨(R. W. Emerson), 탬플 스쿨의 운영자였던 앨코트(A. B. Alcott: 1799-1888), 성직자이며 자유사상가인 브라운슨(O. Brownson: 1803-1876)과의 만남과 교류를 통해 인간, 사회, 자연에 대한 지적 영감과 무한한 상상력 그리고 예리한 통찰력을 얻게 되었다. 이들과의 만남은 지극히 개인적인 것이었지만 그 만남은 그를 정신적으로 성숙시키는 중요한 계기가 되었다.

이상에서 소개한 바와 같이 소로우는 학창시절의 경험과 교직생활의 경험을 통해 형식적이고 기계적인 학습이 가지는 한계를 충분히 인식하고 있었다. 그는 그러한 형식적인 학습방법이 사람을 얼마나 무기력하고 생기 없게 만드는가를 익히 알고 있었다. 적어도 그가 월든 숲에서 삶에 대한 실험을 하는 동안 얻은 소중한 교훈은 바로 체험의 가치였다. 그가 행한 체험은 성격상 개인적이고 사적인 것이었으며 때로는 신비주의적인 것이었다. 그는 경험에 의한 체험이 객관화되고 구조화될 수 없으며 조직화될 수 없는 것임을 알았음에도 불구하고 체험이 참된 삶의 가치를 발견하고 깨닫는데 더 효과적이라고 판단했으며 실제로 그러한 길을 걸어갔다. 그는 체험을 통해 진실한 삶이 무엇인지, 그리고 그러한 삶을 살기 위해서 무엇을 어떻게 해야 하는지를 자각하게 되었다. 말하자면 그의 체험은 자기반성(self-reflection)과 자기각성(self-awareness)에 이르는 길이었으며 문명사회 안에 갇혀있던 그의 자아를 해방시켜주는 각성제였다.

4 논의 및 시사

소로우에 대한 교육적 평가는 다양하다.[5] 하지만 연구자는 앞 장들에서 그를 19세기를 살았던 그 어떤 실존주의 철학자보다도 실존적인 삶을 살았던 자기 교육자였다는 점을 제시한 바 있다. 또한 그의 『월든』은 그의 실존적 삶의 과정 즉, 선택, 결단, 결행, 각성과 탈각의 과정을 보여준 작품이라는 관점을 소개하였다. 그렇다면 자기 교육자로서 그가 현대 문명인들에게 던지는 교육적 메시지는 무엇인가? 이 장에서는 그가 현대인들에게 던진 교육적 메시지들을 소개하고 이를 토대로 우리의 현재적 삶을 비판적으로 반추해 보려고 한다.

1) 자기교육의 가능성

소로우가 현대 문명인들에게 던지는 중요한 메시지 중의 하나는 개별자들이 가치있는 삶을 살기 위해 자기교육(self-educa-

---

5) 소로우를 교육학적 관점에서 연구한 몇 몇 학자들이 있는데, 이들 중 허드는 그를 '교육분야의 개척자'(Hurd, 1929)로 불렀으며, 아담스는 그를 '성인교육의 선구자'(Adams, 1930)로, 하딩은 그를 '교사'(Harding, 1964)로, 그리고 빅맨은 그를 '평생교육의 주창자'로(Bickman, 1999)로 부른 바 있다.

tion)을 감행할 필요가 있다는 점을 실험적으로 보여주었다는 것이다. 앞에서 이미 지적한 바와 같이 그는 2년 2개월 동안 월든 숲에서 진실한 삶을 살겠다는 뚜렷한 동기를 가지고 자기교육을 계획하고 이를 실천해 나갔던 실존적인 자기 교육자였다. 이런 점에서 『월든』은 그가 자기 교육과정을 통해 지적으로나 정신적으로 그리고 영적으로 어떻게 변화, 성장, 발전했는가를 묘사한 체험적 저작이라고 할 수 있을 것이다. 초월주의자로서 그의 최대의 관심사는 자신의 정신적인 삶의 고양이었다. 알렉산더의 지적처럼 그는 자기교육을 통해 스스로 반성하고, 자각하고, 개혁하는 삶을 살았다(Alexander, 1965: 8). 그는 소중하다고 생각하는 일들을 스스로 선택하고 결단하고 결행하는 삶을 사는 동안 인간, 사회, 자연에 대한 새로운 깨우침, 통찰력, 직관력을 가지게 되었다. 따라서 그가 개인적인 각성과 자아통찰이 사회개혁의 씨앗이 되어야 한다고 주상한 것은 당연한 결과일 것이다.

한 가지 흥미로운 점은 소로우가 자기교육의 과정에서 요구되는 선택, 결단, 결행과 그 결과로 얻어지는 자기각성, 자각, 직관, 통찰 등을 강조한 점은 일찍이 19, 20세기 유럽의 실존주의자들, 예컨대 니이체(F. Nietzsche), 하이데거(M. Heidegger), 그리고 사르드르(J. P. Sartre)와 같은 철학자들의 주장의 근원을 이루고 있다는 점이다. 특히 폴(Paul, 1962: 1)이 지적한 바 있듯이, 자기초극(自己超克: self surpass)을 중시했다는 점에서 니이체의 초인사상 형성에 영향을 주었다고 할 수 있으며, 가치있는 삶의 중요 덕목으로 '진실함'과 '성실함'을 강조했다는 점에서 하이데거의 삶 철학의 근간이 되었다고 할 수 있다. 또한 그는 인간이란 본래부터 자유로운 존재로서, 타인에 의해 '만들어지는' 존재가 아니라 스스로를 '만들어가는' 존재라는 점을 강조한 사르트르의 자유현상학의 근간을 이루고 있다고 할 수 있다. 또한 그의 입장은 자기교육의 방법으로서 위기, 각성, 충고, 모험, 만남 등을 강조한 볼로브(O. Bollnow)와 부버(M. Buber)의 실존주의적 교육관에도 영향을 주었다고 할 수 있다. 그는 미국인이면서 미국인답지 않은 실존적 삶을 살았으며 엄격하고 금욕적인 자기훈련, 자기도야, 자기계발을 통해 문명인들이 얻지 못한 것을 성취한 인물이다. 그러나 불행하게도 우리 사회에서는 소로우가 열망하는 자기교육의 길은 열리지 않고 있다. 자기교육은 실존적인 삶을 살고자 하는 사람에게 피할 수 없는 유혹이다. 현실적으로 그가 감행했던 자기교육을 형식적인 학교기관에서 공부하고 있는 초 · 중등 학생들에게 적용하는 것은 불가능할지도 모른다. 하지만 정규교육을 마친 성인들에게는 매력적인 교육모형이 될 수 있을 것이다. 따라서 자기교육은 성인교육 혹은 대안교육의 형태로서 자리를 잡을 수도 있을 것이다.

2) 소박한 삶과 자기계발

소로우가 『월든』을 통해 현대 문명인에게 던지는 또 다른 강력한 메시지는 단순하고 소박한 삶(simple life)을 살아야 한다는 것이다. 앞서 소개한 바 있듯이 소로우는 문명인들에게 "소박하게, 소박하게, 소박하게 살라."(*Walden*, 135)라고 강력하게 권고한다. 그는 왜 소박하게 살아야 하는지의 이유를 분명하게 밝혔다. 그것은 소박한 삶이 곧 가치있는 삶을 살아가도록 해 주는 내적 조건이라고 판단했기 때문이다. 하지만 더 근본적인 이유는 물질 지향적이고 소유 지향적인 태도가 자신의 자아를 발견하고 계발하는데 방해가 된다고 판단했기 때문이다. 이러한 맥락에서 스톨러는 『월든』에 나타난 소박함의 원리의 핵심을 자기계발의 원리(principle of self-culture)로 해석한 바 있으며(Stoller, 1962: 49), 알렉산더는 소박함을 자아해방(self-emancipation)의 수단으로 읽어낸 바 있다(Alexander, 1965: 9). 소로우는 정신적인 자기계발이나 자기해방을 위해 먼저 경제적으로 단순해지고 소박해 지는 것이 우선되어야 한다고 생각하였다. 따라서 스스로 자발적 빈곤을 선택하였으며 최소한의 경비로 의식주 문제를 해결하고자 하였다. 그는 소박하고 청빈하고 금욕적인 삶이 한 개인의 정신적 자아를 계발하고 해방하는 중요한 수단이기도 하지만 자연생태계를 살리는 수단이라고 생각하였다. 이러한 점에서 그의 소박함의 원리는 개인의 자아실현이나 정신적 정화의 수단만이라는 지극히 개인적인 목적을 넘어서는 사회적이고 도덕적인 원리이다. 따라서 그가 말하는 소박함이란 삶의 경제적인 원리인 동시에 사회적, 도덕적, 생태적 삶의 원리로 봐야 한다. 결국 소박함이란 한 개인의 타락한 영혼을 구하는 치료제요 위기에 처한 생태계를 지키는 방부제가 될 수 있을 것이다.

그러나 오늘날 문명사회에서 소박함의 원리는 삶의 절박한 원리로 받아들여지지 않고 있다. 그것은 기본적으로 오늘날 사회가 소비를 미덕으로 간주하고 있으며, 경제시스템 자체가 그러한 소비를 추동하는 방향으로 작동하고 있기 때문이다. 그러나 우리의 경제생활을 곰곰이 들여다보면 물질 지향적이고 소비 지향적인 삶은 사회 시스템 자체에서 비롯되었다고 하기보다는 오히려 각 개인의 그릇된 삶의 방식에서 기인했다고 볼 수 있다. 교육학적 관점에서 볼 때 이러한 그릇된 삶의 방식을 바꾸도록 하는 것이 교육자가 해야 할 역할이다. 안타깝게도 현대 학교교육은 이러한 역할을 제대로 해내지 못하고 있다. 이제 뒷전으로 밀려나 있는 이러한 원리를 교육과정 안으로 적극적으로 끌어들여 가르치고 실천하도록 해야 한다. 이것은 물질문명이 점차 고도화되면 될수록 현대교육이 관심을 가져야 할 중요한 과제이기도 하다.

3) 평생학습과 자아실현

소로우가 『월든』에서 현대 문명인들에게 주는 또 다른 메시지는 평생학습의 필요성과 중요성을 역설하였다는 점이다. 그에게 평생학습의 목적은 현세의 물질적 속박으로 벗어나 보다 정신적이고 영적인 세계로 나아가는 것이다. 그에 의하면 현세에서의 배움이란 세속적인 삶을 살아가는데 쓸모 있는 것이기도 하지만 궁극적으로는 극히 제한적이다. 문명사회 안에 존재하는 그 어떤 사회제도, 법, 학교조직, 공식도 충분하지 않으며, 영속적이지 않다. 그는 학교 안에서 배우고 익힌 지식이 유익하기도 하지만 한계를 가지고 있다는 점을 충분히 인식하고 있었다. 그리하여 그는 형식적인 학교 졸업 이후에도 자기 학습이 끊임없이 이루어져야 한다고 믿었다. 실제로 그는 월든 숲에서의 자기학습 체험 이후에도 죽을 때가지 자기훈련, 자기도야, 자기계발을 게을리 하지 않았다.

자기학습이 평생도록 계속되어야 한다는 그의 주장은 다음 몇 가지 측면에서 이해될 수 있다. 하나는 그가 초절주의자였다는 점에서 발견된다. 초절주의자로서 그는 정신이 물질보다, 그리고 영혼이 신체보다 우위에 있다고 믿었다. 이러한 믿음은 이미 플라톤의 관념론에 뿌리를 두고 있는바 플라톤은 『국가』에서 태양의 비유(simile of sun)를 통해 태양이 만물의 근원이라는 점과 관념의 세계가 현상의 세계보다 우위에 있다는 점을 설명한 바 있다. 흥미롭게도 소로우는 『월든』에서 초월적이고 이상적인 세계를 설명하기 위한 한 상징(symbol)으로 태양(sun)을 제시하였다. 소로우의 연구자인 하이맨은 태양이란 소로우가 사용한 중요한 상징이며, 오히려 월든 전체가 태양이미지(sun imagery)에 의해 전개되고 있다고 지적한다. 그에 의하면, 태양은 소로우 자신을 상징한다. 처음에는 자신이 안개와 연기와 어둠으로 가려져 있지만 나중에는 본래의 모습을 회복하게 된다는 것이다(Hyman, 1962: 27). 이것은 그가 본래적인 삶을 살기 위해서는 부단한 자기계발, 자기초극의 과정을 경험해 왔음을 암시하고 있다.

평생학습이 이루어져야 한다는 소로우의 또 다른 주장은 이웃을 일깨우고 사회를 구원해야 한다는 사회적 관심에서 비롯된 것이다. 학자에 따라서는 그를 무정부주의자 혹은 극단적인 개인주의자로 평가하기도 하지만(Mayer, 1998: 291), 무엇보다도 그의 가장 큰 관심은 개인구원을 통한 사회개혁이었다. 그가 밝혔듯이, 그가 『월든』을 집필한 것은 무지, 편견, 인습에 얽매어 살아가는 주위 이웃들을 일깨우기 위한 것이었다. 그가 일깨우려고 했던 사람들은 "강인하고 용감한 천성을 가진 사람들"이 아니라 문명사회 안에서 "인생에 만족을 느끼는 못하는" 이웃의 어른들이었다(*Walden*, 58). 그는 이러한 이웃, 문명인들을 일깨우기 위한 성인교육기관이 별도로 마련되어야 한다고 주장했다(*ibid.*: 155). 이러한 점에서 아담스(Adams, 1930)가 소로우를 '평생교육의 선구자'로 지적한 것이나 빅맨(Bickman, 1999: xiv)이 그를 '평생교육의 주창자'로 지적한 것은 적절한 평가라고 할 수 있을 것이다.

5 맺는 말

이 글은 소로우의 『월든』에 나타난 그의 삶이 실존적인 삶이었다는 점에 주목하면서 그가 월든 숲에서 보여준 실존적인 선택과 결단, 상식을 뛰어넘는 용기, 그리고 자기각성, 자기계발, 자기완성 과정이 오늘날 본래적인 삶으로부터 점차 멀어져가고 있는 현대 문명사회 구성원들에게 어떤 시사점을 던져주는지를 교육적으로 논의하려는데 목적을 두었다.

앞에서 살펴본 바와 같이 소로우의 삶과 『월든』이 문명세계 안에서 살고 있는 우리들에게 주는 가장 강력한 권고는 자기 자신만의 고유한 길을 찾아 그 길을 '흔들리지 않는 정신'으로 굳건하게 걸어가야 한다는 것이다. 즉 독립적이고 주체적인 삶을 살아가야 한다는 것이다. 인간은 기본적으로 자신의 삶을 스스로 선택하고 결단해 가는 실존적 존재이기 때문이다. 소로우는 유럽의 그 어느 실존주의 철학자보다도 더 실존적으로 삶을 살았던 사람이었다. 그는 단지 진실에 대해 철학적 논의를 전개한 것이 아니라 진실하게 살았으며, 소박함에 대해 연구를 한 것이 아니라 실제로 소박하게 살았다. 이런 점에서 그의 삶은 단지 이론적 논쟁을 일삼는 지식인이나 철학자와 구별된다. 삶에 대한 그의 깊은 성찰, 삶을 바라보는 진실하고 성실한 태도, 고전에 대한 애정, 자연에 대한 존중의 태도, 야생에 대한 진지한 관심, 그리고 이웃과 공동체에 대한 휴머니티 등은 그가 단순한 문학인이요 자연주의자요 사회비평가 이상의 존재임을 말해준다. 코졸이 우려하였듯이, 우리는 그를 메마른 용기에 감금시켜서는 안 된다(Kozol, 1999: v). 그러나 분명한 사실 하나는 이러한 능력들이 그의 비범한 자기학습의 결과라는 점이다. 그는 자기를 대상으로 실험하고 자기를 대상으로 교육을 해 감으로써 결국 자기의 한계를 초극하고 또 다른 자아를 창조해 냈다. 특히 자기학습을 통해 고독, 불안, 고뇌를 극복해 냈다는 점에서 용기 있는 실존적 자기 교육자이기도 하다.

소로우가 현대 문명인들에게 주는 강력한 권고는 단순하고 소박하게 살라는 것이다. 소박하게 사는 일은 단순히 경제적으로 유익하기 때문만이 아니다. 그것은 신체적으로, 정신건강학적으로 그리고 인간 생태학(human ecology)적으로 유익하기 때문이다. 소박한 삶을 살아야 한다는 그의 주장은 이미 성인들의 경구를 번복하는 것 같아 진부하다는 생각도 들지만 그것은 여전히 가속화되어 가는 물질문명 한 가운데서 개인의 영혼을 구원하고 이웃을 살리고 나아가 자연을 살리는 중요한 원리로 자리를 잡아야 하고 실천에 옮겨져야 할 소중한 지적 자산임에 틀림없다. 최근 스탠디쉬(Standish, 2006; 2010)와 같은 현대 교육철학자들이 오늘날 인간, 자연, 교육의 위기 극복방안을 소로우에게서 찾으려는 것은 당연한 일인지도 모른다.

참고문헌

Adams, R.(1930). "Thoreau: Pioneer in Adult Education". *Institute Magazine*. Vol. 3, No. 6-7.

Alexander, O.(1965). *Henry David Thoreau's Walden and On the Duty of Civil Obedience*. New York: Monarch Press.

Bickman, M.(1999). *Uncommon Learning: Thoreau on Education*. New York: Houghton Mifflin Co.

Buell, L.(1973). *Literary Transcendentalism: Style and Vision in the American Renaissance*. New York: Ithaca.

Campbell, S.(2003). "Thoreau's Walden in the Twenty-First Century". The Thoreau Society, *The Concord Saunterer*, Vol. 11, 7-17.

Dean, B. P.(2003). "Thoreau's Walden in the Twenty-First Century". The Thoreau Society, *The Concord Saunterer*, Vol. 11, 7-17.

Harding, W.(1964). "Henry D. Thoreau, Instructor". *Educational Forum*. Vol. 24, 89-97.

Hurd, H. E.(1929). "Henry David Thoreau-A Pioneer in the Field of Education". *Education*. Vo. 49, 372-376.

Goddard, H. C.(1969). *Studies in New England Transcendentalism*. N.Y.: Humanities Press.

Hyman, S. E.(1962). Henry Thoreau in Our Time. Edited by Sherman Paul. *Thoreau: A Collection of Critical Essays*. Englewood Cliffs, N.J.: Prentice-Hall, Inc.

Kozol, J.(1999). "Forward". Edited by Martin Bickman. *Uncommon Learning: Thoreau on Education*. Boston and N.Y.: Houghton Mifflin Co.

McIntosh, J.(1974). *Thoreau as Romantic Individualist: His Shifting Stance Toward Nature*. New York: Ithaca.

Mayer, F.(1988), *The Great Teachers*. 성기산 역. 위대한 교사들. 서울: 문음사.

McKibben, B.(2003). "Thoreau's Walden in the Twenty-First Century". The Thoreau Society, *The Concord Saunterer*, Vol. 11, 7-17.

Meyer, M.(1986). "Introduction". in H. D. Thoreau. *Walden and Civil Disobedience*. New York: Penguin Books.

Myerson, J. (2003). "Thoreau's Walden in the Twenty-First Century". The Thoreau Society, *The Concord Saunterer*, Vol. 11, 7-17.

Paul, S. ed.(1962). "Introduction." Edited by Sherman Paul. *Thoreau: A Collection of Critical Essays*. Englewood Cliffs, N.J.: Prentice-Hall, Inc.

Pitts, M. E.(2003). "Thoreau's Walden in the Twenty-First Century". The Thoreau Society, *The Concord Saunterer*, Vol. 11, 7-17.

Standish, P.(2006). "Stanley Cavell and the Teaching of Walden". *Studies in Philosophy and Education*. Vol. 25, No. 1-2, 145-157.

Standish, P.(2010). "An Economy of Living: A New Economy of Education". 교육철학회, 教育哲學, 제49집, 99-113.

Stoller, D.(1962). Thoreau's Doctrine of Simplicity. Edited by Sherman Paul. *Thoreau: A Collection of Critical Essays*. Englewood Cliffs, N.J.: Prentice-Hall, Inc.

Thoreau, H. D.(1986). *Walden and Civil Disobedience*(with Introduction by Michael Meyer). New York: Penguin Books.

Vogelsong, J.(2003). "Thoreau's Walden in the Twenty-First Century". The Thoreau Society, *The Concord Saunterer*, Vol. 11, 7-17.

Walls, L. D.(2003). "Thoreau's Walden in the Twenty-First Century". The Thoreau Society, *The Concord Saunterer*, Vol. 11, 7-17.

Whitehead, A. N.(1958). *The Aims of Education*. 9th printing. New York: Mentor Book.

Wilson, E. O.(2003). "Thoreau's Walden in the Twenty-First Century". The Thoreau Society, *The Concord Saunterer*, Vol. 11, 7-17.

제 2 부

교사의 권위와 교육철학에 관한 담론

교사의 권위 상실은 학급붕괴 나아가 학교붕괴로 이어지고 있다. 교사의 권위가 흔들리고 위협받아서는 교육다운 교육을 기대할 수 없다. 따라서 교사 권위의 회복은 이 시대 교육관계자들이 해결해야 할 중요한 과제 중의 하나이다. 따라서 제2부에서는 실추된 교사의 권위를 회복하기 위해 어떤 노력을 감행해 가야 할 것인지에 대해 논의하였다.

제4장에서는 교사의 훌륭함 혹은 탁월성을 결정하는 것은 직위상의 권위이기보다는 실질적 권위임을 제시하고 그것의 올바른 사용과 정당화가 교사의 정체성을 회복하는 중요한 계기가 될 수 있다는 점을 강조하였다.

제5장에서는 교사의 정체성 확립을 위한 한 방안으로 교사의 교육철학이 필요하다는 기존의 논의를 받아들이기 전에 먼저 '교사의 교육철학'이 구체적으로 무엇을 의미하는지를 명료화하고자 하였다. 왜냐하면 언어적 명료화는 교사의 교육철학에 관한 논의를 보다 정교하고 풍성하게 해 준다고 판단했기 때문이다.

제 4 장

교사의 실질적 권위와 그 정당화

1. 들어가는 말
2. 교사의 실질적 권위
3. 실질적 권위의 사용과 정당화
4. 맺는 말

CHAPTER 4

교사의 실질적 권위와 그 정당화

1 들어가는 말

영국의 교육철학자 리이드는 훌륭한 교사(good teacher)가 갖추어야 할 자질로서 권위(權威: authority)를 제시한 바 있다(Reid, 1962: 154-156). 최근 베너 역시 권위를 교사가 애써 획득해야 중요한 자질임을 강조한 바 있다(Banner, 2003: 55). 물론 이러한 그들의 주장은 논쟁을 불러일으킬 수도 있을 것이다. 왜냐하면 교육을 바라보는 관점의 차이에 따라 교사와 학생 간의 권위관계를 옹호할 수도 있고 비판할 수 있기 때문이다. 그러나 일반적으로 동 · 서양 어느 사회를 막론하고 가르치는 교사에게 권위가 있어야 한다는 주장에 무게가 실려 왔다. 또 학자들 사이에서도 권위의 개념을 다르게 해석하거나 다양하게 분류[1]하고

---

1) 물론 학자들에 의해 분류된 권위의 개념은 다양하다. 예컨대 Weber는 권위를 합리적 · 법적 권위, 전통적 권위, 카리스마적 권위로, Peters는 권위를 직위상의 권위와 전문적 권위로, Bochenski는 권위를 지적 권위와 규범적 권위로 구분하였다. 또 Jouvenel은 권위를 자연적 권위, 제도적 권위, 제재적 권위로 분류했으며, De George는 권위의 형태를 실행적 권위와 비실행적 권위로 분류하였다. 또 Raz는 권위를 정당한 권위와 사실상의 권위 또는 이론적 권위와 실천적 권위로 나누었으며, Ladenson은

있기는 하지만 학교교육 자체가 부분적으로 통제를 필요로 하는 사태라는 점을 감안할 때 교사의 교육적 권위 행사는 불가피하며 때론 필요한 것으로 인식되고 있다.[2)]

최근까지 교육학 분야에서 이루어진 교사의 권위에 대한 연구들은 교사들이 대체로 형식적 권위(形式的 權威: formal authority)와 실질적 권위(實質的 權威: actual authority)를 가지고 있는 것으로 기술하고 있다(Peters, 1966: 252-264; 신차균, 1990: 63; 강준모, 1985: 30-31; 신득렬, 1997: 471-481).[3)] 여기서 형식적 권위란 주로 제도나 법이 부여한 것으로서 직위 상(職位上)의 권위 혹은 권리 상(權利上)의 권위를 가리키는 것이며, 실질적 권위란 전문 지식에 관련된 것으로서 주로 교과목과 교육방법에 대해 가지는 사실상의 권위이다. 일반적으로 교사는 법이 정하

권위를 명령적 권위와 존경권위로 분류하였다. 또 최근에 Hurd는 권위를 영감적 권위, 영향력있는 권위, 실천적 권위, 이론적 권위로 분류했다(신득렬, 1997: 133-143참고).

2) 교사와 학생의 권위관계를 비판적으로 바라보았던 듀이(John Dewey)와 니일(A. S. Neill) 조차 교사에게 권위가 부분적으로 혹은 잠정적으로 필요하다는 점을 인정하였다. 즉 듀이는 'Authority and Social Change'에서 교사의 권위가 학생의 자유를 신장시킬 것이라고 주장한 바 있으며(Dewey, *The Later Work*, Vol. 11, 1987: 131), *Experience and Education*에서도 교실 안에서 교사의 권위 사용이 필요하다는 점을 강조한 바 있다(Dewey, *The Later Work*, Vol. 13, 1988: 33). 또 니일은 섬머힐(Summerhill) 학교를 운영하면서 권위관계를 부정하기보다는 가식적인 권위관계나 강압적인 권위관계를 배격하고 부드럽고 공동체적인 권위를 수립하고자 노력하였다(신득렬, 1997: 464-465).

3) 물론 권위를 형식적 권위와 실질적 권위로 구분하는 것에 대해 이의를 제기하는 학자들도 있다. 예컨대, 넬러(G. F. Kneller)의 경우, 피터스가 구분한 형식적 권위와 실질적 권위는 추상적인 수준에서는 구분될 수 있으나 교육과 같은 구체적인 상황에서는 그 차이점이 뚜렷하지 않다고 주장한다(Kneller, 1984: 9).

는 정규 과정을 이수하고 임용고사에 합격하게 되면 누구나 직위 상의 권위를 가지게 된다. 하지만 이러한 형식적 권위를 갖추었다고 해서 우리는 그를 곧바로 훌륭한 교사(good teacher)라고 부르지는 않는다. 그도 그럴 것이 직위 상의 권위를 가진 교사들 중에는 교사답지 못하거나 교사로서의 자질이 부족한 사람들이 얼마든지 존재하기 때문이다. 따라서 직위 상의 권위를 가졌다는 것은 다만 그가 학교에서 가르칠 수 있는 최소한의 법적 조건 혹은 자격을 갖추었다는 것을 보여줄 뿐이다.

이 경우 우리는 교사를 교사답게 만드는 자질(quality)이 무엇인가를 묻게 된다. 그것은 바로 그의 실질적 권위 혹은 사실상의 권위라고 봐야 할 것이다. 왜냐하면 교사로서의 '훌륭함'(goodness) 혹은 '탁월성'(excellence)은 그가 비로소 수업현장에서 담당 교과목에 담긴 지식에 어느 정도 정통했는가 하는 인지능력, 그것을 얼마나 잘 가르치는가 하는 교수능력, 그리고 수업 상황에서 학생을 얼마나 잘 통제해 가는가 하는 통솔력 및 지도력에 의해 결정된다고 말 할 수 있기 때문이다.

이러한 관점에서 교사의 권위에 대한 논의는 교사가 가지게 되는 형식적 권위 혹은 권리상의 수준에서가 아니라 실질적 권위의 수준에서 이루어져야 할 필요가 있을 것이다. 국내에서 이루어진 기존의 연구들은 주로 교사의 권위가 지니는 의미 및 의의를 밝히거나 교사에게 왜 권위가 필요한지의 이유를 밝히는데 논의의 초점이 맞추어졌으며, 교사 권위의 붕괴 원인 및 그 회복 방안을 제시하는데 초점이 맞추어졌다. 하지만 이러한 연구들은 교사의 실질적 권위가 교사의 '훌륭함' 혹은 '탁월성'을 결정하는 중요한 자질이라는 점을 충분히 밝히지 못하였으며, 학교 현장에서 그러한 실질적 권위가 어떻게 사용되어야 하는지에 대해서도 충분한 논의를 이끌어내지 못했다는 생각이 든다.

따라서 이 글에서는 우선 교사를 교사답게 하는 것이 실질적 권위라는 점을 밝히고 이것이 훌륭한 교사와 그렇지 못한 교사를 구별하는 중요한 근거가 된다는 점을 정당화하려고 한다. 다음으로 교사가 실질적인 권위를 행사해 가기 위해서는 어떠한 노력을 기울여야 하는지를 탐색해 보고자 한다. 이 글은 권위의 실추로 교사다움을 지키기가 더욱 힘들어지고 있는 우리 한국의 학교사회 속에서 여전히 훌륭한 교사란 누구인지를 찾으려고 노력하는 사람들에게 희망의 빛을 던져 줄 수 있을 것이며, 최근 교육계에서 막 시작된 교원평가의 소용돌이 속에서도 권위 관계를 바르게 정립하고 이를 교육적으로 사용하려는 교사들에게 용기를 줄 것으로 기대된다.

2 교사의 실질적 권위

앞서 지적하였듯이, 교사를 훌륭한 교사로 만드는 것은 형식적 권위가 아니라 실질적 권위 혹은 사실상의 권위이다. 클레이프가 지적한 것처럼 실질적 권위 없는 교사에게서 효과적인 수업이나 좋은 수업을 기대하기 어렵다(Cleife, 1976: 134-135). 그렇다면 교사가 학교에서 행사하는 실질적 권위란 무엇인가? 그것은 수업지도와 직결된 교과목의 권위, 교수방법의 권위, 교육목적의 권위, 그리고 학생지도와 관련된 통제적 권위 등이다. 이 장에서는 이들 권위들이 어떤 의미와 의의를 가지는지를 살펴보고자 한다.

1) 교과목의 권위

교사가 갖추어야 할 중요한 자질들 중 가장 중요한 자질은 수업자질이다. 그가 수업을 잘하기 위해서는 우선 가르치는 일과 직접 관련된 지적 권위(intellectual authority)를 확보해야 한다. 하이트가 지적한 바와 같이 교사가 인성(人性)을 비롯하여 여러 가지 다른 자질들을 가지고 있다고 하더라도 자신이 가르치는 교과의 지식 및 관련 지식에 정통해 있지 않다면 교사로서의 자질을 의심받게 된다(Highet, 1999: 29). 권위의 여러 연구자들이 교사의 지적 권위, 특히 교과목에 대한 권위에 관심을 기울이는 것도 바로 이러한 이유에서이다. 교사가 갖추어야 할 지적 권위의 의미 및 종류가 다양하여 이것을 정확히 규정하기는 어렵지만, 일반적으로 지적 권위란 자신이 담당한 교과에 담긴 지식내용에 정통했을 때 획득할 수 있는 권위, 즉 넬러가 주장한 바 있는 인식적 권위(cognitive authority)라고 할 수 있다(Kneller, 1984: 7). 그렇다면 교과목에 정통했다는 것은 무엇을 의미하는가? 그것은 교과에 담긴 다양한 지식을 소유했다는 것을 의미하는가 아니면 교과를 이루고 있는 이러 저러한 지식들 간의 관계를 바르게 이해했다는 것을 의미하는가?

교과목에 정통했다는 것의 의미를 소박하게 말하자면, 그것은 자신이 가르치는 교재 안에 담긴 지식 내용을 정확하게 인식하고 이해하고 있다는 것만을 뜻하는 것이 아니라 교과를 구성하고 있는 다양한 지식들의 고유한 의미(intrinsic meanings), 논리적 구조(logical structures), 상호관계(mutual relations)를 파악하는 능력이 탁월하다는 것을 의미한다. 이러한 능력은 예비교사훈련 단계에서 획득되기도 하지만 학교에 부임한 후 부단한 자기 교육과 연구를 통하여 획득되기도 한다. 그러나 교사는 담당교과의 내용을 인식하는 능력, 즉 인식적 권위만 가지고 있어서는 안 된다. 왜냐하면 교과지식에 대한 인식능력은 교과내용에 정통했다는 것의 필요조건에 지나지 않기 때문이다. 따라서 교과내용에 정통했다는 것은 교재 혹은 교과내용을 다루는 태도와 분리될 수 없다. 교사의 수업활동이 효과적인 학습을 불러일으키는데 있다는 점에 주목해보면, 교과목과 관련하여 교사가 해야 할 과업은 교과에 담긴 지식을 재구성하고 재조직하는 일이다. 학습자의 인지적, 정서적, 신체적 발달단계, 이해능력 등을 고려하여 교과지식을 적절하게 분류, 조직, 재구성하는 능력은 오랜 경륜과 노력을 필요로 한다.

그러나 교사가 담당교과목에 대한 권위를 가지고 있다는 것은 교과지식에 대한 정확한 인식능력 및 이해, 조직 및 재구성 능력 이상의 것을 소유했다는 것을 의미한다. 즉 그것은 교과지식을 단순한 사실 이상으로 끌어 올리는 인지적 안목(cognitive perspective)[4]을 가지고 있어야 한다는 것을 의미한다. 피터스(R.

4) 여기서 인지적 안목이란 피터스가 '교육받은 사람'과 '훈련받은 사람'을 구별하는 기준으로 제시한 개념이기도 하지만 '교육받은 교사'와 '훈련받은 교사'를 구별하는 기준으로 사용될 수는 개념이기도 하다. 이러한 입장은 다음과 같은 주장 속에 잘 드러나 있다. "가르치는 사람은 다른 모든 것을 제쳐놓고 수학만 집중적으로 가르칠 수 있다. 그러나 이 경우에도 우리는

S. Peters)의 말을 빌리자면, 권위가 있는 교사가 되기 위해서는 단지 많이 알기만 해서는 안 된다. 교과지식을 사실(fact) 이상의 것으로 끌어올려 학습자가 인간, 사회, 자연을 폭 넓게 이해할 수 있는 안목을 가지도록 해 주어야 한다. 이러한 교사의 태도는 교과지식을 바라보는 가치관 및 인생관과 분리될 수 없다. 즉 교과 안에 담긴 지식의 가치를 소중하게 여기는 태도, 그것에 헌신하려는 태도와 분리될 수 없는 것이다. 교사는 자신이 가르치는 교과의 지식을 소중하게 여기지 않으면서 가르칠 수 있다. 혹은 교재의 내용을 비판적인 관점에서 설명할 수도 있다. 그러나 교사가 보여주는 이러한 태도는 학생들에게 교과에 대한 혹은 교과교사에 대한 부정적인 인식을 가져다 줄 가능성이 높다. 교사는 교재를 가르치는 것 이외에도 교재에 가치를 부여하고 권위를 부여하는 태도를 가져야 한다. 리이드가 강조한 바 있듯이, 교재란 교사의 정신, 즉 그의 지력, 의지, 인격을 반영하고 있기 때문이다(Reid, 1962: 152).

특정 교과목을 소중하게 여기고 헌신하는 교사는 자연히 자기가 가르치는 교과지식의 가치를 정당화(正當化: justification)하는데 관심을 가지게 된다. 흔히 정당화란 어떤 활동에 대해 합리적인 이유(rational reasoning)를 제시하는 행위를 말하는데, 교사도 자신이 가르치는 교과목에 대해 합리적인 이유를 제시할 수 있어야 한다. 예컨대 그는 왜 국어교과가 가치가 있는지에 대해 충분하고도 설득력 있는 설명을 할 수 있어야 한다. 이렇게 할 수 있을 때 비로소 교사는 교과에 대한 권위를 확보했다고

그를 '교육받은 사람'이라고 할 수 없다. 그것은 가르치는 사람이나 배우는 사람에게 인지적 안목이 결여되어 있기 때문이다(Peters, 1966: 40참고).

할 수 있을 것이다. 그러나 실제로 많은 교사들이 이러한 정당화 작업에 취약하며 때로는 이러한 작업을 소홀하게 생각하고 있다.

2) 교수방법의 권위

교사의 지적 권위는 교재의 내용을 가르치는 방법, 절차와 관련이 깊을 뿐 아니라 학습과정과도 관련이 깊다. 교사는 교과내용의 권위자이기도 해야 하지만 가르치는 방법 및 절차에 대해서도 권위를 가지고 있어야 한다. 특정 교과목에 대해 아무리 해박한 지식을 소유하고 있고 그것에 대한 이해능력이 뛰어나고 또 그러한 지식들을 조직하는 능력이 아무리 탁월하다고 하더라도 그것들을 효과적으로 전달하지 못한다면 교사의 지적 권위는 당장 도전을 받게 될 것이다. 교사가 교수방법에 대해 권위를 가진다는 것은 무엇을 의미하는가? 그것은 그저 주어진 교과의 지식을 잘 전달한다는 것을 뜻하는가, 아니면 기존의 방법과는 다른 기발한 아이디어를 가지고 교과내용을 전달할 수 있는 능력이 있다는 것인가? 아니면 소위 과학적인 절차에 따라 내용을 전달할 수 있는 능력이 있다는 것을 의미하는가? 그것은, 소박하게 말하면 지식을 전달하는 방법(method), 기술(technique), 기법(skill)이 탁월하다는 것을 의미한다. 즉 일종의 방법적 탁월성(methodological excellence)을 소유하거나 발휘할 수 있는 능력을 가지고 있다는 것을 의미한다. 그렇다면 방법적 탁월성을 가지고 있다는 것은 구체적으로 무엇을 의미하는가?

우선, 그것은 교과목 상의 지식을 합리적인 단계 및 과학적인 절차에 따라 가르칠 수 있는 능력을 가졌다는 것을 의미한다. 즉 가르쳐야 할 교과내용을 구조화하고 계열화하고 계통화하여 그것을 효과적으로 전달하는 능력을 가졌다는 것을 의미한다. 교단에 선 모든 교사가 이러한 능력을 가지고 있는 것은 아니다. 전달방법에 정통하지 못한 미숙한 교사는 교재 안에 담긴 풍부한 지적 자산을 효과적으로 전달하는데 실패하는 경우가 많다. 적어도 주어진 지식을 구조화하여 전달하는 능력은 타고나기 보다는 후천적으로 획득된다고 봐야 한다. 말하자면 교사교육기관에서의 한정된 교육이나 훈련만 받아서는 이러한 능력을 가지기 어렵다. 이러한 능력은 교단에서의 오랜 경륜과 노력을 통해 획득된다.

다음으로, 교수방법상의 탁월성을 가지고 있다는 것은 교재 안에 담긴 지식을 교수상황 및 학습자의 수준에 맞게 전달하는 능력이 뛰어나다는 것을 의미한다. 전달할 교재내용에 대한 구성능력과 조직능력이 아무리 뛰어나다고 할지라도 교수학습 상황에 대한 예리한 통찰과 학습자의 지적 수준에 대한 폭넓은 이해가 부족하면 교재의 내용을 효과적으로 전달할 수 없다. 교수상황에 대한 교사의 통찰력과 이해력은 수업의 효과를 극대화할 수 있는 조건일 뿐만 아니라 수업방법을 다양화할 수 있는 기반이 된다. 결국 방법상의 탁월성을 가지고 있다는 것은 전달하고자 하는 내용을 학습상황에 맞게 적용함으로써 학습의 결과를 극대화할 수 있는 융통성, 개방성, 창의성을 가지고 있다는 것을 의미한다.

끝으로, 교수방법상의 탁월성을 가지고 있다는 것은 교과목 안에 담긴 지식을 도덕적으로 온당하고 합당한 방법으로 전달하는 능력을 가졌다는 것을 의미한다. 소위 교수방법의 도덕성(morality of teaching method)을 구사할 수 있는 능력을 가지고 있다는 것을 의미한다. 일찍이 피터스가 교육의 개념을 명료화하면서 강조했듯이, 교수방법의 도덕성이란 교사가 교과지식을 가르칠 때 비도덕적이고 야만적인 방법을 사용해서는 안 된다는 교육절차상의 원리를 말하는 것이다(Peters, 1966: 42). 교사가 교수방법의 도덕성을 가지고 있어야 한다는 말 속에는 다음 두 가지 의미가 담겨 있다고 할 수 있다. 하나는 과학적인 교수만이 좋은 교육방법은 아니라는 것이요, 다른 하나는 학생의 의식과 자발성을 해치는 전달방법, 예컨대 교화, 세뇌, 조건화 등은 교수방법으로 적절하지 않다는 것이다. 오늘날 일선 학교에서 교수와 관련해 생겨난 문제들 중 상당수는 교사들이 이러한 교수윤리 혹은 교수의 도덕성을 소홀히 하거나 무시했기 때문에 야기된 것이다. 오늘날까지도 교수의 도덕성을 소홀히 하거나 무시한 결과 많은 교사들이 권위주의적인 교사(authoritarian teacher)의 길을 걸어가고 있다.

3) 교육목적의 권위

교과목의 권위와 교수방법의 권위를 가졌다고 해서 그를 곧바로 훌륭한 교사라고 할 수는 없다. 왜냐하면 이러한 권위들은 교사의 자질 혹은 훌륭함(excellence)을 결정하는 필요조건일 수는 있으나 충분조건은 아니기 때문이다. 그렇다면 그에게 어떤 권위가 더 필요한 것인가? 그것은 바로 여러 연구자들이 지적한 바와 같이 교육목적의 권위(authority in educational aims)이다(Reid, 1962: 155; 이병승 외, 2001: 273; 신득렬, 2003: 430).

일반적으로 일선학교에는 교과목에 대한 해박한 지식과 기발한 교수법을 구사하면서 학생들을 잘 가르치는 교사들이 얼마든지 있다. 이들 중에는 이미 교수내용의 전문성과 방법의 탁월성을 획득함으로써 소위 '수업명사'(授業名師) 혹은 '수업달인'(授業達人)이라는 명예를 누린 사람들도 있다. 그러나 교육이 지향하는 본래적인 목적이 무엇이냐를 염두에 두면서 그들이 보여주는 교육활동을 찬찬히 들여다보면 과연 그들에게 훌륭한 교사라는 칭호를 붙여줄 수 있을 것인가 하는 의문을 가지게 된다. 말하자면 그들이 아무리 교과목에 대한 전문성과 교수방법의 탁월성을 지녔다고 하더라도 그들의 활동이 본래 실현하고자 하는 교육목적과 거리가 있거나 일탈한 것이라면 그들이 보여주는 전문성과 탁월성은 훌륭한 교사로서의 자질을 만족시켰다고 보기 어렵다. 이러한 맥락에서 교육목적의 권위는 교과목의 권위와 교수방법의 권위와 더불어 교사의 훌륭함을 결정하는 또 다른 중요한 자질이라고 할 수 있을 것이다.

그렇다면 교육목적의 권위를 가진다는 것은 구체적으로 무엇을 의미하는가? 이것은 여러 가지 답을 요구하는 질문이다. 이것은 첫째, 실현해야 할 좋은 교육목적을 설정하는 능력이 뛰어나다는 것을 의미할 수도 있다. 하지만 교육목적을 설정하는 일은 교육정책입안 과정에 참여한 전문가들의 소관업무라는 점에서 극소수의 교사들을 제외하고는 교육목적의 전문성을 발휘할 수 있는 기회가 제한되어 있다. 따라서 이 경우 교사가 교육목적의 권위를 가져야 한다는 말은 수업현장에서 달성해야 할 하위의 교육목표 혹은 단원목표를 설정, 기술하는 능력이 뛰어나다는 의미로 이해해야 할 것이다.

둘째, 교사가 교육목적의 권위를 가지고 있다는 것은 실현해야 할 교육목적이 무엇인지를 명확하게 인식하고 해석하고 설명하는 능력이 뛰어나다는 것을 의미한다. 교사는 국가가 설정한 교육이념, 지역교육청이 제시한 교육목적, 학교가 명시한 교육목적, 교과단원이 요구하는 수업목표를 명확하게 인식하고 있어야 한다. 아울러 이러한 교육목적 및 목표를 해석하고 설명하는 능력도 갖추고 있어야 한다. 예컨대, 수업사태에서 수학을 공부하는 목적이 무엇인지, 혹은 국사를 공부하는 목적이 무엇인지에 대해 합당한 설명을 하지 못한다면 그의 지적 권위, 특히 교과목의 권위가 흔들리게 될 것이며 그렇게 될 경우 좋은 수업지도를 해 가기 어려울 것이다.

셋째, 교사가 교육목적의 권위를 가지고 있다는 것은 가르치는 내용과 방법이 본래 실현하고자 하는 교육목적에 부합하는가를 연계지우고 평가하면서 이를 차시 수업에 반영하는 능력이 뛰어나다는 것을 의미한다. 수업의 내용과 방법을 본래 설정한 교육목적 혹은 목표에 비추어보지 않고는 수업의 질을 제고할 수 없다. 소위 수업 피드백(feedback)은 교육목적 혹은 목표에 대한 철저한 자기 담금질을 전제로 하지 않고는 효력을 발휘할 수 없다. 말하자면 교육목적의 권위 혹은 전문성을 가지고 있다는 것은 수업에 대한 반성과 반추(reflection) 능력이 그만큼 뛰어나다는 것을 의미한다.

넷째, 교사가 교육목적의 권위를 가지고 있다는 것은 교사가 사회와 기업의 요구, 그리고 학부모의 압력에 굴하지 않으면서 교육목적에 따라 본래적인 교수활동을 전개해 가는 능력이 탁월하다는 것을 의미한다. 말하자면 여러 가지 외압에도 불구하고 교사로서의 정체성을 잃지 않고 본래적인 길을 걸어가는 능력이 뛰어나다는 것을 의미한다. 그러나 이러한 능력은 특정한 기간에 길러질 수 없을 뿐 아니라 특정 교과에 대한 해박한 지식과 그러한 지식을 전달하는 방법의 탁월성을 소유하고 있다고 해서 길러질 수 있는 것도 아니다. 이러한 능력은 자신의 교육활동 혹은 교수활동이 궁극적으로 실현하고자 하는 목적에 어느 정도 기여하였는가에 대해 끊임없이 질문을 던지면서 그 답을 찾으려는 과정에서 길러지는 능력이다. 이러한 점에서 교육목적의 권위 혹은 전문성을 가진다는 것은 필연적으로 교육을 철학적인 관점에서 조망하는 일과 분리되지 않는다. 교육적인 사태에서 실현하고자 하는 목적의 의미를 명료하게 하는 일, 그것의 가치를 정당화하는 일, 자신의 교수활동을 교육목적에 비추어 반추하는 일 등은 오랜 기간의 철학적 훈련을 통해 길러질 수 있는 능력들이다.

4) 생활지도의 권위

교사는 교과를 가르치는 일 이외에도 수행해야 할 일들이 무수히 많다. 학교 안에서 이루어지는 생활지도는 교육의 본질적인 활동은 아닐지라도 교과지도를 위해 매우 중요한 교육활동임에 틀림없다(Hamlyn, 1990: 241). 교과지도와 생활지도는 독립적인 활동이 아니라 상보적 관계에 있다고 말하는 것이 적절한 표현일 것이다. 그도 그럴 것이 생활지도가 제대로 이루어지지 않고는 교과지도가 효율적으로 이루어질 수 없으며, 이와 반대로 교과지도가 제대로 이루어지지 않고는 학생생활의 바람직한 변화를 기대할 수 없기 때문이다. 하지만 우선순위를 보다 면밀히 따져 말하자면 생활지도가 교과지도에 우선하거나 병행해야 한다. 왜냐하면 생활지도가 제대로 이루어지지 않고는 효과적인 교과지도를 기대할 수 없기 때문이다. 이러한 맥락에서 교사가 지적 권위 즉, 교과목, 교수방법, 교육목적의 권위를 가져야 하지만 동시에 지도적 권위(directive authority) 혹은 통제적 권위(control authority)도 가져야 한다는 주장이 설득력을 가지게 된다.

일찍이 피터스는 "통제에 관한 문제를 논하지 않는 한 교육에 관한 논의, 그리고 교육내용과 교육방법의 정당화에 관한 논의는 한낱 공상에 불과하다."(Peters, 1966: 237)고 적은 바 있는데, 이것은 바로 학교에서 교사의 지도적 권위가 가지는 우선성과 중요성을 천명한 것이라고 할 수 있다. 또한 알렌 역시 "교사가 지적 권위를 가져야 한다는 주장은 당연한 것이다. 그는 또한 지도적 권위도 가져야 한다. 설득의 합리적 수단뿐만 아니라 명령과 요구도 해야 한다."(Allen, 1987: 21-22)고 주장한 바 있는데, 이 또한 통제적 권위의 필요성을 강조한 말이라고 할 수 있다.

교사는 기본적으로 학습지도 및 생활지도 상황에서 다양한 형태의 통제를 통해 교육목적을 실현해 가는 사람이다. 교사에 의해 이루어지는 통제는 가벼운 훈계나 간섭으로부터 보다 강력한 지시와 명령에 이르기까지 다양하다. 그러나 교사에 의해 이루어지는 지시와 명령은 경찰관의 그것과는 성격이 다르다. 경찰관의 지시와 명령은 질서를 유지하거나 범법행위를 강력하게 제지 혹은 처벌함으로써 시민의 안전과 안녕을 지키는데 목적이 있지만 교사의 그것은 단순히 학생의 악의적인 행동을 제지하거나 처벌하려는데 목적이 있는 것이 아니다. 최병태(2008: 403-404)가 지적한바 있듯이, 교사의 지시와 명령은 단지 질서유지나 통제만을 위한 것이 아니라 학생의 학습과 성장을 위한 것이다. 마치 의사가 환자에게 특정한 약을 복용하라고 지시하는 것과 유사하다. 이러한 의사의 지시와 명령은 환자의 건강을 회복시키는데 목적을 누고 있다는 점에서 당연한 것으로 받아들여진다.

이러한 점에 비추어 볼 때 학교 안에서 이루어지는 교사의 지시와 명령이 모두 비교육적인 것이라고만 볼 수 없다. 문제는 교사가 행하는 지시와 명령이 교육적인 목적이 아닌 학생을 지배하거나 굴복시키기 위해 사용될 경우 생겨난다. 종종 학교 안에서 교사들은 자신의 가치와 신념을 관철시키거나 학생을 지배하기 위한 수단으로 지시와 명령을 하는 경우가 있다. 이 경우 교사에 의해 사용되는 지도적 권위 혹은 통제적 권위는 정당성을 가지게 어렵게 된다. 교육사태에서 이루어지는 지시와 명령이 교과지도를 효율적으로 행하기 위한 의도에서 이루어지지 않았거나, 학생의 지적 성장과 도덕적 발달을 위한 방안으로 사용되지 않는 한 그것은 하나의 권력(power) 혹은 권위주의(authoritarianism)로 전락할 수밖에 없다. 따라서 교사는 지도적 혹은 통제적 권위를 소유하는 것이 중요한 것이 아니라 그러한 권위를 어떤 의도와 목적으로 사용할 것인가를 늘 숙고해야 한다.

3 실질적 권위의 사용과 정당화

앞장에서 교사의 실질적 권위 혹은 사실상의 권위 4가지 형태를 소개하고 그 의미와 중요성을 밝혔다. 그러나 앞서 언급한 바와 같이 교사의 권위 문제와 관련하여 보다 심각하게 논의해야 할 것은 실질적 권위의 의미나 종류가 아니라 그러한 권위를 어떻게 사용해야 할 것이며, 또 왜 사용해야 하는가 하는 문제이다. 그도 그럴 것이 교사가 지적 권위와 통제적 권위를 가지고 있다고 하더라도 그 권위를 올바르게 사용하지 않거나 권위 사용의 합당한 근거를 제대로 설명하지 못한다면 그의 교사로서의 자질을 의심받게 될 것이기 때문이다. 따라서 이 장에서는 교사가 실질적 권위를 어떻게 사용하고 정당화할 것인가에 대해 논의하고자 한다.

1) 실질적 권위의 올바른 사용

실질적 권위가 '훌륭한 교사'의 자질을 결정하는 중요한 요인이라고 할 때, 이것은 단순히 교사가 그러한 권위를 소유했느냐 아니면 소유하지 못했느냐를 두고 하는 말이 아니라 그것을 바르게 사용했는가 아니면 사용하지 못했는가를 두고 하는 말이다. 실질적인 권위를 소유하고 있다는 것은 단지 그러한 권위를 행사할 자격 혹은 능력을 갖추었다는 것을 의미한다. 그러나 엄격히 말해서 자격이나 능력을 갖추었다는 것이 권위자가 되기 위한 필요조건은 될지언정 충분조건은 될 수 없다. 아렌트(H. Arendt)의 지적처럼, 교사의 자격과 교사의 권위는 동일한 것이 아니다(Nyberg and Farber, 1986: 13). 즉 교원자격증을 획득했다는 것은 단지 교단에서 가르칠 수 있는 자격 혹은 능력을 가지게 되었다는 것을 의미할 뿐이다. 교사로서의 권위는 자격에 의해 검증되는 것이 아니라 부임을 받은 후 그의 실천적 행동을 통해 검증된다. 스미스가 이 점에 대해 적절히 지적한 바 있듯이, 행동의 합리성은 그가 차지하는 공식적인 지위와는 논리적으로 별개의 것이다. 그의 발언, 의사결정, 행동이 실제로 적절한 이유와 근거에 기초한 것인지, 그의 권위가 정당화될 수 있는 것인지는 전자(행동의 합리성)에 관련된 것이다(Smith, 1985: 42). 교사의 합리적인 태도 역시 그가 소유한 직위상의 지위에서 나오는 것이 아니라 권위를 실제로 사용하는 과정에서 나오는 것이다.

이러한 점에서 교사는 자신의 권위 사용이 학생의 사고와 행동에 심대한 영향을 미친다는 점을 충분히 인식하고 권위를 실제로 사용해야 할 경우 신중을 다해야 한다. 그렇다면 교사가 권위를 바르게 사용하기 위해서 어떤 태도를 가져야 하는가?

첫째, 교사가 권위를 사용해야 할 경우 그가 가장 경계해야 할 것은 바로 권위의 남용(濫用)과 오용(誤用)이다. 권위의 남용과 오용은 필연적으로 권위주의를 낳게 마련이다. 권위의 여러 연구자들이 지적한 바 있듯이, 권위주의는 권위와는 달리 추종자에게 일방적인 복종과 희생을 요구하는 행동양식이다. 드 조오지는 "권위주의란 권위의 남용이다. 권위주의 안에서 권위자는 추종자를 희생시켜 자신의 이익을 추구한다."(De George, 1985: 56)고 지적하였으며, 와트는 "권위주의자는 괴롭히는 사람이며 자기 자신을 쉽게 학대한다. 그는 순응, 경직, 의존, 불관용, 그리고 잔인성을 가지고 있으며, 미신, 의심, 권력지향 그리고 상상력이 없는 사람이다."(Watt, 1982: 20)라고 적은 바 있다. 교육계와 학교에도 이러한 성향을 가진 권위주의적인 사람들이 얼마든지 존재한다.

둘째, 교사가 권위를 사용함에 있어서 경계해야 할 것은 자신의 권위를 절대화하는 태도이다. 많은 교사들이 자신의 지적 권위와 통제적 권위를 절대시하는 경향이 있다. 자신이 소중하게 여기는 지식, 가치, 규범, 세계관을 절대화하여 그것을 학생에게 강요하거나 그것들을 강제로 주입하려고 한다. 그러나 교사의 권위란 어디까지나 잠정적(暫定的: tentative)인 것으로 시간과 공간의 제약을 받는다. 따라서 시간이 흐름에 따라 혹은 문화적 상황이 달라짐에 따라 권위의 관계는 변화한다. 교사가 행사하는 지적 혹은 통제적 권위라는 것은 학생들이 지적으로 성장함에 따라 자연히 소멸되거나 약화될 수밖에 없다. 결국 교사가 권위를 사용하는 궁극적인 목적은 권위의 소멸이다. 이점에 대해 피터스는 다음과 같이 적은 바 있다. “어른의 권위는 다음 세대가 권위 없이 살아가는 법을 배우는데 필요하다. 이것은 권위의 행사가 합리적이고 과업 지향적이어야만 일어나는 것이다. 왜냐하면 젊은이들은 전통적인 지위의 비합리적인 표현에 당연히 항거할 것이기 때문이다. 요컨대, 교사와 학부모들은 권위주의자가 됨이 없이 권위를 가지는 법을 배우지 않으면 안 된다.”(Peters, 1966: 265). 따라서 교사가 권위를 행사함에 있어 그것이 잠정적인 속성을 갖는다는 인식을 가지는 것은 매우 중요한 일이다. 왜냐하면 이러한 인식은 권위의 남용과 오용에서 벗어날 수 있는 중요한 기반이 되기 때문이다.

셋째, 교사가 권위를 사용함에 있어서 유념해야 할 것은 학생을 추종자로 만들어서는 안 된다는 점이다. 권위주의적인 교사에게서 나타나는 일반적인 성향 중의 하나는 사적 관계를 중시하면서 학생을 제자나 추종자로 만들려고 한다는 점이다. 교육분야에서 권위의 올바른 사용은 학생을 비판정신이 마비된 추종자를 만들어내는 것이 아니라 스스로 생각하고, 판단하고, 결정하고 행동한 후 책임을 다할 줄 아는 지적이고 도덕적인 주체로 길러내는 것이다. 즉 교사의 본래적인 사명은 학생이 교사의 간섭이나 권위 없이도 삶을 독립적이고 자율적으로 꾸려나갈 수 있도록 이끌어주는 일이며, 나아가 역설적이기는 하지만 교사의 능력과 탁월성을 능가하도록 조력하는 일이다. 함린이 적절히 지적한 바 있듯이, “교사의 가장 큰 보람은 그저 교사와 비슷비슷하기만 한 것이 아니라 교사를 앞질러 가는 학생들이 나오게 하는 것이다”(Hamlyn, 1990: 257-58). 청출어람(靑出於藍)이야 말로 교사가 권위를 사용해야 할 가장 정당한 이유를 가장 압축적으로 보여주는 말이라고 할 수 있다. 이러한 점에서 교사는 자신의 한계를 뛰어넘는 학생이 나오는 것을 하나의 보람으로 여길 수 있는 자긍심과 자신의 한계를 인정하는 겸손한 태도도 가져야 한다.

2) 실질적 권위의 정당화

"교사는 실질적인 권위를 어떻게 사용할 것인가?" 하는 질문과 "교사가 실질적 권위를 사용하는 이유가 무엇인가?"라는 질문은 동일한 것이 아니다. 전자가 권위의 사용방법에 대해 묻는 것이라면 후자는 권위 사용의 이유 혹은 근거를 묻는 것, 즉 정당화를 요구하는 질문이다. 일반적으로 정당화(justification)란 어떤 판단, 결정, 조치에 대해 합리적인 이유(rational reason)나 논리적 근거(logical ground)를 제시하는 작업을 의미한다. 교사의 실질적 권위 사용도 정당화를 요구하는 사안이다. 그러나 권위의 정당화는 아무 때나 제기되는 것이 아니다. 그것은 구체적인 수업사태에서 학생이 교사의 권위 사용에 대해 의문을 제기할 때 생겨난다. 예컨대, 학생이 수업을 진행하고 있는 교사에게 왜 국어교과서 안에 실린 시나 소설을 배워야 하는지를 묻거나, 왜 교사가 설명식 수업이 아닌 토론식 수업을 하는지에 대해 묻거나 또는 왜 두발을 금지하고 학칙을 어긴 학생을 처벌하는지를 묻는 사태에서 정당화의 문제가 수면위로 떠오르게 된다. 만약 교사가 이런 질문들에 대하여 합리적인 이유를 제시하는 일을 회피하거나 게을리 하는 것은 스스로 권위자임을 포기하는 것이다. 또한 이러한 질문들을 의도적으로 무시하는 것은 그 스스로 권위주의적인 교사라는 점을 시인하는 것이 된다. 물론 경험이 일천하고 지적 수준이 낮은 학생들에게 합리적인 이유를 설명해 주고 내적인 승인(inner recognition) 혹은 자발적인 복종을 이끌어 내는 일은 결코 쉬운 일이 아니다. 하지만 교육사태에서 권위관계에 대한 정당화를 시도하는 일은 불가피한 일이다. 교사는 이러한 정당화 작업을 통해 부분적으로 권위의 남용과 오용에서 벗어날 수 있으며 권위주의의 함정으로부터 빠져나올 수 있기 때문이다.

이러한 점에서 교사는 합리적인 절차에 따라 권위를 행사하는 일도 중요하지만 왜 그러한 권위 행사가 학생들에게 소중하고 중요한지에 대해서도 충분한 설명을 해 줄 필요가 있다. 결국 교사 권위사용의 정당화는 교사가 권위를 사용하는 목적이 학생의 언행을 통제하거나 제재함으로써 심리적인 안정이나 쾌락을 얻으려는 것이 아니라 교사가 궁극적으로 실현하고자 하는 과업, 즉 학습자의 지적 성장과 도덕적 자율성을 확장하기 위한 것이라는 점을 밝히는 교육적 작업이라고 할 수 있다.

이러한 정당화 작업은 지금까지 주로 학자들에 의해 이루어져 왔다. 그러나 실질적 권위의 정당화 작업은 현장에서 가르치고 있는 교사들에게 더 화급하고 중요한 작업이다. 지금까지의 정당화 논의가 이론적인 차원에서 이루어졌다면 이제는 실제적인 차원에서 이루어져야 한다. 그 어느 시대보다도 합리적인 이유와 논리적인 근거를 문제 삼는 오늘날의 교육사태의 정황에 비추어볼 때 권위의 정당화 능력은 훌륭한 교사가 갖춰야 할 중요한 자질들 중의 하나라고 할 수 있다. 그렇다면 현장의 교사들은 자신들의 권위 사용을 어떻게 정당화해 가야 하는가? 여러 가지 정당화 방안이 있을 수 있지만 여기서는 권위 연구자들의 견해를 바탕으로 교사들이 교육현장에서 실제로 시도할 수 있는 정당화 방안을 제시하고자 한다.

첫째, 교사들은 자신들의 권위 사용이 교사와 학생 간의 지적 불평등에서 비롯되었다는 점을 설명할 필요가 있다. 실제로 교사와 학생은 법적으로는 평등할지 모르나 나이, 경험, 지식에 있어서 불평등하다. 여기서 불평등하다는 말은 인격의 불평등이 아니라 능력의 불평등을 의미한다. 교육이 이러한 불평등한 관계 속에서 시작된다고 할 때 교육은 분명히 민주적일 수 없다는 주장이나(O'Hear, 1991: 5), 그러한 활동을 해 가는 대표적인 장소로서 학교와 대학 역시 민주적이라고 할 수 없다는 주장 역시 어느 정도 설득력을 가진다고 봐야 한다(Halsey, 1977: 220). 학생은 나이, 경험, 지식이 부족하여 올바른 판단을 내릴 수 없거니와 자신의 행동에 대해서도 책임을 지기 어려운 존재이다. 물론 이러한 주장에 대해 극단적인 평등주의자들의 반론이 있을 수 있겠지만 이미 오랜 기간 동안 다양하고 풍부한 경험을 하면서 전문적 권위를 갖춘 교사가 미숙한 학생을 가르치고 지도하고 간섭하는 것은 당연한 일인지도 모른다. 왜냐하면 지적으로 유능하고 탁월한 사람이 그렇지 못한 사람들을 이끌고 인도하는 것은 가치있는 일이며 개인과 공동체의 발전에 도움을 줄 수 있기 때문이다. 교사는 이러한 근거들 즉 교사와 학생은 지적으로 불평등하며 의사를 결정하는 과정에 있어서도 유능함에 차이가 있다는 점을 검증해 보임으로써 자신의 실질적인 권위를 정당화할 수 있어야 한다.

둘째, 교사들은 자신들의 실질적인 권위가 학생에게 하나의 교육적 모델이라는 점을 보여 주어야 한다. 여러 교육학자들이 밝힌 바 있듯이, 학생들은 발달단계 초기뿐만 아니라 상당한 학습기간 동안 모방(模倣)을 통해 지식, 기능, 정서, 덕성, 태도, 행동 등을 배우며 심지어 가치관, 인생관, 삶의 스타일 등을 배운다. 이러한 학습의 동인은 교사가 보여주는 인성적 매력 때문이기도 하지만 그가 가진 권위에 대한 존중에서 비롯되는 것이다. 이미 폴라니가 지적한 바 있듯이, "본보기를 보고 배운다는 것은 권위에 복종하고 있다는 것을 의미한다."(Polanyi, 1958: 53). 교사에게 지적이고 인간적인 매력이 없다면 어떻게 그것을 모방하려고 하겠는가? 이러한 점에서 교사들은 자신이 하나의 좋은 교육적 모델이 되어야 한다는 점을 인식하고 이것을 언사로서가 아니라 행동으로 보여주어야 한다. 가치있는 지식이 무엇인지를 가르치려면 교사가 스스로 가치있는 것이 무엇인지를 찾고 헌신하는 모습을 보여주어야 한다. 이 점에 대해 오크쇼트가 한 말은 매우 인상적이다. 즉 "지적인 덕들은 진실로 덕 자체를 위해 배려하고 자랑삼아 그것들을 언급하지 않는 교사에 의해서만 전달될 수 있다. 외침이 아닌 들오리의 비상이 다른 오리들이 자신을 따라 하늘 높이 날아오르도록 할 수 있을 뿐이다."(Oakeshott, 1989: 62). 물론 교사가 실제로 모범을 보인다고 해서 학생 모두가 모방할 것이라고 장담할 수는 없는 일이지만 이러한 행동에 의한 모범을 보이지 않으면서 학생들이 지적으로 성장하고 도덕적으로 성숙해 갈 것이라고 기대하는 것은 이상한 일이 아닐 수 없다.

셋째, 교사들은 자신들의 실질적 권위가 학생 자신의 자율성 발달에 도움이 된다는 점을 설명해 주어야 한다. 어느 사회를 막론하고 학교 학생들은 흔히 교사의 권위 행사가 자신들의 자유로운 행동을 제약하고 나아가 인권을 침해한다고 생각하는 경향이 강하다. 그리하여 자유를 전면에 내세우는 자유주의적 교육론자들과 낭만주의적 교육론자들은 학생의 자율성을 발달시키기 위해 간섭과 통제를 최소화해야 한다고 주장하지만, 어린이들은 처음에 외부에서 부과된 규칙에 따라 행동하다가 성장과 더불어 스스로 참여하고 결정하고 책임을 지는 방법을 배우게 된다. 권위관계의 가치를 지지하는 사람들은 교육의 과정을 일종의 자율성을 획득해 가는 긴 타율의 과정으로 이해한다. 그들은 학생들이 이러한 타율의 과정을 통과하지 않고는 자율성을 획득하기 어렵다고 본다. 예컨대, 교사의 간섭, 통제, 그리고 제재가 이루어지는 시기, 즉 교육받는 시기에 각종 삶의 원리들과 규칙들을 배우고 내면화하지 않고는 자율적인 사람이 될 수 없다고 주장한다. 이 점에 대해 피터스는 다음과 같이 적고 있다. 즉 "아이들이 나이가 먹어감에 따라 외적 통제의 필요성도 줄어들게 된다. 자기 훈육이 외적으로 부과된 훈육을 대신하게 된다. 규제들이 내면화되는 것이다. 그러나 규제들이 외부에서 먼저 부과되지 않는다면 이러한 일이 일어날 수 없을 것이다. 왜냐하면 정신의 내부 구조는 공적 전통과 제도라는 외부구조를 반영하기 때문이다. 내적인 양심의 소리는 부모와 교사의 외적 소리를 반향한다"(Peters, 1966: 265).

피터스는 지적, 도덕적, 정서적 발달이 타율성에서 자율성으로 향한다는 점을 분명히 하고 있다. 학생들은 시간이 흐름에 따라 외부의 간섭이나 통제를 받지 않고도 스스로 판단하고 결정하고 행동하고 책임을 지는 자율적인 능력을 가지게 된다. 이 경우 교사의 권위는 최소화되어야 한다. 이 점은 교사의 권위가 가지는 역설적인 측면이기는 하지만 이것이 바로 권위를 행사해 온 교사의 운명이기도 하다. 이러한 점에서 교사는 권위의 행사 목적이 궁극적으로는 자율성의 획득에 있으며 따라서 자신이 행사하는 권위가 잠정적인 것이며 결국은 폐기되어야 한다는 점을 인식할 필요가 있다. 다음과 같은 도니와 켈리의 권고는 매우 인상적이다. "교사의 권위는 잠정적인 것에 지나지 않는다는 점을 알아야 한다. 왜냐하면 성공적인 교사라면 권위가 완전히 사라질 때까지 점진적으로 부식할 것이다. 확실히 대학 교수들은 그들의 학생들이 자기들의 수준에까지 올라오고 때로는 자기보다 앞서는 것을 보게 되는데 이것은 모든 성공적인 교수들이 갖는 경험이다. 우리들의 주장이 옳다면 교사의 권위에 대한 가장 미묘한 것은 권위는 그 자체 안에 자기를 파괴하는 씨를 포함해야 한다는 것이다."(Downey and Kelly, 1975: 110). 교육의 후기 단계에서조차 교사에게 도전하는 학생이 나오지 않는다거나 교사가 한말 가운데 잘못을 찾아내는 경험을 하지 못한다면 교사는 잘못 가르치고 있다고 생각해야 한다. 이러한 점에서 교사들은 언제나 잠정적인 권위자로 남아있는 존재들이다(Hirst and Peters, 1970: 124).

4 맺는 말

오늘날 많은 교사들이 훌륭한 교사가 되기를 희망한다. 그러나 훌륭한 교사가 되는 일은 결코 쉬운 일이 아니다. 왜냐하면 훌륭한 교사가 되는 데는 여러 가지 능력과 자질이 요구되기 때문이다. 이미 앞장에서 밝힌 바 있듯이 훌륭한 교사가 되기 위해서는 권위를 갖추고 있어야 하며 그 권위를 바르게 사용하고 정당화할 수 있어야 한다.

교사의 권위는 일반적으로 형식적 권위와 실질적 권위로 구분되기도 하고 직위상의 권위와 전문지식의 권위로도 구분되기도 한다. 형식적인 권위와 직위상의 권위는 교사교육기관에서 일정한 교육과정을 이수하고 교사자격증을 취득하거나 임용고사에 합격하여 발령을 받게 되면 획득하게 되는 합법적 권위를 의미한다. 반면에 실질적 권위는 교사가 학교 현장에서 학생을 가르치고 지도하고 통제하는 과정에서 나타나는 권위로서 보다 직접적이고 실제적인 성격을 띠고 있다. 따라서 교사의 자질과 능력이란 직위상의 권위의 소유 여부에 의해 결정되는 것이 아니라 실질적인 권위의 사용 여부에 의해 결정된다.

교사가 사용하는 실질적 권위란 크게 지적 권위와 통제적 권위로 구분된다. 전자는 가르치는 일과 직접 관련된 것으로서 교과목의 권위, 교수방법의 권위, 교육목적의 권위가 여기에 속하고, 후자는 주로 생활지도 및 인성지도에 관련된 지도적 권위가 여기에 속한다. 이 두 가지 권위는 어느 것이 우선한다고 할 수 없으며 그런 점에서 상호 의존적 관계를 가지고 있다고 보는 것이 옳을 것이다. 왜냐하면 지도적 권위가 발휘되지 않고는 교수-학습 활동이 불가능해지며, 반대로 지적 권위가 발휘되지 않고는 교사의 직위와 지위가 흔들릴 수 있기 때문이다.

훌륭한 교사가 되는 데에는 실질적 권위 즉 지적 권위와 통제적 권위의 소유만으로는 부족하다. 교사는 그에게 주어진 이런 저런 형태의 권위를 바르게 사용할 수 있어야 한다. 권위 사용에 있어 가장 중요한 문제는 권위주의의 유혹에 빠지지 않으면서 어떻게 본래적인 길을 걸어가는가 하는 점이다. 권위주의의 유혹에 빠지지 않기 위해서는 권위와 관련된 통제방법들에 대한 깊은 이해가 있어야 하며, 권위를 감정적인 것으로 다루는 태도가 필요하다. 나아가 권위의 역설 즉 권위 사용의 가장 큰 목적은 권위의 소멸이라는 의미에서 학습자를 대하는 개방적이고 겸손한 태도가 필요하다. 아울러 교사는 자신의 권위행사에 대한 합당한 이유의 제시, 즉 정당화 작업에도 소홀해서는 안 된다. 정당화 작업은 교사 본인이 권위의 남용과 오용에서 벗어날 수 있도록 해 주는 합리적 논의의 장치이며, 학습자의 내적 승인과 자발적인 복종을 이끌어낼 수 있는 교육적인 방안이라는 점에서 중요한 의의를 가진다.

결론적으로 교사에게는 권위의 소유가 중요한 것이 아니라 그것의 올바른 사용과 정당화가 중요하다. 특히 가르치는 학습현장에서 실질적 권위의 올바른 사용과 정당화가 더 중요하다. 이러한 능력 혹은 자질은 훌륭한 교사와 그렇지 못한 교사를 구별해주는 보편적 기준이 될 수 있을 것이다. 특히 교사로서의 정체성을 회복하려는 사람들에게 이러한 자질은 자기평가의 중요한 잣대로 받아들여 질 수 있을 것이다.

참고문헌

강준모(1985). "교육에 있어서의 권위". 학생지도연구. 제12집, 서울교육대학 학생지도연구소, 23-46.

신득렬(1997). 권위, 자율 그리고 교육. 대구: 계명대학교 출판부.

______(2003). 현대교육철학. 서울: 학지사.

신차균(1991). "교육과 교사의 권위". 교육논총. 제10집, 국민대학교 교육연구소, 57-76.

이병승 · 우영효(2001). 테마로 읽는 교육학. 서울: 양서원.

최병태(2008). "교사의 권위: 지적 권위와 직위상의 권위를 중심으로". 인문학연구. 제35권 2호, 충남대학교 인문과학연구소, 385-410.

Banner, J. M.(2003), *The Elements of Teaching*. 이창신 옮김. 훌륭한 교사는 이렇게 가르친다. 서울: 풀빛.

Cleife, D. H.(1976). 'Authority', in edited. by D. L. Lloyd(1976). *Philosophy and the Teacher*. London: Routledge & Kegan Paul.

De George(1985). *The Nature and Limits of Authority*. Lawrence, KS: University Press of Kansas.

Dewey, J.(1987). 'Authority and Social Change', Edited by J. A. Boydston. *John Dewey: The Later Works*, Vol. 11, Edwardsville and Carbondale: Illinois University Press.

______.(1988). *Experience and Education*, Edited by J. A. Boydston. *John Dewey: The Later Works*, Vol. 13, Edwardsville and Carbondale: Illinois University Press.

Downey, M. E. and Kelley, A. V.(1975). *Theory and Practice of Education: An Introduction*. London: Harper & Row.

Halsey, A.(1977). "Authority, Bureaucracy, and the Education Debate." *Oxford Review of Education*, vol. 3, no. 3.

Hamlyn, D. W.(1990), *Experience and the Growth of Understanding*. 이홍우 역. 경험과 이해의 성장. 서울: 교육과학사.

Highet, G(2009), *Art of Teaching*, 김홍옥 역. 가르침의 예술. 서울: 아침이슬.

Hirst, P. H. and Peters, R. S.(1970). *The Logic of Education*. New York: Humanities Press.

Kneller, G. F.(1984). *Movements of Thought in Modern Education*. New York: John Wiley & Sons.

Nash, P.(1966). *Authority and Freedom in Education: An Introduction to the Philosophy of Education*. New York: John Wiley and Sons.

Nyberg, D. and Farber, P.(1986). "Authority in Education". *Teachers College Record*. vol. 88, no. 1.

Oakeshott, M.(1989). *The Voice of Liberal Learning: Michael Oakeshott on Education*. Timothy Fuller, ed. New Haven: Yale University Press.

O'Hear, H.(1991). *Education and Democracy*. London: The Claridg Press.

Peters, R. S.(1966). *Ethics and Education*. London: George Allen & Unwin.

Polanyi, M(1958). *Personal Knowledge: Towards a Post-Critical Philosophy*. London: Routledge & Kegan Paul.

Reid, L. A.(1962). *Philosophy and Education: An Introduction*. London: Heinemann.

Watt, E. D.(1982). *Authority*. London: Croom Helm.

제 5 장

교사의 교육철학과 정체성

1. 들어가는 말
2. 교사의 교육철학
3. 교사의 교육철학 수립 방안
4. 맺는 말

CHAPTER 5

교사의 교육철학과 정체성

1 들어가는 말

2000년대 이후 우리사회에서 교실과 학교가 붕괴되고 있다는 주장이 거세게 일면서 그 원인을 밝히고 해결책을 찾으려는 연구들이 쏟아져 나왔다(김성렬 · 고창규, 2000; 김원중, 2000; 오은경, 2000; 박윤배 · 김경식, 2002; 김정원, 2002). 어떤 이들은 교실 및 학교붕괴의 원인이 교육부의 파행적인 교육정책 시행에서 비롯되었다고 진단하기도 하고, 어떤 이들은 그것이 학교운영에 대한 학부모들의 지나친 간섭에서 야기되었다고 주장하기도 한다. 또 어떤 이들은 대중매체가 우리의 교육현실을 호도함으로써 교실과 학교의 붕괴를 부채질하였다고 분석하기도 하였다.

하지만 지금의 교육사태를 좀 더 비판적으로 반추해 보면 학교 및 교실붕괴의 원인이 반드시 외부적인 것에만 있는 것인가 하는 의구심을 가지게 된다. 즉 우리는 과연 교육부의 파행적인 교육정책, 학부모의 지나친 간섭, 대중매체의 호도가 학교붕괴를 가져온 직접적인 원인이라고만 말할 수 있는가 하는 의문을 가지게 된다. 오히려 그 원인이 교육의 중심부에 서 있는 교사들의 정체성 상실 및 권위의 실추와 관련이 더 깊은 것은 아닌가 하는 생각을 가지게 된다.

학교 및 교실 붕괴 원인이 학교 외부가 아닌 내부에 있다는 주장이 설득력을 가진다고 할 때, 교육부의 지나친 간섭과 압력을 완화시키기 위한 제도적인 장치를 마련하는 일도 중요하고 학교교육에 대해 지나치게 간섭하는 학부모들을 설득시키는 일도 중요하겠지만 교사들의 정체성과 권위 회복이 무엇보다 우선하는 일임이 분명해진다. 그렇다면 교사들은 이러한 정체성과 권위를 어떻게 회복해 갈 수 있을 것인가? 최근 교사 관련 연구들은 교사들이 자신의 정체성과 권위를 회복하기 위해 저마다 '교사의 교육철학'(educational philosophy of teacher)을 수립해야 한다는 점을 강조하고 있으며(김수동, 2003; 조용기 · 최석민, 2003; 양은주, 2007; 성기산, 2008; 신득렬, 2008; 정윤경, 2010), 또한 '교사의 교육철학' 수립은 교사교육의 철학을 기반으로 실현되어야 한다는 점을 제안하고 있다(김민남, 1995; 양은주, 2005; 이병승, 2006).

그러나 교사의 정체성 회복을 위해 '교사의 교육철학'이 당위적으로 요청되고, 현실적으로도 필요하다는 주장에 대해 충분히 공감한다고 하더라도 '교사의 교육철학'이란 구체적으로 무엇을 의미하는지를 먼저 밝혀야 할 필요가 있다. 왜냐하면 '교사의 교육철학'이란 말은 여러 가지 의미를 가진 애매모호한 표현으로서 이것의 의미를 먼저 드러내지 않고는 이것의 필요성 및 당위성을 제시라는 일이 어려워지기 때문이다. 예컨대, 교사의 교육철학은 크게 세 가지로 표기될 수 있는데, 그 첫째는 교사에 관한

(about) 교육철학이요, 둘째는 교사를 위한(for) 교육철학이며, 셋째는 교사에 의한(by) 교육철학이다. 이들은 각각 어떤 의미를 가지며 있으며 또 이들 중 어느 것이 이 글에서 다루고자 하는 '교사의 교육철학'을 가장 잘 대변하고 있는가?

이 글에서는 교사의 교육철학의 필요성 및 당위성을 밝히기 위한 예비적 단계로서 이 세 가지 표현방식을 분석하고 그 의미를 명료화하려고 한다. 이렇게 함으로써 교사의 교육철학과 관련된 개념들의 논리적 지도(logical map)를 보다 선명하게 그릴 수 있을 것이며, 이 개념과 관련된 논의들을 보다 활성화할 수 있는 계기를 마련할 수 있을 것이다.

2 교사의 교육철학

'교사의 교육철학'이란 애매하고 모호한 표현이다. 따라서 언어분석을 통해 이 말이 가지는 의미를 명료하게 할 필요가 있다. 여기서는 이 말이 크게 세 가지 방식으로 쓰이고 있음에 주목하면서 그 의미를 보다 선명하게 밝혀보고자 한다.

1) 교사에 관한 교육철학

'교사에 관한 교육철학'(educational philosophy about teacher)이란 구체적으로 무엇을 의미하는가? 이것은 매우 애매하고 모호한 표현이기는 하지만 일반적으로 이것은 가르치는 소임을 말은 교사에 관하여(about) 철학적으로 탐구하는 분야이거나 영역이라는 점을 말해준다. 좀 더 정확히 말하자면, 교사의 존재, 교사의 이상, 교사의 활동을 철학적인 관점 혹은 방법으로 탐구하는 분야라는 점을 말해준다. 이러한 점에서 이것은 교사를 '과학적으로' 탐구하는 분야와 구별된다.

일반적으로 교사에 관한 연구는 과학적 연구와 철학적인 연구로 나누어질 수 있다. 여기서 교사에 관한 과학적 연구란 교사의 현실(reality)을 경험적으로 밝히는데 목적을 두고 있다. 즉 '존재하는 교사'의 모습을 있는 그대로 관찰(observation)하고 정확하게 기술(description)하는데 목적을 두고 있다. 좀 더 정확히 말하면 현재 학교에서 가르치고 있는 교사의 의식, 경험, 성격, 태도, 지위를 비롯한 수업지도, 생활지도, 평가방식 등을 있는 그대로 정확하게 기술하는데 목적을 가지고 있다. 그러다보니 이러한 연구들은 자연히 기술적이고 계량적이며 통계적인 방법을 사용할 수밖에 없고 결국 양적 연구에 국한될 수밖에 없다. 이러한 연구들은 현재 교사들이 보여주는 다양한 행동양식과 경향성을 객관적으로 드러내주기는 하지만 교사들의 이상과 비전 혹은 실존적 아픔과 고통을 드러내 데는 한계를 가지고 있다. 최근까지 교육사회학이나 교육행정학 분야에서 이루어진 교사 관련 연구들은 대체로 이러한 특징을 지니고 있다.

이에 비해 교사에 관한 철학적 연구는 근본적으로 존재하는 교사가 아닌 '존재해야 할 교사'의 모습 즉 교사의 이상(ideal)을 찾고 그러한 이상을 제시하는데 관심을 가진다. 이러한 연구는 과학적 연구들에 비하면 양적으로 적기는 하지만 교육철학 분야에서 가장 많이 이루어진 접근법이라고 봐야 한다. 실제로 교육철학 분야의 연구자들은 이상적인 교사(ideal teacher), 교사다운 교사, 훌륭한 교사(good teacher), 좋은 교사란 누구인지를 찾아왔으며, 이러한 교사들이 갖추어야 할 능력 및 자질이 무엇이어야 하는지에 대해서도 심도 있게 탐색해 왔다(Highet, 1950: 12-57; Hook, 1967: 222-233; Broadhead, 1987: 64). 어떤 연구자는 이상적인 교사의 모습을 위대한 교육사상가들의 저서에서 발견하려고 하기도 하고 어떤 연구자는 그것을 교사들의 활동무대인 교육현장으로부터 발견해 내려고도 하였다.

최근 들어 몇 몇 교사 연구자들은 교사에 관한 규범적 연구의 한계를 넘어 교사의 실제 현실에 대한 비판적 연구의 필요성을 강조하고 있다(양은주, 2005, 66-67; 이병승, 2006, 387-389). 이러한 주장은 언뜻 보기에 교사에 관한 과학적 연구와 다를 바 없는 것처럼 보인다. 하지만 이러한 주장은 교사의 의식세계 이면에 숨겨진 진실을 드러내려고 한다는 점에서 과학적 접근과 구별된다. 오히려 그것은 과학적으로 탐구할 수 없는 교사 심연(深淵)의 세계를 이해하려고 한다는 점에서 현상학적이라고 봐야 할 것이다. 교사에 관한 현상학적 접근(phenomenological approach)은 과학이 이미 당연시하고 있는 것들을 다시 반추(反芻: reflection)하게 한다는 점에서 비판적일 수밖에 없다. 또 교사들의 행동을 계량적으로 측량하여 일반적인 경향성을 밝히려 하기보다는 교사 한 개인이 어떤 목적의식, 소명의식, 문제의식, 역사의식을 가지고 가르치고 있는가를 심층적으로 밝혀 보려고 한다는 점에서 질적으로 깊이가 있는 연구이다.

교사에 관한 철학적 연구가 교사의 이상을 탐구하는 규범적 성격을 띠건 교사의 현실을 심도 있게 탐구하는 현상학적인 성격을 띠건 이것은 교사에 관한 과학적 연구 성과를 참조할 때 비로소 효력을 발휘할 수 있다. 왜냐하면 교사에 관한 철학적 연구는 어디까지나 교사교육의 목적을 실현하기 위한 충분조건이 아니라 필요조건이기 때문이다. 교사교육을 담당한 사람들이 교사에 관한 철학적 연구 성과에만 집착하게 되면 이념과 목적은 있으되 내용과 방법이 미흡한 교사교육이 될 수 있다. 따라서 이상적인 교사교육을 위해 교사에 관한 철학적 연구와 과학적 연구의 균형이 반드시 필요하다. 교사의 존재에 대한 경험적 연구와 존재해야 할 교사에 대한 규범적 연구는 우리가 길러내고자 하는 교사상을 바르게 그려내기 위한 지적 기반이 될 뿐만 아니라 교사교육의 방향을 결정하는 중요한 지침이 될 수 있다. 이러한 의미에서 이 두 종류의 연구는 교사연구의 씨줄과 날줄이라고 할 수 있다.

2) 교사를 위한 교육철학

'교사를 위한 교육철학'(educational philosophy for teacher)이란 구체적으로 무엇을 의미하는가? 전치사 'for'로 이어지는 이 말은 장차 교사가 되려는 사람들 즉 예비교사들(student teachers)에게 요구되는 철학을 의미한다. 좀 더 정확히 말하자면, 이것은 장차 교사다운 교사로서 살아갈 예비교사들에게 교사로서의 사명과 소명이 무엇인지를 제시하려는 철학이다. 이러한 점에서 이것은 교사다운 교사가 누구인가를 밝히려는 규범적 접근이나 교사의 삶의 심연을 깊이 이해하려는 현상학적 접근과 구별된다.

이러한 이유로 '교사를 위한 교육철학'을 수립하려는 사람들은 크게 두 가지에 관심을 가지게 된다. 하나는 이상적인 교사 혹은 교사다운 교사에게 요구되는 철학적 태도 및 자세가 무엇이냐를 밝히는데 관심을 가지고 있으며, 다른 하나는 그러한 철학적 태도 및 자세를 예비교사들에게 어떻게 가르쳐야 하는가 하는 교수방법을 찾는데 관심을 가진다.

솔티스는 "교사를 위한 교육철학"이란 제하의 글을 발표한 바 있는데, 이 글은 교사에게 필요한 철학적 태도들이 무엇인지 그리고 그러한 태도를 기르기 위해서 교육철학 교수가 무엇을 어떻게 가르쳐야 하는지를 잘 보여 주고 있다(Soltis, 1982: 232-235).

첫째, 예비교사들이 비판적이고 반성적이며 합리적인 사고를 할 수 있도록 훈련시켜야 한다. 이러한 훈련을 받은 교사들이 교육현장에서 아이들을 비판적, 반성적, 합리적으로 사고하도록 가르칠 수 있다.

둘째, 장차 교육현장에서 가르치는 지식이 결국 철학적인 문제 즉 지식의 성격, 지식의 구조, 지식획득의 방법, 가치 등과 밀접하게 결부되어 있다는 점을 인식시켜야 한다.

셋째, 예비교사들이 위대한 사상가들로부터 지혜를 발견하고 음미하도록 적절히 안내해야 하며, 교육 분야에서 사용되는 애매한 개념들의 의미를 명료화하도록 훈련시켜야 한다.

넷째, 예비교사에게 교수활동(teaching)이 도덕적으로 중요한 과업이라는 점을 인식시켜야 한다.

이러한 솔티스의 주장에 의하면, 교사에게 요구되는 철학적 태도란 (i) 합리적, 비판적, 반성적 사고, (ii) 지식에 대한 철학적 이해, (iii) 교육 관련 개념들의 명료화 (iv) 교수의 도덕적 차원 인식 등으로 요약된다. 이러한 태도들은 훌륭한 교사들, 교사다운 교사들을 그렇지 못한 교사들로부터 구별해 주는 자질들이며, 또 그들을 '기교 및 기술의 교사들'(teacher of skill or technique)로부터 구별해주는 자질들이다. 교육문제나 현상에 대해 합리적 혹은 비판적으로 사고하는 능력, 장차 교단에서 가르쳐야 할 지식의 근원, 생성 과정을 이해하는 능력, 애매모호한 개념들을 명료하게 하는 정의(定義)의 능력, 그리고 자신이 가르치는 내용이 도덕적 과업과 깊이 관련되어 있다는 것을 통찰하는 능력 등은 과학적 훈련이 아니라 오직 철학적 훈련(philosophical training)을 통해 성취될 수 있다.

그러나 이러한 것들이 교사를 위한 교육철학 즉 교사들에게 요구되는 철학적 태도로서 어느 정도 설득력을 지니기는 하지만 그것을 충분하게 설명했다고 할 수 없다. 왜냐하면 교사에게는 이러한 태도 이외에도 또 다른 철학적 태도들이 요구되기 때문이다. 예컨대, 학생의 입장을 열린 마음으로 받아들이는 개방정신(open-mindedness), 교육사태를 폭 넓게 바라보려는 인지적 안목(cognitive perspective), 교육현상을 깊이 이해하려는 탐구정신(research mind), 가르치는 일에 대한 열정과 헌신(passion and commitment) 등도 교사들에게 요구되는 철학적 태도들이다. 사실 헌신은 앞의 자질들의 실천을 가능하게 하는 태도라는 점에서 대단히 중요한 의미를 가진다. 일찍이 영국의 교육철학자 리이드가 '헌신'을 교사들이 가져야 할 중요한 자질로 제시한 것은 바로 이것을 두고 한 말이다(Reid, 1962, 37). 왜냐하면 교육활동에 대한 헌신 없이는 아무 것도 성취될 수 없기 때문이다.

3) **교사에 의한 교육철학**

'교사에 의한 교육철학'(educational philosophy by teacher)이란 구체적으로 무엇을 말하는가? 전치사 'by'로 연결된 이 말은 아주 소박하게 말하면 현장의 교사들에 의해서 이루어진 교육철학을 말한다. 즉 이것은 교육대학이나 사범대학의 교수들에 의해 이루어진 강단철학(講壇哲學)이나 캠퍼스철학이 아니라 바로 교육현장에서 활동하고 있는 교사들에 의해 이루어진 학교의 철학 혹은 교실의 철학이라고 할 수 있다. 이러한 점에서 이것은 앞에서 소개한 '교사에 관한 교육철학'이나 '교사를 위한 교육철학'과 구별된다. 말하자면 교육철학을 전개하는 주체가 현장의 교사라는 점에서 앞의 두 가지 형태의 교육철학과 확연하게 구별된다.

'교사에 의한 교육철학'은 교사 자신에 의해 이루어진 철학이라는 점에서 진정한 의미의 교사의 교육철학(true educational philosophy of teacher)이라고 할 수 있다. 교수들에 의해 이루어진 교육철학이 아무리 정교하고 체계적이라고 할지라도 그것은 어디까지나 교육현장과 거리가 멀 수밖에 없고 교실 및 학교와 괴리될 수밖에 없다. 실제로 대학 안에서 교수되고 있는 교육철학은 교사의 삶 속에 깊이 파고들어가기 어려우며 결국 교육현장에 끼치는 영향도 미미한 편이다.

'교사에 의한 교육철학'은 교사 자신의 실제적인 교육활동이 탐구의 기반이 된다는 점에서 실천적이며 실제적이다. 그러므로 이것은 교육현상이나 교육활동을 이론적으로 접근하려는 대학의 이론적인 교육철학(theoretical philosophy of education)과 구별된다. 교사 자신이 몸을 담고 있는 학교의 기능과 역할, 자신이 매일같이 펼쳐가는 다양한 교육활동들, 즉 자신이 담당하고 있는 교재에 대한 연구, 자신이 매일 같이 만나 지도하고 가르치는 학생에 대한 이해와 상담 등 모든 교육활동이 철학적 사유의 원천이며 철학적 탐구의 토양이다.

이러한 의미에서 '교사에 의한 교육철학'은 교사들이 책을 통해 얻어낸 텍스트(text)의 철학이 아니라 자신들의 가르침 과정에서 몸으로 체득해 낸 체험(體驗)의 철학이다. 그것이 텍스트가 아닌 체험으로 성취한 철학이라는 점에서 이것은 단순한 지식의 체계(system of knowledge) 혹은 지식의 덩어리가 아니라 살아 움직이는 하나의 지적 탐구활동(researching activity)으로 이해될 수밖에 없다. 이렇다보니 '교사에 의한 교육철학'은 지식의 체계를 가르치는데 관심을 가지기보다는 교육을 철학해 가는 과정에 더 큰 관심을 가지게 된다. 일찍이 칸트(I. Kant)가 "철학을 공부할 것이 아니라 철학함(Philosophieren)을 해야 한다"고 힘주어 강조한 바 있듯이, 교사에 의한 교육철학은 교사가 학교현장에서 제반 교육활동을 철학적인 눈과 마음으로 바라보고 해석하고 비판하는 일에 관심을 가진다.

이러한 점에서 교사가 교육을 철학해 간다는 것은 방대한 체계를 갖춘 교육철학 서적들을 읽고 음미해 가는 것이 아니라 자신이 몸 담고 있는 학교 현장 안에서 이루어지고 있는 이러 저러한 교육활동을 철학적으로 다루어간다는 것을 의미한다. 그렇다면 '교육을 철학적으로 다룬다는 것'은 무엇을 의미하는가? 그것은 일찍이 위대한 교육사상가나 교육실천가들이 그랬던 것처럼, 교육문제에 대해 깊이 숙고하고 분석하고 비판하고 반성해 간다는 것을 의미한다. 즉 교육에 대해 끊임없이 질문을 던지고 진지하게 생각해 보는 것, 교육에 대한 기존의 가설이나 주장이 무엇을 의미하는지를 분석해 보는 것, 현재 학교 안에서 이루어지고 있는 모종의 교육활동이 본질적이고 본래적인 방향으로 나아가고 있는가를 비판적으로 검토하고 그것을 반추해 보는 것을 의미한다. 말하자면 교육을 철학한다는 것은 교육현상이나 교육활동을 사색, 분석, 비판, 해석해 가는 것을 의미한다.

그러나 학교현장에서 교사가 이 같은 방식으로 교육을 철학해 간다는 것은 결코 쉬운 일이 아니다. 왜냐하면 교사에게는 이러한 방식으로 교육을 다룰 만한 시간적 여유가 주어져 있지 않거니와 시간적 여유가 두어져 있다고 하더라도 극소수의 교사들만이 철학적인 탐구의 길을 걸어가고 있다. 사실, 교사의 최우선 과업이 가르치는 일이라는 점을 감안해 볼 때 그의 철학적 탐구는 이차적인 것일 수밖에 없을 것이다. 또한 교사가 교육을 철학해 간다는 것은 필연적으로 모종의 선택과 결단, 책임을 요구한다는 점에서 그것은 교사들에게 부담스러운 일이다. 그리하여 많은 교사들이 이러한 길을 걷기를 포기하고 있으며, 때에 따라서는 비철학적 삶 혹은 무철학적인 삶을 살아가고 있다. 교육이 본래적인 길에서 점차 멀어지고 있는 우리의 교육 현실 속에서 현장의 교사가 철학적 삶을 산다는 것은 대단한 용기와 헌신을 요구한다. '교사에 의한 교육철학'은 언제나 결단과 책임을 요구한다는 점에서 그것은 교사의 적극적인 참여를 기다리고 있다.

3 교사의 교육철학 수립 방안

앞에서 논의한 바와 같이 교사의 교육철학이 교사에 의한 교육철학이요 또 그것이 현장 교사들이 본래적인 길을 걸어가는데 반드시 수립해야 할 태도라면 교사의 교육철학을 어떻게 수립할 것이냐 하는 문제가 중요한 화두로 등장하게 된다. 앞에서 논의한 내용들을 토대로 교사들이 자신의 교육철학을 수립하기 위해 어떤 노력을 해야 할 것인지를 제언해 보고자 한다.

1) 철학적 마음과 태도

교사로서 교육철학을 수립한다는 것은 단지 대학시절 교직시간에 배운 교육철학에 관한 이론이나 학설을 정리하고 체계화한다는 것을 의미하는 것이 아니라 지금 학교 현장에서 몸으로 직접 경험하고 있는 교육활동을 철학적으로 이모저모 따져보고 음미해보고 성찰해 본다는 것을 의미한다. 즉 지식의 덩어리 혹은 이론의 체계로서 교육철학을 공부하는 것이 아니라 매일 같이 학교와 교실에서 전개되는 교육활동이나 교육현상을 철학적인 마음과 태도(philosophical mind and attitude)를 가지고 분석하고 해석하고 비판해 본다는 것을 의미한다. 그렇다면 교사들이 가져야 할 철학적인 마음 혹은 태도란 무엇을 말하는가?

첫째, 교사는 합리적인 태도(rational attitude)를 가져야 한다. 철학은 무엇보다도 합리성을 존중하는 학문이다. 일찍이 고대 그리스의 철학자 소크라테스(Socrates)는 이러한 태도를 극명하게 보여준 철학자였다. 일반적으로 합리성이란 무슨 일이든지 이치에 맞도록 생각하고 판단하고 결정하고 실행하는 능력을 말하는데, 현장의 교사들이 전통 및 관습에 얽매이거나 사회적 압력에 굴복하게 되면 비합리적이고 불합리한 결정을 내리게 된다. 이런 경우 교사는 공정성과 객관성을 잃게 되고 결국 신뢰를 잃게 된다. 선입견, 편견, 속견(速見), 자의성(恣意性)은 교사 모두가 경계해야 할 태도이다. 따라서 교사는 어느 경우이건 합리적인 마음을 잃지 않도록 노력해야 한다. 그의 선택과 판단이 어떻게 내려지는가에 따라 교실은 천국이 될 수도 있고 지옥이 될 수도 있다는 점을 늘 마음에 새겨야 한다.

둘째, 교사는 교육적 진리 혹은 진실에 헌신하는 태도(attitude of committment)를 가져야 한다. 위대한 교육자들은 예외 없이 교육적 진리 혹은 진실에 헌신을 해 왔다. 무엇인가에 헌신한다는 것은 자신의 몸과 마음을 다 바치는 행위를 말하는데 소위 성심성의(誠心誠意)를 다하는 자세를 말한다. 교사는 이미 교단에 서는 순간 평생 교육하는 일에 헌신하기로 마음먹은 사람이다. 교사는 학생을 사랑하는 일에 성심을 다해야 하고, 가르치는 일에 성심을 다해야 하며, 탐구하는 일에 성심을 다해야 한다.

영국의 교육철학자 리이드(L. A. Reid)는 한때 '헌신'을 훌륭한 교사의 징표로 기술한 바 있는데 이것은 바로 이를 두고 한 말이다(Reid, 1962: 37). 학생들 개개인에게서 일어나는 지적 성장과 행동의 변화는 대체로 교사가 보여주는 헌신과 열정의 소산이라고 할 수 있다.

셋째, 교사는 끊임없이 탐구하는 태도(researching attitude)를 가져야 한다. 동서양을 막론하고 위대한 교사들은 인간, 자연, 사회를 탐구하는 일을 즐겼으며 그것을 생애적인 사업으로 생각했다. 예컨대 소크라테스는 죽는 순간까지 진정한 의미의 선이 무엇인지, 정의가 무엇인지, 용기가 무엇인지를 줄기차게 묻고 탐구했다. 탐구는 새로운 사실을 밝혀내려는데 목적을 두기도 하지만 이미 알고 있는 것을 비판적으로 음미해 보는데 목적이 있다. 교사가 비판적으로 음미해 봐야 할 것들은 한두 가지가 아니다. 하지만 교사는 무엇보다 교육의 본질적인 내용을 탐구해야 한다. 즉 무엇을 어떻게 왜 가르쳐야 하는가 하는 것들에 대해 보다 깊은 관심을 가지고 탐구해야 한다. 그의 탐구의 폭이 보다 넓어지고 깊이가 깊어질수록 가르침의 질과 수준도 높아질 것이다. 이러한 점에서 탐구는 교사를 교사답게 만드는 중요한 자질 혹은 능력이라고 봐야 할 것이다.

넷째, 교사의 탐구하는 태도는 교사의 안목을 넓혀 주기도 하지만 교육을 바라보는 다양한 시각을 다르게 만들어주기도 한다. 즉 학교 현장에서 일어나는 일들을 비판적인 태도(critical attitude)를 가지고 바라볼 수 있게 해 준다. 교사가 본래적인 길을 걸어가기 위해서는 단지 주어진 교재의 내용을 잘 가르치는 일에만 자족해서는 곤란하다. 지금까지 당연한 것으로 받아들여졌던 것들을 비판적으로 음미해 봐야 하며, 숨겨진 교육적 진실을 드러낼 수 있어야 한다. 교사가 비판해 봐야 할 것들은 한두 가지가 아니다. 교사는 우선 자신이 행하는 이런 저런 활동들이 과연 교육적인지를 음미해 보아야 한다. 예컨대, 자신의 가르침이 과연 교육목적과 부합하는지, 가르치는 교재의 내용이 정말 아이들에게 가치가 있는 것인지, 자신이 행하는 수업이 과연 아이들에게 도움을 주는 것인지 깊이 숙고해 봐야 한다. 그러나 교사의 비판은 가르치는 일에만 관련되어서는 안 된다. 그의 비판의 대상은 보다 확대되어야 한다. 즉 학습이 이루어지고 있는 외부환경, 제도, 구조에 대해서도 비판적 안목을 가져야 한다. 교과부의 정책, 교육청의 각종 프로그램들, 지역사회단체들이 학교, 교사, 학생에게 끼치는 영향력에 대해서도 관심을 가져야 한다.

다섯째, 교사의 비판활동이 자기 자신에게 향할 때 철저한 반성이 시작된다. 교사가 본래적인 길을 걸어가기 위해서는 자신의 교육활동을 끊임없이 반추(反芻)해 보는 반성적 태도(reflective attitude)를 가져야 한다. 교사가 수업준비를 아무리 철저하게 한다고 할지라도 반드시 만족스럽고 흡족한 수업을 할 수 있는 것은 아니다. 또 교사가 성심을 다하여 학생을 지도한다고 하더라도 의도하는 바대로 바람직한 결과를 얻어낼 수 있는 것도 아니다. 끊임없이 역동적으로 움직이고 있는 인간 학습자를 가르치는 그에게 실수와 오류는 필연적인 것일지도 모른다. 하지만 이러한 실수와 오류는 자기반성(self-reflection)을 통해 어느 정도 극복될 수 있다. 최근의 교사 관련 연구들은 '반성'(反省)

이 교사를 교사답게 만드는 중요한 자질이라는 점을 누누이 강조하고 있다(김병찬, 2000; 서경혜, 2005; Schön, 1983; Colton & Spark-Langer, 1993). 이미 이루어진 교육활동에 대한 철저한 반성이 없이 자기 성장과 발전을 기대할 수 없기 때문이다. 반성은 교사 자신이 본래적인 길을 걸어왔는가를 확인하는 작업이며, 궤도 이탈을 하였다면 본래 궤도로 복귀하려는 강한 의지를 드러내는 태도이다. 이상에서 언급한 합리적인 태도, 헌신하는 태도, 탐구하는 태도, 비판적 태도, 그리고 반성하는 태도는 교사를 교사답게 만드는 중요한 자질들이다. 이러한 자질은 과학적 훈련이 아닌 오랜 동안의 철학적 훈련을 통해 획득될 수 있는 것들이다. 아쉽게도 우리 사회의 교사들은 이러한 자질을 얻는 일에 별로 관심이 없는 것 같다. 이렇다보니 교직사회에 입문한 지 얼마 안 된 교사들이 정체성을 잃고 표류하는, 심히 우려할 만한 일들이 일어나는 것이다. 이러한 점들을 고려해 볼 때 장차 교사교육의 초점이 어떤 방향으로 맞춰져야 할 지 보다 분명해진다.

2) 부단한 탐색과 연구

교사가 자신의 교육철학을 수립하고 본래적인 길을 걸어가기 위해서는 끊임없이 탐구하고 연구해야 한다. 왜냐하면 가르치는 일(teaching)은 연구하는 일(researching)을 기반으로 할 때만이 권위와 당위성을 확보할 수 있기 때문이다. 물론 교사가 두 가지의 길을 동시에 걸어가는 것은 쉬운 일이 아니다. 그러나 교사다운 교사로서 우뚝 서기 위해서는 이러한 활동은 불가피하다.

(1) 연구에 대한 오해 및 편견

오늘날 교사들 중에 연구하고 탐구하는 일을 소홀히 여기는 사람들이 있다. 그들이 그러한 태도를 보이는 까닭은 무엇인가? 여러 가지 이유가 있겠지만 가장 근본적인 이유는 연구에 대한 그릇된 인식 혹은 편견 때문이다.

우선, 오늘날까지도 일선학교의 많은 교사들이 연구란 대학에서나 할 일이지 일선학교에서 할 일은 아니라고 생각하고 있다. 말하자면 연구란 대학 교수(professor)의 몫이지 교사의 몫은 아니라는 것이다. 모르기는 해도 이러한 이분법적 사고가 학교의 연구 분위기를 침체시키고 있다. 이런 이유로 공부하고 연구하는 교사가 대접을 받지 못하거나 심지어 따돌림을 당하는 웃지 못할 일들이 학교 현장에서 일어나고 있다. 특히 학교 경영자들 중에 공부하는 교사를 못마땅해 하거나 불이익을 주는 경영자가 있다는 점은 실소를 금치 못할 일이다. 물건을 생산하는 공장인 아닌, 아이들의 영혼에 생기를 불어 넣고 가치있는 삶의 방식을 가르치는 교육기관에서 연구하는 교사를 푸대접하는 일은 아이러니를 넘어 부조리한 일이 아닐 수 없다.

또 어떤 교사들은 4년간의 전공 공부로도 가르치는데 손색이 없으며, 지난 몇 년간의 교과지도에 대한 경력만으로도 가르치는데 아무런 어려움이 없다고 자부하면서 연구의 필요성과 의의를 폄하하는 경우가 있다. 어떤 이들은 일선 학교에서의 연구를 하나의 '사치'로 간주하기도 한다. 또 어떤 교사들은 연구의 필요성을 인정하면서도 연구의 범위를 교과(教科) 연구에만 국한시켜, 교사란 교과연구를 통해 수업을 잘하면 된다는 편협한 주장을 내세우기도 한다. 물론 이러한 주장이 전적으로 그릇된 것이라고 말할 수는 없지만 교과 연구만이 좋은 수업을 보장해 주는 것은 아니며, 훌륭한 교사의 자질을 보장해 주는 것도 아니다.

연구에 대한 이러한 그릇된 생각들이 교단을 지배하면서 가르치는 일과 연구하는 일이 분리되고 괴리되는 불행한 일이 일어나고 있다. 교사의 교육활동은 근본적으로 연구(researching)와 교수(teaching)로 이루어져 있다. 수업이 주된 업무라고 하여 연구를 소홀히 하면 수업은 생기와 생동감을 잃기 쉽다. 연구란 어디까지나 좋은 수업을 위한 활동으로 이것의 넓이와 깊이가 수업의 질을 결정하기 때문이다. 연구와 수업은 상호 의존적 관계에 있지만 논리적으로 말하자면 연구가 수업에 앞서야 한다. 따라서 연구가 수업의 질을 결정한다고 하는 말은 너무나도 상식적이어서 재론의 여지가 없어 보인다. 여기서 지적해야 할 것은 교사는 수업을 위한 연구에만 관심을 가져서는 안 된다는 점이다. 교사의 연구관심 분야는 교과연구와 수업연구를 넘어서는 것이어야 한다. 교과연구 및 수업연구란 교사를 교사답게 하는 필요조건이기는 하지만 충분조건은 아니기 때문이다.

(2) 연구분야의 확대

따라서 교사의 연구는 교과연구 및 수업 연구를 넘어 학생의 심리에 대한 연구, 사회성에 대한 연구, 도덕성에 대한 연구로 확대되어야 한다. 학습자 심리연구, 사회성 연구, 도덕성 연구는 대학 교수들만의 전유물이 아니다. 현장의 교사들은 학생들을 직접 가르치고 지도하는 연구의 주체로서 살아있는 연구, 실천적이고 실제적인 연구를 해낼 수 있는 충분한 연구 자료를 가지고 있다. 이미 학교 공동체 안에는 다양한 방법으로 접근할 수 있는 주제와 대상들이 무궁무진해서 교사들이 마음만 먹으면 의미 깊은 연구를 해 낼 수 있는 여건이 마련되어 있다. 하지만 현실적으로 교사들은 수업 부담을 안고 있다는 점에서 독자적인 연구 혹은 개인적인 연구를 감행하는 일이 결코 쉽지 않다. 그러므로 개인 연구보다는 교사들과의 협동연구(cooperative research) 혹은 대학 교수들과의 공동연구가 바람직할 것이다.

교사들의 현장연구 혹은 실천연구(action research)는 이론연구의 기반이 된다는 점에서 대단히 중요한 의미를 가지고 있다. 교사들의 연구는 자신들이 직접 가르치고 지도하는 학생을 대상으로 행한다는 점에서 실제적이고 구체적이고 실증적이다. 연구의 결과들이 오랫동안의 직접적인 관찰, 세밀한 조사, 면밀한 실험과정을 통해 얻어진 것이기 때문에 양적으로나 실적으로 수준 높은 것일 수 있다. 이러한 점들이 바로 대학 연구자들이 가질 수 없는 강점이라고 할 수 있다. 특히 학생들의 심층 심리, 학생들 간의 역동적 인간관계, 학교의 조직풍토, 수업내용 및 방법, 교과서의 가치, 교사의 가치관 및 행동양식 등은 대학 연구자들이 구조적으로 혹은 여건 상 깊이 있게 다룰 수 없는 연구 주제들이라는 점에서 교사들의 현장 연구 및 질적 연구는 대단히 중요한 의미를 던져준다.

지금까지 여러 연구자들이 지적하는 바와 같이, 교사의 연구는 좋은 수업을 위한 조건인 동시에 훌륭한 교사가 되기 위해 요구되는 중요한 자질이다(최의창, 1998; 조재식, 2002; 양은주,

2003). 물론 교사는 교과를 연구하지 않고도 가르칠 수 있으며, 학생의 심리를 연구하지 않고도 학생의 행동을 이해할 수 있을 것이다. 그러나 연구하지 않고 이루어지는 수업과 이해는 피상적일 수밖에 없고 따라서 전문성을 가지기 어렵다. 이러한 점에서 교사의 연구는 교직의 전문성, 구체적으로 말해 수업 내용의 전문성, 수업 방법의 전문성을 높여주는 촉매제요 기폭제이다. 연구 없이 이루어지는 수업은 죽은 지식과 정보의 전달과정일 뿐이다.

이러한 점에서 교사에게 연구는 순간적이고 일시적인 작업이 아니라 생애적(生涯的)이고 항구적(恒久的)인 활동으로 인식되어야 하며, 하나의 소명(召命)으로 받아들여져야 한다. 나아가 연구는 교사의 존재 근거요 하나의 미덕(美德)으로 받아들여져야 한다.

4 맺는 말

앞에서 살펴본 바와 같이, '교사의 교육철학'이란 크게 '교사에 관한 교육철학', '교사를 위한 교육철학' 그리고 '교사에 의한 교육철학'으로 표현될 수 있으며, 이들 각각은 각기 다른 의미를 지니고 있다.

이 세 가지 교육철학은 철학을 하는 주체가 누구냐에 따라 구별되기도 하고, 초점을 어디에 맞추느냐에 따라 구별되기도 한다. 즉 앞의 두 가지 교육철학은 철학하는 주체가 대학의 교사교육자나 교수인데 비해 마지막의 교육철학은 철학의 주체가 현장의 교사이다. 앞의 두 가지 교육철학은 일선 학교 현장과 멀리 떨어진 대학 강단이나 연구실에서 이루어지는 강단철학이요 이론철학인데 비해, 마지막 형태의 교사 교육철학은 학교와 교실에서 이루어지는 현장철학이요 실천철학이다. 앞의 두 가지 교육철학이 교육에 관한 철학적 사유의 결과를 체계화하고 조직하는데 관심을 가지는데 반해 마지막 교육철학은 사유의 결과를 행동으로 옮기는데 관심을 가진다.

이러한 여러 가지 개념적 사실들에 비추어볼 때 '교사의 교육철학'이란 앞의 두 가지 교육철학을 의미하기보다는 오히려 마지막 교육철학 즉 '교사에 의한 교육철학'을 의미한다고 볼 수 있다.

그러나 아이러니컬하게도 현장에서 이루어지는 교사의 교육철학이 지금까지 주목받지 못하고 있다는 점이다. 이렇게 된 가장 큰 원인은 교사교육을 담당하고 있는 대학교수들이 일선학교 교사들의 제반 활동을 소홀히 하거나 그것을 탐구의 영역으로 적극적으로 끌어들이지 않았다는데 있다. 지금까지 대학의 연구자들은 철학적 사유의 공간을 다만 교육사상 텍스트에 국한시킴으로써 교육이 실제로 이루어지고 있는 일선 학교 및 교실을 탐구의 대상에서 제외시켜 왔다. 말하자면 교육철학적 사유의 출발점도 학교 현장이며 그 귀착지도 학교 현장이라는 사실을 간과해 온 것이다. 이러다보니 대학의 교육철학 이론이 학교 현장의 교사들에게 빛을 던져주지 못하고 있다. 교육 역사상 위대한 교육철학자들이 후학들에게 던져 주는 중요한 메시지들 중의 하나는 철학적 사유의 원천이 학교 현장이어야 하며, 철학적 탐구의 결과는 교육현장을 변화시키는데 도움을 줘야 한다는 점이었다. 그럼에도 불구하고 우리한국 사회에서는 이러한 메시지가 아직도 제대로 전해지지 않고 있다. 그 메시지는 아직 대학 캠퍼스 밖을 나가지 못하고 반향되어 돌아오고 있다.

이제 교육철학 교수들은 현장 교사들의 목소리에 귀를 기울여야 한다. 하지만 그냥 귀를 기울여서는 안 된다. 그들의 삶을 이해하고 배우기 위해 좀 더 가까이 다가가야 한다. 교사들이 스스로 교육철학을 수립할 수 있도록 적극적으로 안내하고 지도해야 한다. 그러기 위해서는 교수와 교사가 만나 대화할 수 있는 통로가 마련되어야 하고, 교수가 교육현장을 체험할 수 있는 계기들이 마련되어야 한다. 최근 교수와 교사들이 교육적 난제를 해결하기 위해 탐구공동체(research community)를 조직, 운영하려는 움직임이 일고 있는 것은 이 나라 교사문화 발전을 위해 참으로 다행스러운 일이다.

참고문헌

김민남(1995). "교사교육론의 철학". 한국교사교육. 11, 한국교원교육학회, 1-32.

김병찬(2000). "교사교육의 패러다임 변화". 한국교사교육. 17(3), 한국교원교육학회, 113-141

김성렬 · 고창규(2000). "교실붕괴와 교육정책". 교육인류학연구. 3(2), 한국교육인류학회, 153-191.

김수동(2003). 교사와 교육철학. 서울: 책사랑.

김원중(2000). "교실붕괴의 심리학적 분석". 교육인류학연구. 3(2), 한국교육인류학회, 79-138.

김정원(2002). "학교는 붕괴하고 있는가". 교육학연구. 40(3), 한국교육학회, 271-298.

박윤배 · 김경식(2002). "학교 교육주체들이 지각하는 교실붕괴 현상의 원인". 교육사회학연구. 12(3), 한국교육사회학회, 101-120.

서경혜(2005). "반성과 실천: 교사의 전문성 개발에 대한 소고". 교육과정연구. 23(2), 285-310.

성기산(2008). 교사의 교육철학. 서울: 집문당.

신득렬(2008). "교사와 교육철학". 교육철학, 35, 한국교육철학회, 97-120.

양은주(2003). "연구자로서의 교사개념과 대안적 교실 실천". 한국교사교육, 20(2), 한국교원교육학회, 203-221.

______(2005). "교육철학의 '교사' 연구 동향과 과제". 교육철학. 33, 교육철학회, 63-81.

______(2007). 교사를 일깨우는 사유. 서울: 문음사.

오은경(2000). "학교붕괴현상의 해결을 위한 행정가의 도덕적 의무". 교육과학연구. 31(2), 이화여자대학교 교육과학연구소, 1-16.

유현숙(2002). "교사교육에 대한 새로운 요구와 방향." 한국교원교육연구. 19(3), 한국교사교육학회, 127-145.

이병승(2006). 교육에 관한 철학적 담론. 서울: 원미사.

정윤경(2010). 교사를 위한 교육철학. 서울: 교육과학사.

조용기 · 최석민(2003). "교사교육과 교육철학의 성격". 교육철학. 24, 한국교육철학회, 157-169.

조재식(2002). "연구자로서의 교사개념에 대한 이론적 고찰". 한국교육인류학회 2002년 춘계학술대회 자료집, 35-61.

최의창(1998). "학교교육의 개선, 교사연구자, 그리고 현장 개선 연구". 이용숙 · 김영천 편. 교육에서의 질적 연구. 서울: 교육과학사, 559-585.

Broadhead, P.(1987). A Blueprint for the Good Teacher?. *British Journal of Educational Studies*, 35(1).

Colton, A. B. & Spark-Langer, G. M.(1993). "A Conceptual Framework to Guide the Development of Teacher Reflection and Decision Making". *Journal of Teacher Education*, 44(1), 45-54.

Hook, S.(1967). *Education for Modern Man: A New Perspective*. New Enlarged Ed. New York: Alfred A. Knopf.

Highet, G.(1950). *The Art of Teaching*. New York: Vintage Books.

Reid, L. A.(1962). *Philosophy and Education: An Introduction*. London: Heinemann.

Schön, D. A.(1983). *The Reflective Practitioner: How Professionals Think in Action*. New York: Basic Books.

Soltis, J. F.(1982). "Recent Trends in Philosophy of Education", 한국철학회 · 한국교육학회 · 한국존 · 듀우이연구회편. 존 듀우이와 프래그마티즘. 서울: 삼일당, 232-235.

제 3 부

교사의 인문적 소양과 사회적 역할에 관한 담론

교사는 일차적으로 자기가 맡은 교과에 대해 전문적인 지식을 가지고 있어야 하며, 그러한 교과를 잘 가르칠 수 있는 방법에 능통해야 한다. 그러나 그러한 자질만 가지고는 훌륭한 교사라고 할 수 없다. 교사에게는 세상을 폭넓게 바라볼 수 있는 안목, 미래를 예측하는 능력, 나아가 사회개혁 자질도 갖추고 있어야 한다. 제3부에서는 교사란 단지 교과서만을 가르치는 사람이 아니라 세계를 가르치고 변화시키려는 사람이라는 점을 강조하는 글 3편을 소개하였다.

제6장에서는 교사의 인문적 소양을 기르기 위한 한 방안으로서 교육고전읽기를 시도해야 한다는 점을 제시하였다. 교사교육의 궁극적인 목적은 제한된 범위의 지식만을 가진 교사를 길러내는 것인 아니라 폭넓은 인문적 소양을 가진 교사를 길러내는 일이라는 점을 강조하였다.

제7장에서는 폭넓은 교양이 교사를 교사답게 만드는 중요한 자질이라는 점을 전제한 후 그러한 자질을 향상시키기 위한 한 방안으로 예비교사를 위한 위대한 저서읽기 프로그램을 소개하였다.

제8장에서는 듀이의 사회개혁론을 소개하고 이러한 개혁론이 오늘날 교사에게 어떤 시사를 던져 주는지를 밝히고하자 하였다. 특히 교사의 교육활동은 사회개혁운동과 무관하지 않으며 이것들이 서로 연계될 때 시너지효과를 가져올 수 있다는 듀이의 생각에 기초하여 교사들의 사회적 관심사와 이해를 높이고자 하였다.

제 6 장

교사의 인문적 소양과 교육고전읽기

1. 들어가는 말
2. 교육고전 독서의 의의
3. 교육고전의 선정기준과 목록
4. 교육고전 독서의 방법
5. 맺는 말

CHAPTER 6

교사의 인문적 소양과 교육고전읽기

1 들어가는 말

교사교육의 일반적인 목적 중의 하나는 '훌륭한 교사'(good teacher)를 길러내는 것이다. 그렇다면 훌륭한 교사란 어떤 사람인가? 이러한 질문에 대해 한 마디로 답을 하긴 어렵다. 하지만 누구나 공감할 수 있는 사실 중의 하나는 단지 가르치는 내용과 방법에 정통했다고 하여 훌륭한 교사가 될 수 있는 것은 아니라는 점이다. 우리 주변에는 기발한 아이디어와 교수기법을 구사하여 주어진 교과내용을 효과적으로 전달하는 교사들이 얼마든지 있다. 하지만 우리는 그러한 능력을 발휘하는 교사에게 '수업명사', '수업달인', '유능한 교사'라는 칭호를 붙이는데 주저하지 않겠지만 그에게 '훌륭한 교사'라는 칭호를 붙이는 데에는 주저할 수밖에 없다. 그도 그럴 것이 교과내용은 잘 전달하지만 인간다움(humanity) 즉, 덕(virtue), 사랑(love), 신뢰(confidence), 배려(caring), 인내(perseverance), 겸손(modesty), 용기(courage), 관용(tolerance), 인간존중(respect for person) 등이 결여된 교사들을 얼마든지 찾아볼 수 있기 때문이다. 물론 이러한 자질들이 구체적으로 무엇인지는 보다 심도 있게 논의해 봐야 할 일이지만 이것들은 대체로 교사들이 갖추어야 할 인문적 소양(人文的 素養) 혹은 인문적 자질(人文的 資質)이라고 말할 수 있을 것이다.

최근까지 교사에게 전문적 자질과 더불어 인문적 자질이 중요하다는 요구가 당위적(當爲的)으로 요청되고 있음에도 불구하고 교사의 인문적 자질을 기르기 위한 노력은 언제나 뒷전으로 밀려나 있다. 게다가 인문적 자질을 기르는 것을 주된 목적으로 삼는 교양교육마저 실용교과 교육에 밀려 제 기능을 다하지 못하고 있는 형편이다. 심지어 사범대학이나 교육대학에서 교사로서의 인문적 소양을 기르기 위한 교양교과목들이 점차 줄어들고 있으며, 과거에 필수과목이었던 교양과목들이 이제는 선택과목으로 밀려나고 있는 실정이다.

이러한 까닭에 장차 교단에 설 예비교사들은 인문적 소양을 기르는 것을 목적으로 하는 교양교과들을 최소한으로 수강하고 있으며, 그들이 교육현장에 나가 교육활동을 수행할 때에 교육적 판단과 실천을 가능하게 해 주는 지혜의 원천으로서 교육고전들(educational classics)[1]을 전혀 접해 보지 않은 채 졸업하고

1) 여기서 말하는 '교육고전'은 '교육학고전'(pedagogical classics)을 포함할 뿐만 아니라 교육현상을 폭넓게 이해하고 교육활동을 해 가는데 도움을 주는 이론적 혹은 실천적 지혜를 담고 있는 책을 가리킨다. 따라서 교육고전은 사범대학 교육학과 학생들만이 읽고 음미해야 할 교육학 고전이 아니라 사범대학 안에서 장차 교사가 되기 위해 훈련을 받고 있는 모든 예비교사들이 읽고 음미해야할 교육관련 고전 모두를 가리킨다. 이러한 고전들은 교육이 궁극적으로 실현하고자 하는 것이 무엇인지를 비롯해 무엇을 어떻게 가르쳐야 할 것인지를 보여준다는 점에서 특정 교과와 관계없이 모든 예비교사들이 읽어봐야 할 가치가 있는 서책들이다.

있다. 이렇다보니 공자의 『논어』를 비롯한 동양의 교육고전들, 플라톤의 『국가』를 비롯한 서양의 교육고전들, 그리고 이황의 『성학십도』를 비롯한 한국의 교육고전들을 읽고 음미해본 후 졸업하는 예비교사를 찾아보기 힘든 세상이 되었다.

인문적 소양이나 자질이 부족한 교사들이 교단에 서는 것은 교사 개인에게나 그가 속한 교육공동체 전체에 모두 불행한 일이 아닐 수 없다. 물론 교사의 인문적 소양이 반드시 교육고전을 통해서만 얻어지는 것은 아닐 것이다. 하지만 교육고전을 접하지 않고 인문적 소양을 효과적으로 기를 수 있는 다른 방법을 찾기란 결코 쉽지 않다. 인문적 소양을 다른 방법으로 기를 수 있다면 구태여 교육고전 독서에 관해 논할 이유가 없을 것이다. 이것이 바로 교육고전을 탐독해야 할 까닭이며 이유라고 할 수 있을 것이다. 그럼에도 불구하고 교사교육 분야에서 교육고전 독서가 소홀하게 다루어져 왔으며, 이렇다보니 교육고전을 읽히려는 교육고전 독서 프로그램들이 제대로 계발되지 않고 있는 실정이며, 설령 그러한 프로그램이 마련된다고 하더라도 이런 저런 현실 논리에 밀려 이를 제대로 추진하지 못하고 있는 실정이다.

따라서 이 글은 교사교육에 있어서 교육고전 독서가 가지는 가치와 중요성을 밝히고 이를 정당화하는데 관심을 가지고 있다. 기존의 몇 몇 연구자들(안인희, 1973, 1996, 2002; 정세화, 1980; 정순목, 1986; 한기언, 1989; 1996)이 교육고전의 개념과 기준들을 밝히고 교육고전을 분류하는데 관심을 기울인데 비하여 필자는 다음과 같은 질문들에 대해 보다 적극적으로 답하려고 한다. (i) 예비교사들이 교육고전을 읽어야 할 까닭은 무엇인가? (ii) 예비교사들이 읽어야 할 교육고전은 무엇인가? (iii) 예비교사들은 교육고전을 어떻게 읽어야 하는가?

2 교육고전 독서의 의의

장차 교사가 되려는 사람들, 즉 예비교사들은 왜 교육고전을 읽어야 하는가? 아주 소박하게 말하면, 그것은 '훌륭한 교사'가 되기 위함이며, '교사다운 교사'가 되기 위함이다. 이러한 점에서 교육고전 읽기란 훌륭한 교사가 되기 위한 조건이거나 그 과정이라고 할 수 있다. 여기서 예비교사들이 교육고전을 읽어야 할 이유 몇 가지를 소개해 보고자 한다.

1) 교육적 지혜의 발견과 활용

예비교사는 장차 직면하게 될 교육문제를 발견하고 이를 효과적으로 해결하기 하기 위해 교육고전을 탐독할 필요가 있다. 왜냐하면 교육고전이란 교육문제를 이해하고 해결할 수 있는 교육적 지혜(educational wisdom)의 보고(寶庫)요, 교육적 진실(educational truth)의 보전(寶典)이기 때문이다. 주지하다시피 오늘날 교사는 학교현장에서 헤아리기 힘들 정도로 여러 가지 문제에 부딪치고 있다. 교과지도와 관련된 문제로부터 학생지도와 관련된 문제에 이르기까지 다차원적인 문제들이 그 앞에 놓여 있다. 경력이 풍부한 교사라면 이러한 문제를 효과적으로 해결할 수 있겠지만 이제 막 부임해 온 초임 교사는 문제상황(problematic situation)을 문제로 인식하지 못할 뿐만 아니라 그것을 해결하는 방법을 찾지 못해 당황해 하거나 당혹스러워 할 가능성이 높다. 이 때 교사의 심정이란 마치 칠흑같이 어두운 밤에 항로를 잃고 방황하고 있는 선장의 심정과 유사하다고 할 수 있을 것이다. 이러한 상황에서 선장에게 등대의 불빛은 구세주와 같은 것이다. 이와 마찬가지로 문제의 해답을 찾지 못하고 방황하고 있는 교사에게 교육고전은 문제해결의 중요한 실마리를 발견하게 해 준다. 숨겨진 실마리, 즉 지혜란 아무나 발견할 수 있는 것이 아니다. 지혜의 보고인 고전 안으로 들어가지 않고는 그것을 발견하기 어려우며 그것을 통해 깨달음을 얻을 수 없다. 이런 점에서 고전은 지혜의 세계로 들어가는 통로라고 할 수 있다. 시간상 교육고전이란 지나간 과거의 교육적 사건을 기록한 책이기는 하지만 그것이 주는 시사는 늘 현재적인 것이다. 따라서 교사가 교육고전의 세계로 입문(入門)해 들어가는 것은 현재의 교육문제를 해결하려는 그의 활동과 결코 무관한 것이라고 볼 수 없다.

2) 교육적 안목의 확충

예비교사는 장차 훌륭한 교사로서 교단에 서기 위해서는 교육활동과 교육현상을 폭 넓게 바라보고 이해할 수 있는 안목, 즉 지적 안목과 도덕적 안목을 가져야 한다. 교육고전은 바로 교사로서 안목을 넓히는데 커다란 도움을 준다. 대체로 안목(眼目)이란 인간, 사물, 세상을 바라보는 시야, 관점 등을 가리키는 말로서, '넓은 안목을 가졌다'라는 말은 인간, 사물, 세상을 편협하게 혹은 근시안적으로 바라보는 것이 아니라 보다 폭넓게 혹은 종합적으로 바라보는 능력을 갖추었다는 것을 의미한다. 어느 분야이건 안목이 넓은 사람을 필요로 하듯이, 교육계에서도 안목이 넓은 교육이론가, 교육실천가, 교육행정가가 필요하다. 그러나 아쉽게도 우리의 교실 현실은 그렇지 못하다. 안목이 넓지 못한 교육이론가들이 학계를 지배하고 있으며 시야가 좁은 교사와 교육행정가들이 학교사회를 지배하고 있다. 오늘날 대부분의 교사들은 자신이 가르치는 교과 이외의 영역에 대해서는 별로 관심이 없는 편이다. 자신의 교과지식을 전달하는 일에만 몰입하다보니 교육의 본래적 목적, 학교의 본질, 교사의 정체성에 대한 문제에 대해서는 근시안적이다. 이렇다보니 교사는 자신의 본래적 소임을 망각하고 대학진학 선수를 길러내는 일에만 전념할 수밖에 없다.

교사의 지적 혹은 도덕적 안목은 하루아침 사이에 길러질 수 있는 능력이나 자질이 아니다. 일반적으로 교사들은 교육실제(educational practice)와 경험을 통해 이러한 안목을 넓혀 갈 수 있다고 생각한다. 즉 학교현장에서 직접 가르쳐봄으로써 안목을 확장시킬 수 있다고 생각한다. 하지만 예비교사에게는 그러한 기회가 거의 주어져 있지 않으며 있다고 해도 아주 적다. 예비교사들이 교육을 보다 넓은 안목으로 바라보도록 하기 위해서는 그들을 교육고전의 세계로 입문(入門)시켜야 한다. 이미 교육문제에 대해 깊이 있는 통찰과 실험을 감행했던 위대한 교육사상가들과 교육실천가들의 정신세계로 들어가도록 안내해야 한다. 교육고전의 세계로 들어가지 않고는 교육에 대한 안목을 넓힐 길이 거의 없다. 이러한 의미에서 교육고전은 예비교사가 자신의 지적 안목을 넓히고 확충해 가기 위한 훌륭한 교재(textbook)로서의 의의를 가진다.

3) 좋은 수업과 지도의 조건

예비교사는 장차 좋은 수업(good instruction)을 하기 위하여, 그리고 효과적인 학생 상담 및 지도(counseling or guidance)를 해 가기 위해 교육고전을 탐독할 필요가 있다. 왜냐하면 교육고전은 좋은 수업과 효과적인 학생지도의 의미를 풍부하게 하고 심화하는데 큰 도움을 주기 때문이다.

일반적으로 수업이란 주어진 교재의 내용을 과학적으로 조직, 구성하여 이것을 학생에게 효과적으로 전달하는 과정 및 절차라고 할 수 있다. 그렇다면 수업을 '좋은 수업'으로 만드는 것은 무엇인가? 여러 가지 요인이 있을 수 있겠으나 가장 중요한 것은 바로 교사의 자질(資質)이라고 할 수 있다. 교사는 교수내용을 과학적으로 조직하고 구성하는 자질과 더불어 그것을 효과적으로 전달하는 방법적 자질을 가지고 있어야 하다. 하지만 이러한 자질이 반드시 좋은 수업을 보장해 주는 것은 아니다. 그에게 보다 더 필요한 것이 있다면 그것은 풍부한 인문적 소양과 더불어 교과내용의 폭을 확장하고 심원하게 할 수 있는 능력이다. 즉 학생들을 다른 차원의 세계로 이끌어 갈 수 있는 능력이다. 이러한 교사의 능력은 교육고전을 읽지 않고는 체득(體得)되기 어려운 것이다. 교육고전을 읽지 않고 교사가 어떻게 풍부한 사례를 들고, 적절한 예화를 들며, 비교하고, 설명할 수 있을 것인가? 이러한 맥락에서 교육고전과 좋은 수업은 무관한 것이 아니라 밀접한 관계를 가지며 오히려 전자는 후자의 중요한 조건이 된다고 봐야 한다.

교사는 효과적인 학생 상담 및 지도를 해 가기 위해서도 교육고전을 탐독할 필요가 있다. 교육고전의 저자들은 예외 없이 인간 심리에 대해 깊은 통찰을 보여주었으며, 이러한 통찰과 이해가 교육활동의 출발점이 되어야 한다는 점을 누누이 강조해왔다. 루소(J. J. Rousseau)의 『에밀』(Emile), 페스탈로치(Pestalozzi)의 『은자의 황혼』, 프로이트(S. Freud)의 『정신분석학 입문』 등을 읽어보지 않고 어떻게 학습자의 심리에 대한 깊은 이해력과 통찰력이 생겨날 수 있겠는가? 물론 이러한 고전들이 교직강좌나 전공강좌에서 간헐적으로 소개되고 있다. 하지만 모르는 해도 이러한 고전들의 내용이 피상적 혹은 부분적으로 다루어지거나 과제로 남겨지는 경우가 허다하다는 점을 고려해 볼 때 예비교사들이 이러한 고전의 세계에 제대로 입문되었다고 말하기 어렵다. 장차 교사가 되려는 사람들이 이러한 고전 읽기를 도외시하는 것은 곧 학습자의 심리세계를 이해하지 않고도 좋은 수업, 좋은 상담을 할 수 있다고 생각하는 것과 다를 바 없다.

4) 교육활동 반성의 기회

예비교사는 장차 자신의 교육활동을 끊임없이 반성(反省: reflection)할 수 있는 지침으로서 교육고전을 탐독할 필요가 있다.

여러 교사연구자들(김병찬, 2000; 서경혜, 2005; Schön, 1983; Zeichner and Liston, 2006)이 제언한 바 있듯이, 반성은 '훌륭한 교사'에게서 나타나는 두드러진 특징들 중의 하나이다. 일반적으로 훌륭한 교사는 자신의 교육활동이 종료됨과 동시에 자기반성 혹은 자기 성찰에 철저하다. 왜냐하면 교사의 자기반성은 차후에 진행될 교육활동을 위한 피드백(feed back)의 효과를 지니기 때문이다. 이 반성의 깊이와 폭이 넓을수록 그의 교수활동의 질이 향상될 수 있을 것이다.

문제는 반성이나 반추(反芻)의 기준(基準) 혹은 준거(準據)가 무엇이냐 하는 점이다. 의식 있는 교사라면 당장에 설정된 교육목표, 교육목적, 혹은 교육이념에 자신의 교육활동을 비추어볼 것이다. 하지만 보다 반성적인 교사는 교육원리 및 교육본질에 대해 심도 있게 사색한 위대한 교육사상가 및 교육실천가들에게 귀를 기울일 것이다. 그러나 교육고전의 세계로 들어가지 않고서는 그들의 목소리를 들을 길이 없다. 이러한 점에서 교육고전은 교육적 진리의 세계로 들어가기 위한 통로(通路)이며, 그를 위대한 교육자들과 연결해 주는 교량(橋梁)이며, 그의 교육활동을 반추해 보는 거울이며, 그의 그른 판단을 바로잡아 주는 지적 교정제(矯正劑)라고 할 수 있다. 거울에 비친 자신의 모습이 흉하면 옷맵시를 가다듬듯이, 자신의 가르침을 고전 안의 교육적 진실과 지혜에 비추어보았을 때 그 모습이 흉하고 추악하다면 자신의 마음과 태도를 즉각 바로 잡아야 할 것이다. 교육고전 안에 담긴 공자의 인(仁), 맹자의 의(義), 이황의 경(敬), 율곡의

성(誠), 소크라테스의 덕(德), 페스탈로치의 사랑의 가르침을 외면하고는 교사다운 교사로서 거듭나기 힘 든다.

3 교육고전의 선정기준과 목록

이 장에서는 교육고전이란 무엇이며, 그것을 선정하는 기준은 무엇인지를 간단히 살펴본 후 장차 교단에 설 교사들이 읽어야 할 교육고전에는 어떠한 것들이 있는지를 고찰하고자 한다.

1) 교육고전의 의미와 선정기준

교육고전이란 아주 소박하게 말하면 교육적 지혜와 교육적 진실을 담고 있는 책이라고 할 수 있다. 이러한 책들은 '교육에 관한 것'일 수도 있고, '교육과 관련된 것'일 수도 있다. 전자는 좁은 의미의 교육고전을 의미하는 것으로 교육학 고전을 가리키는 것이며, 후자는 넓은 의미의 교육고전으로 철학, 문학, 종교 서적을 위시하여 사서(史書)나 경서(經書)까지 포함하는 책들을 말한다(정세화, 1980: 7). 이러한 관점에서 보면 '교육학 고전'과 '교육관련 고전'은 구별되어야 할 것처럼 보인다. 보다 좁은 의미에서 말하자면 교육고전이란 교육학 고전으로서, "교육에 관한 선인의 예지가 담긴 서책으로서 역사의 여과과정을 통하여 그 진가가 증명된 것"을 가리킨다(정세화, 1980: 7).

저술된 교육 관련 서적이나 교육학 서적이 교육고전의 반열에 들기 위해서는 어떤 조건을 갖춰야 하는가? 한기언(1996: 122-124)은 교육고전 선정의 기준으로 다음 6가지를 든 바 있다.

(1) 수월성(秀越性): 고전을 영어로 'classic'이라고 하거니와 이 클래식이란 로마시대에 있어서의 제 1급에 속한 신분을 의미하였다는 사실을 상기해볼 필요가 있다. 이러한 의미에서 교육고전이란 교육에 관한 제 1급의 서적으로서 통속적이고 저속한 책들과는 확연히 구별된다.

(2) 진리성(眞理性): 책의 내용이 초시대적 진리성을 지니고 있을수록 고전으로서의 특성을 지니고 있다고 할 수 있다. 이를 달리 말하면, 시대가 바뀌어도 여전히 새로운 맛이 나고 신선미가 있다는 것이다. 인(仁)이니 자비(慈悲)니, 사랑, 도(道)를 설파한 고전들이 오늘날에도 여전히 교육고전으로서 널리 읽히는 까닭이 바로 여기에 있다고 하겠다.

(3) 전거성(典據性): 이것은 사상적 영원성 내지 근원성을 뜻하는 것으로서, 후세에 이와 유사한 주의 주장이 나오게 되었을 때, 그 근원 혹은 기원을 이루는 것으로서 이 전거성이 강할수록 고전으로서의 가치가 높다고 할 수 있다. 공자의 언행록인 『논어』를 비롯한 이른바 사서오경(四書五經), 불타의 초기 사상을 간직한 『숫타니파타』(Sutanipata) 또는 플라톤의 『국가』 등의 교육고전이 보이는 전거성은 이를 입증하고 있다.

(4) 획기성(劃期性): 교육고전 중에는 그 저술 연대가 반드시 고대나 중세가 아닌데도 대단히 중시되는 것이 있다. 그 까닭은 다른 특성과 아울러 특히 전 시대와 후 시대를 확연하게 구획을 짓는 특성을 지니고 있기 때문이다. 그러기에 그 내용은 그 이전까지에 주장된 것과는 전혀 다른 면에서 새로운 주의, 주장을 했음을 알게 한다. 이를테면, 루소의 『에밀』이라든가, 헤르바르트의 『일반교육학』에는 이러한 획기성이 담겨 있다고 할 수 있다.

(5) 모범성(模範性): 저자의 고매한 인품, 인격이 지닌 모범성을 강조하려는 것인데, 이 기준의 의미는 후세 사람들에게 끼친 영향이 크고 넓다는 특성을 가리켜 하는 말이다. 이러한 점에서 소수의 사람들이나 집단에게만 영향을 주는 책은 고전의 범주에 넣기 곤란하다.

(6) 현대성(現代性): 이것은 초시대적 진리성에서 오는 당연한 결과이기도 한데, 이 현대성이 강할수록 교육고전으로서의 의의가 크다고 하겠다. 고전이 수 천 년, 수 백 년이라는 시간적 거리를 뛰어넘어 내용이 시사하는 바가 늘 새롭게 느껴지는 것, 그것이 곧 현대성인 것이다. 현대적 시사성의 강함 여하가 교육고전 선정 기준의 하나가 되는 것이다.

이상과 같은 기준들은 교육고전을 선정하기 위한 절대적인 기준이라고는 할 수 없겠으나 교육관련 저작들 중에서 '고전'이라고 할 수 있는 책들을 골라내기 위한 잣대로서 어느 정도 타당성을 가지고 있다고 할 수 있을 것이다.[2)] 한기언은 이상과 같은

6가지 선정 기준들에 비추어 기존의 교육고전 목록들(정세화, 1980; 교육연구실 편, 1983; 정순목, 1986; 김효선 외 편, 1988)을 검토한 후 교육고전을 크게 세 가지 범주, 즉 한국의 교육고전 28책, 동양의 교육고전 28책, 서양의 교육고전 32책으로 대별하여 소개하였다(한기언, 1996: 130-132).

2) 교육고전의 분류와 목록

교육고전을 선정하는 일도 중요하지만 교육고전을 어떻게 분류하느냐 하는 것도 중요하다. 왜냐하면 그것을 시대별로 분류하느냐, 저술을 한 인물별로 분류하느냐, 그리고 내용 자체의 특성에 따라 분류하느냐에 따라서 목록의 내용이 달라질 수 있기 때문이다. 대체로 교육고전에 관심을 가졌던 연구자들, 예컨대 안인희(1973; 1996; 2002), 한기언(1979; 1989, 1996), 정순목(1986), 김효선 등(1988) 같은 연구자들은 지역과 시대와 인물을 고려하여 분류하였다. 이에 반해 정세화(1980, 16-17)는 교육고전을 내용 자체에 따라 분류하는 것이 더 효과적이라고 보았다. 그에 의하면, 교육고전이란 (1) 교육사료 및 교육 관계 고전, (2)

---

2) 서양의 고전, 특히 '위대한 저서들'(The Great Books)을 선정하고 편집한 허친스(R. M. Hutchins)와 애들러(M. J. Adler)의 경우에도 이들은 각각 다른 선정기준을 제시하고 있다. 이러한 의미에서 고전의 선정 기준은 절대적이거나 보편적인 것이 아니라 상대적이고 임의적일 수밖에 없다. 허친스가 제시한 선정기준이란 (i) 구조와 구성의 탁월성, (ii) 미적 차원에서의 이해 용이성, (iii) 더욱 심오한 익기와 분석에 따르는 이해력, (iv) 의미와 진리의 심오한 의미에로의 안내 등이며(Hutchins, 1952: 78), 애들러가 제시한 기준들이란 (i) 항구성, (ii) 일반성, (iii) 현대성, (iv) 용이성, (iv) 계몽성, (v) 미해결의 인생문제를 다룸 등이다(Adler, 1966: 328-335).

교육 내용으로서의 교육고전, (3) 교육학 고전으로 분류될 수 있는데, 넓은 의미에서 보면 (1), (2), (3) 모두가 교육고전의 범주 안에 들어갈 수 있을 것이다. 물론 이들의 교육고전 분류의 기준이 다소 임의적이고 주관적이기는 하지만 이들의 작업은 교육고전에 대한 관심을 불러일으키고 교육고전의 가치를 진작시키는데 큰 기여를 했다고 할 수 있다. 그러나 이들이 제시한 교육고전 목록들은 예비교사들이 모두 읽고 소화내기에는 힘든 것들이다. 따라서 연구자는 이들이 제시한 목록들을 참고로 하되 출판연대를 고려하여 장차 교단에 설 예비교사들이 읽어야 할 교육고전들을 다음 3영역 즉 한국의 교육고전, 동양의 교육고전, 서양의 교육고전으로 구분하여 제시해 보고자 한다.

(1) 한국의 교육고전

원효의 『발심수행장』(發心修行章), 원효의 『대승기신론소』(大乘起信論疏), 지눌의 『수심결』(修心訣), 설총의 『화왕계』(花王戒), 권근의 『입학도설』(入學圖說), 박세무의 『동몽선습』(童蒙先習), 소현왕후의 『내훈』(內訓), 일연의 『삼국유사』(三國遺事), 이황의 『성학십도』(聖學十圖), 『언행록』(言行錄), 조식의 『남명집』(南冥集), 이이의 『격몽요결』(擊蒙要訣), 『학교모범』(學校模範), 유형원의 『학교사목』(學校事目), 박지원의 『열하일기』(熱河日記), 정약용의 『목민심서』(牧民心書), 『아학편』(兒學編), 이덕무의 『사소절』(士小節), 최제우의 『동경대전』(東經大典), 유길준의 『서유견문』(西遊見聞), 안창호의 『도산 안창호 웅변전집』, 박은식의 『학규신론』(學規新論), 남궁억의 『가정교육』, 주요섭의 『조선교육의 결함』, 한용운의 『조선본위교육필요』(朝鮮本位教育必要), 정범모의 『교육과 교육학』(26편)

(2) 동양의 교육고전

공자의 『논어』(論語), 노자의『도덕경』(道德經), 맹자의 『맹자』(孟子), 순자의『순자』(荀子), 증자의 『효경』(孝經), 장자의 『장자』(莊子), 묵자의 『묵자』(墨子),한비자의 『한비자』(韓非子), 주자의 『대학』(大學), 『소학』(小學), 『중용』(中庸), 석가의 『원시불교경전』, (原始佛教經典), 현장의 『반야심경』(般若心經), 마명의 『대승기신론』(大乘起信論), 왕양명의 『전습록』(傳習錄), 왕봉개의 『중국교육사』(中國教育史), 진계천의 『근대중국교육사』(近代中國教育史), 손문의 『삼민주의』(三民主義), 吉田松陰의 『사규칠칙』(士規七則), 具原益軒의 『화속동자훈』(和俗童子訓), 福澤諭吉의 『학문을 권함』, 小原國芳의 『전인교육론』(全人教育論), 高山岩男의 『교육철학』(教育哲學)(23편)

(3) 서양의 교육고전

플라톤의 『변명』, 『국가론』, 아리스토텔레스의 『니코마코스 윤리학』, 『정치학』, 토마스 아퀴나스의 『교사론』, 루터의 『기독교계의 개선에 관하여 독일 기독교귀족에게 고함』, 코메니우스의 『대교수학』, 로크의 『교육에 관한 고찰』, 루소의 『에밀』, 콩도르세의 『공교육의 본질과 목적』, 칸트의 『교육학』, 페스탈로치의 『은자의 황혼』, 피히테의 『독일국민에게 고함』, 헤르바르트의 『교육목적으로부터 연역된 일반교육학』, 프뢰벨의 『인간

교육』, 스펜서의 『교육론』, 나토르프의 『사회적 교육학』, 게르센슈타이너의 『국민교육개념과 국민교육사상』, 몬테소리의 『몬테소리법』, 듀르껭의 『교육과 사회학』, 듀이의 『민주주의와 교육』, 슈프랑거의 『현대의 민중학교』, 러셀의 『교육의 목적』, 부버의 『아동의 창의력 개발』, 『인간과 인간 사이』, 마리땡의 『교육의 목적』, 『기로에 선 교육』, 니일의『섬머힐』, 피아제의 『아동에 있어서 지능의 기원』, 『교육과학과 아동심리학』, 올슨의 『학교와 지역사회』, 브루너의 『교육의 과정』, 로저스의 『카운슬링의 이론과 실제』, 스키너의 『월든II』, 포오르 외, 『인간화 교육』, 볼노브의 『인간학적으로 본 교육학』, 피터스의 『윤리학과 교육』, 게젤스와 구바의 『사회적 행동과 행정과정』, 일리치의 『탈학교사회』(29편)

이상과 같은 구분은 어디까지나 주관적이고 임의적인 구분에 지나지 않는다. 하지만 이러한 구분은 교육고전을 처음 접해보는 예비교사들에게 나름대로 안내서로서의 역할을 할 수 있을 것이다. 가능하면 예비교사들은 책이 출판된 순서에 따라 고전을 읽어나가는 것이 좋을 것이다. 왜냐하면 후대에 저술된 교육고전은 앞 세대 저술의 영향을 받아 쓰였기 때문이다. 그리고 어느 한 영역을 집중해서 읽기보다는 세 영역에 걸쳐 고전을 고르게 읽는 것이 편독의 위험에서 벗어나게 해 줄 것이다.

4 교육고전 독서의 방법

예비교사를 위한 교육고전을 선정하는 일도 중요하지만 이것을 효과적으로 읽어나가도록 안내하는 일도 중요하다. '구슬이서 말이라도 꿰어야 보배다'라는 속담이 있듯이, 아무리 좋은 교육고전들이 선정되었다고 할지라도 이것을 효과적으로 읽어나갈 수 있는 방법과 절차가 마련되지 않는다면 실효를 거두기 힘들 것이다. 그렇다면 교육고전을 어떤 방법으로 읽는 것이 효과적인가? 일찍이 권위있는 독서연구자들이 효과적인 독서방법을 제시한 바 있다. 예컨대, 로빈슨(F. P. Robinson)은 SQ3R[3)]의 독서법을 제시하였고(김영채 역, 2004), 애들러와 도랜(M. J. Adler and C. V. Doren)은 '신토피칼 독서법'(syntopical reading)[4)]을 제시한 바 있다(Adler and Doren, 1972). 일반적으로 전자는 한 권의 책을 읽거나 정보를 전달하는 설명문 위주의 도서를 읽을 때는 도움이 되며, 후자는 두 권의 책을 동시에 읽거나 명저 및 고전을 주제별로 읽을 때 도움이 된다. 이 장에서는 권위있는 독서 연구자들이 제시한 독서방법을 참고하여 이미 앞

3) SQ3R은 미국의 교육심리학자인 로빈슨이 1941년 저술한 *Effective Study*에서 제시한 독서방법으로 개관하기(survey), 질문하기(question), 자세히 읽기(read), 암기하기(recite), 재검토하기(review) 등 다섯 단계로 이루어져 있다(김영채 역, 2002).

4) 신토피칼 독서법은 1972년 애들러와 도랜(M. J. Adler and C. V. Doren)이 자신들의 저서인 *How to Read a Book*에서 독서의 수준을 4단계, 즉 초급 독서(elementary reading), 점검 독서(inspectional reading), 분석독서(analytical reading), 신토피칼 독서(syntopical reading)로 구분한 것에서 유래한다. 이 중에서 신토피칼 독서법이 가장 수준 높은 독서 단계로서 흔히 '종합적 독서' 혹은 '통합적 독서'로 번역된다.

장에서 소개한 교육고전들을 어떻게 읽어나가는 것이 효과적인지를 소개해 보고자 한다.

1) 교육고전 독서의 규칙

사범대학이나 교육대학의 학생들이 교육고전을 읽을 수 있는 시간은 제한되어 있다. 현실적으로 학생들은 임용고사로 인해 고전을 읽을 수 있는 시간이 적다. 자신의 전공공부에 매달려야 하고 또 임용고사를 준비해야 하기 때문에 그들에게 고전을 읽도록 권고하는 일은 좀처럼 쉬운 일이 아니다. 이러한 현실적 어려움을 감안해 볼 때 선정된 교육고전을 무계획, 무원칙으로 읽어나가도록 방치하는 것은 바람직하지 않다. 예비교사들이 교육고전을 성공적으로 읽어나가도록 하기 위해서는 다음과 같은 몇 가지 태도 및 일반적인 규칙들(general rules)을 지키도록 지도하는 것이 좋을 것이다.

(1) 뚜렷한 독서목표 세우기. 왜 교육고전을 읽어야 하는지에 대한 뚜렷한 목표의식을 가져야 한다. 예비교사가 교육고전을 읽는 것은 단지 고전 안에 담긴 교육적 지혜를 발견하거나 그것을 이해하려고 하기보다는 장차 교단에서 직면하게 될 교육문제를 이해하고 해결하기 위한 실마리를 찾으려는 데 있음을 분명히 해야 한다. 독서의 목표를 세우는 일은 이후 독서의 방향에 영향을 주고, 결국 교사의 행동양식 및 교사의 품격, 자질에 영향을 끼친다는 점에서 매우 중요한 작업이다.

(2) 철저한 독서계획 세우기. 읽어야 할 교육고전의 내용이 쉽지 않을 뿐만 아니라 읽어야 할 시간도 제한적이라는 점에서 체계적인 독서계획을 수립하지 않고는 본래의 목표를 달성할 수 없다. 하지만 사람마다 독서의 수준이 다양하니 만큼 이미 주어진 교육고전을 천편일률적으로 읽어갈 필요는 없다. 자신의 독서 능력과 수준에 맞게 읽어야 할 책, 읽는 순서, 읽어야 할 분량, 읽는 속도 등을 정할 필요가 있다. 독서를 효과적으로 해 가기 위해서는 독자가 우선 자신의 독서 수준을 이해하는 것이 중요하다. 에들러와 도랜이 제시한 독서 4수준 중 어느 수준에 속하는지를 정확하게 파악해야 할 필요가 있다. 예컨대, 초급 독서(elementary reading) 수준, 점검 독서(inspectional reading) 수준, 분석 독서(analytical reading) 수준, 신토피칼 독서(syntopical reading) 수쥬 중 어느 수준에 속하는지를 파악해 두어야 한다(Adler and Doren, 1972, 16-20).

(3) 고전의 내용과 성격에 따른 독서. 앞에 소개한 교육고전들은 한국의 교육고전, 동양의 교육고전, 서양의 교육고전으로 대별되지만, 좀 더 고전의 내용을 들여다보면 크게 인문학 관련 교육고전과 사회과학 관련 교육고전으로 구별되며, 이것들은 다시 철학사상서, 문학서, 종교서를 위시하여 사서(史書)나 경서(經書)에 이르기까지 다양하다. 따라서 성격이 다른 책들을 동일한 방법으로 읽어나가는 것은 효과적이라고 할 수 없다. 즉 철학서를 문학서 읽듯이 해서는 안 되며, 경서를 역사서 읽듯이 해서도 안 된다. 또 교육학

에 관련된 고전들 중에는 사회과학에 속하는 것들이 있는데, 이것을 인문학 저서 읽듯이 해서도 곤란하다. 예컨대, 뒤르껭(E. Durkheim)의 『교육과 사회학』을 플라톤의 『변명』 읽듯이 읽어서는 안 될 것이다.

(4) 저술 순서에 따른 독서. 앞의 저술가가 뒤의 저술가에게 영향을 미친다는 점을 고려할 때 책을 역독(逆讀)하거나 선독(選讀)하기보다는 순독(順讀)해 가는 것이 합리적이고 효과적이다. 특히 교육사나 교육사상에 관련된 교육고전을 읽을 경우 이러한 규칙을 지키는 것이 바람직하다. 이황의 『성학십도』를 읽고 나서 이이의 『격몽요결』이나 『학교모범』, 유형원의 『학교사목』을 읽는 것이 좋은 것이며, 공자의 『논어』를 읽고 나서 맹자의 『맹자』, 주자의 『대학』 등을 읽는 것이 좋을 것이다. 이와 마찬가지로 플라톤의 『국가』를 읽고 나서 아리스토텔레스의 『니코마코스윤리학』을 읽거나 루소의 『에밀』을 읽는 것이 바른 순서일 것이다. 이렇게 읽어감으로써 독자는 사상가들 간의 공통점과 차이점을 발견하고, 사상의 흐름과 전개과정을 쉽게 이해할 수 있을 것이다.

(5) 균형 잡힌 독서. 편식(偏食)이 신체 건강을 해치듯이, 편독(偏讀)은 사람의 정신 건강을 해칠 수 있다. 왜냐하면 어느 한쪽으로 편향된 독서는 그릇된 사고방식, 편견, 선입견을 낳는 원천이기 때문이다. 교육고전을 읽는 목적 중의 하나는 지적 혹은 도덕적 안목을 넓히고 심원하게 하는 일이므로 가능하면 인문분야의 고전과 사회과학 분야의 고전을

골고루 읽는 것이 좋으며 한국의 교육고전과 동서양의 교육고전을 두루두루 읽는 것이 좋다.

(6) 동일한 저작을 중독(重讀)하기. 교육고전들이란 한번 만에 읽어낼 수 없는 책들이며 또 그렇게 해서도 안 되는 책이다. 따라서 일독(一讀)만 가지고는 저자의 의도나 논점을 정확히 찾아낼 수 없거니와 그 책이 가진 다양한 가치를 발견하기 어렵다. 한번은 속독(速讀)을, 다른 한 번은 숙독(熟讀), 정독(精讀)을 하는 것이 좋다. 그래야만 교육고전이 가지는 참된 의미를 재발견해 갈 수 있다.

(7) 연독(連讀) 습관 가지기. 교육고전을 읽을 때 지나치게 서두는 것은 좋지 않다. 고전이란 하루아침 사이에 쓰인 책이 아니라 저자가 오랜 시간의 사색과 경험을 통해 기록한 책들이다. 따라서 빠르게 많이 읽겠다는 생각이 앞서면 저자의 진의를 오해하거나 곡해할 수 있다. 가능하면 매일 같이 조금씩 읽어나가는 습관을 들여야 한다. 많은 독서연구가들이 지적하듯이, 하루에 10페이지, 1주일에 50~60페이지를 넘지 않도록 읽어나가는 것이 좋다. 이런 방식으로 고전을 읽어나간다면 연간 2,700~2,900페이지 정도를 읽을 수 있을 것이다.

(8) 여백에 메모하기. 효과적인 독서를 하기 위해서는 책의 여백을 십분 활용해야 한다. 저자의 교육에 대한 창조적인 아이디어, 탁월한 이해방식, 독특한 해석 및 의미부여 등 특별히 중요하다고 여겨지는 내용을 메모해 두면 저자의 의도

를 읽어내는데 도움이 될 뿐만 아니라 책 전체의 내용을 구조화하는데도 도움이 된다.

(9) 독서노트하기. 대부분의 독서연구가들이 지적한 바와 같이 효과적인 독서는 반드시 '기록하는 일'(noting)과 병행되어야 한다. 일찍이 허친스와 애들러에 의해 설립된 '위대한 저서 재단'(The Great Books Foundation)은 기록을 잘 하기 위한 제안으로 ① 이해하지 못하는 것을 기록하기, ② 특별히 중요하다고 생각하는 것만을 기록하기, ③ 강력한 느낌을 받은 것을 기록하기 등을 제시한 바 있다(1987: 6). 이러한 메모들은 독서토론을 해 갈 때 유용하게 쓰일 수 있다.

(10) 그룹독서하기. 통속적인 소설류나 잡지는 개인독서로도 충분하다. 하지만 교육고전의 경우는 이와는 다르다. 교육고전이 가지는 본래적인 가치들, 수월성, 진리성, 전거성, 획기성, 모범성 등을 개인적으로 찾아내는 일이란 쉬운 일이 아니다. 따라서 소규모의 독서그룹을 조직하여 동일한 교육고전을 동시에 읽어나가면서 토론을 하는 것이 훨씬 효과적이다. 독서그룹의 크기는 15-20명 정도가 적당하다.

(11) 독후감 작성하기. 독후감은 교육고전의 내용 자체에 대한 비판적 글쓰기로 연결될 수도 있고, 예비교사로서 자신의 삶을 교육고전이 주는 메시지에 비추어 비판적으로 음미해 보는 방향으로 연결될 수 있다. 다섯 수레의 글을 읽었다고 할지라도 그것이 자신의 삶을 발전적으로 반추하는

데 아무런 영향을 주지 않는다면 그 고전들이란 죽은 지식을 담은 창고 이상의 것일 수 없다. 이렇게 의식적으로 쓰인 교육고전 독후감들은 후일 교단에 선 자신의 모습을 반추하는 훌륭한 자료로서 활용될 수 있을 것이다.

2) 교육고전 독서와 토론

예비교사들이 교육고전 독서를 보다 효과적으로 해 가기 위해서는 토론(討論: discussion)을 병행하는 것이 좋다. 이미 많은 독서연구가들이 밝히고 있듯이, 토론은 독서의 시너지효과를 높여주는 활동이다. 독서하는 사람은 토론의 과정에 참여함으로써 독해력, 사고력, 표현력, 그리고 청취력을 배가시켜 갈 수 있다. 독서가 개인적인 차원에 머물게 되면 고전에 대한 이해의 폭이 좁아질 뿐만 아니라 저자의 의도를 주관적으로 해석할 가능성이 높다. 게다가 내용이 독창적이고 심오한 교육고전일수록 개인적인 독서방법에만 의존하는 것은 바람직하지 않으며 때론 위험하기도 하다. 따라서 공동으로 고전을 읽고 토론하는 것이 좋을 것이다.

물론 예비교사들이 독서토론을 효과적으로 해 가기 위해서는 모종의 규칙들(rules)을 지켜야 할 필요가 있다. 허친스(R. M. Hutchins)와 애들러(M. J. Adler)에 의해 마련된 '위대한 저서 읽기 프로그램'(Great Books Program)이 제시한 다음 규칙들을 참고해 보는 것이 좋을 것이다. 즉 (1) 토론집단은 회합을 위해 주어진 책이나 이전의 회합에서 토론되었던 책들만을 토론한다. (2) 책을 읽지 않은 사람은 토론에 참여할 수 없다. (3) 토론 참여자는 자기의 견해에 권위를 부여하기 위해 다른 권위자를 인용해서는 안 된다. (4) 공동지도자들은 질문을 할 수만 있지 그들 자신의 견해를 말하거나 논평을 할 수 없다. 참여자들이 사실이나 판단의 오류를 범하고 있을 경우에도 마찬가지이다. (5) 토론 그룹마다 두 명의 공동지도자가 있어야 한다(Mordand and Goldenstein, 1985를 인용한 신득렬, 2002: 221-222). 이 프로그램은 위의 규칙들 중 (1)과 (2)를 더욱 세분화하여 다음과 같이 제시하였다.

> (a) 미리 읽으시오. (b) 주의 깊게 읽으시오. (c) 반성할 시간을 가지시오. (d) 읽은 것만 토론하시오. (e) 당신의 진술을 뒷받침하시오. (f) 토론이 주제에서 빗나가지 않도록 하시오. (g) 책 전체를 토론하려고 하지 마시오. (h) 이해하려고 노력하시오. (i) 자유롭게 말하시오. (j) 주의 깊게 들으시오. (k) 예의를 지키시오(*Ibid.*).

이상과 같은 규칙들이 반드시 절대적이고 보편적인 것은 아니라고 하더라도 예비교사들은 이러한 독서토론에 참여함으로써 유익한 것들을 다수 획득할 수 있을 것이다. 즉, 예비교사들은 독서토론을 통해 교육에 관한 정확한 지식과 정보를 습득할 수 있을 뿐만 아니라 좋은 책을 선택하고 선정할 수 능력을 습득할 수 있으며, 개인적으로 독서할 때 생겨날 수 있는 독단, 편협, 단견, 선입견, 아집에서 벗어날 수 있으며, 궁극적으로는 교사로서 갖추어야 할 인문적 소양, 합리적인 태도, 그리고 민주적인 절차를 습득할 수 있다. 이러한 관점에서 볼 때 독서토론은 훌륭한 교사의 자질을 기르기 위한 과정이거나 절차라고 할 수 있다.

5 맺는 말

앞에서 지적한 바 있듯이, 몇 몇 연구자들이 교육고전을 선정, 분류, 목록화하는 일에 기여해 온 것은 사실이나 아직까지 교육고전 선정의 범위 및 기준, 분류의 방법 및 절차에 대한 객관적인 기준들이 마련되지 않고 있는 실정이다. 교육학계에서는 말할 것도 없고 교육고전 연구자들 사이에서도 합의된 기준들을 마련하지 못하고 있다. 게다가 예비교사를 위한 교육고전 선정의 범위 및 기준, 분류의 방법 및 절차, 그리고 이를 효과적으로 읽어나가도록 하기 위한 '교육고전독서 프로그램'(reading program for educational classics)이 개발되지 않고 있다. 이러한 현상은 교육고전에 대한 관심과 체계적인 연구가 부실하기 때문에 생겨난 결과라고 봐야 할 것이다. 예비교사를 위한 교육고전 독서를 활성화하기 위해 고려해야 할 사항 몇 가지를 제언해 보고자 한다.

첫째, 교육고전 독서의 가치를 진작시키고 그것을 정당화하기 위한 학문적 논의가 보다 활발해져야 한다. 국내의 몇 몇 연구자들은 대체로 교육고전의 가치 및 의의, 교육고전의 선정기준과 선별방법 등을 제시하는데 관심을 기울였다. 그러나 왜 교육고전을 읽어야 하는지, 특히 장차 교사가 될 사람들이 왜 교육고전을 읽어야 하는지에 대한 정당화 논의(justification discussion)를 전개하는 데는 비교적 소홀한 편이다. 이러한 논의가 지속적으로 이루어지지 않고는 오늘날 교사교육 기관에 널리 퍼져있는 교육고전에 대한 무관심, 오해, 편견을 깨트리기 어려울 것이며,

결국 교육고전 독서가 예비교사의 자질을 향상시키기 위한 중요한 교육과정이나 절차로서 자리매김 해가기 어려울 것이다.

둘째, 예비교사들이 읽어야 할 교육고전의 발굴, 선정 및 분류, 목록화 작업은 개별적으로 이루어질 것이 아니라 공동으로 이루어져야 한다. 이러한 작업은 개인적 차원의 노력을 넘어서는 것으로서 교사 교육기관 전체가 관심을 가져야 할 공적 사업이 되어야 한다. 따라서 교육고전에 대한 공동의 연구(common inquiry), 즉 공동의 발굴, 공동의 선정, 공동의 목록화가 필요하다. 이를 위해서는 교육고전을 전문적으로 연구하는 기구, 학회, 기관 등이 설립되어야 하고 이들 기관들 간의 긴밀한 협력과 협조가 이루어져야 한다. 그러나 아쉽게도 우리 한국에서는 아직까지 미국의 '위대한 저서 재단'(The Great Books Foundation)과 같은 전문적인 고전연구기관이 설립, 운영되지 않고 있다.

셋째, 예비교사들이 교육고전을 효과적으로 읽어나가도록 하기 위해서는 전문적인 교육고전 안내서들을 출간해 내야 한다. 물론 이러한 시도가 전혀 없었던 것은 아니다. 일찍이 이화여자대학교의 교육고전문헌연구회(1975), 정신문화연구원의 교육연구실(1980, 1983), 연세대학교 교육철학연구회(1996~) 등에서 교육고전 안내서들을 발간해 내기는 했으나 여전히 그 선정범위가 좁고 분야가 어느 한쪽으로 편중되어 있다는 생각이 든다. 예비교사들이 학창시절 제한된 시·공간 속에서 교육고전을 접해야 한다는 현실을 감안해 볼 때 이들을 고전의 세계로 적절히 안내할 수 있는 교육고전 독서 지침서 및 안내서들이 보다 많이 출간되어야 할 것으로 보인다.

참고문헌

교육고전문헌연구회 편(1975). 20세기 교육고전의 이해. 서울: 이화여자대학교 출판부.

교육연구실 편(1980). 한국 교육고전의 발견과 이해. 성남: 한국정신문화연구원.

교육연구실 편(1983). 한국의 교육고전의 연구. 성남: 한국정신문화연구원.

김병찬(2000). "교사교육의 패러다임 변화". 한국교사교육. 17(3), 한국교원교육학회, 113-141.

김영채 역(2002), F. P. 로빈슨 저. 독서방법론(교육신서 119). 서울: 배영사(초판, 1983).

김효선 외 편(1988). 동양 교육고전의 이해. 서울: 이화여자대학교 출판부.

서경혜(2005). "반성과 실천: 교사의 전문성 개발에 대한 소고". 교육과정연구. 23(2), 285-310.

신득렬(2002). 위대한 대화: Robert M. Hutchins 연구. 대구: 계명대학교 출판부.

안인희 편(1973). 교육고전의 이해. 서울: 이화여자대학교 출판부.

안인희 편(1996). 서양 교육고전의 이해(개정판). 서울: 이화여자대학교 출판부.

안인희 편(2002). 현대 교육고전의 이해(개정판). 서울: 이화여자대학교 출판부.

오연희 역(1997), M. J. 애들러 · C. V. 도렌 저(1972). 논리적 독서법. 서울: 예림기획.

연세대학교 교육철학연구회 편(1996). 위대한 교육사상가들 I. 서울: 교육과학사.

정세화(1980). "교육고전의 개념과 분류". 한국 교육고전의 발견과 이해. 성남: 한국정신문화연구원, 제4회 학술연찬(세미나) 발표논문, 3-20.

정순목(1986), 조선시대의 교육명저순례(신서 128). 서울: 배영사.

한기언(1989). "교육고전의 효용". 교육관리기술(1989. 10월호), 42-43.

한기언(1996). "교육고전론 서설: 교육고전의 성격". 교육철학. 14(2), 한국교육학회 교육철학연구회, 115-135.

한기언 편(1979). 교육명제해제. 서울: 한국능력개발사.

Adler, M. J.(1966). *How To Read a Book: A Guide to Reading the Great Books*. New York: Simon & Schuster.

Adler, M. J. and Doren, C. V.(1972). *How To Read a Book: The Classic Guide to Intelligent Reading*. New York: Simon & Schuster.

Hutchins, R. M.(1952). *The Great Conversation: the Substance of a Liberal Education. Great Books of the Western World*, vol. 1. Chicago: Encyclopedia Britannica.

Schön, D. A.(1983). *The Reflective Practitioner: How Professionals Think in Action*. New York: Basic Books.

The Great Books Foundation(1987). *An Introduction to Shared Inquiry*. Chicago: The Great Books Foundation.

Zeichner, K. and Liston, D. P.(2006). "Teaching Student Teachers to Reflect". In D. Hartley and M. Whitehead, eds.(2006). *Teacher Education: Major Themes in Education*. Vol. 4, London and New York: Routledge, 5-34.

제 7 장

교사를 위한 교양교육 프로그램

1. 들어가는 말
2. 프로그램의 배경
3. 프로그램의 내용
4. 프로그램의 활용
5. 맺는 말

CHAPTER 7

교사를 위한 교양교육 프로그램

1 들어가는 말

최근 들어 대학교육의 근간을 이루고 있는 교양교육(liberal education)[1)]이 심각한 위기에 처해 있음을 우려하는 목소리가 점점 커져가고 있다(고순희, 2001; 김상근, 2000; 반덕진, 1999). 일본의 어느 논객이 오늘날 교양교육이 거의 '괴멸상태'에 놓여 있다고 통탄한 것은 교양교육이 어느 정도 심각한 상태에 놓여 있는가를 잘 말해주는 한 사례라고 할 수 있다(다치바나 다카시 지음, 이정환 옮김(2002). 실제로 동서양을 막론하고 많은 대학

1) 영어의 'liberal education'이란 말은 우리 학계에서 크게 다음 세 가지 의미로 쓰이고 있다. 이것은 첫째, 직업교육에 대비되는 개념으로 '교양교육'이라는 말로 쓰이고 있으며, 둘째, 자유인(free man)을 길러내는 것을 목적으로 한다는 점에서 '자유교육'이란 말로 쓰이고 있으며, 셋째, 제한된 기술이나 기교의 연마를 목적으로 하기보다는 인간으로서의 기본적인 소양을 육성하는데 초점을 맞추고 있다는 의미에서 '일반교육'(general education)이라는 말로 쓰이고 있다. 대체로 우리 학계에서는 교양교육과 자유교육이라는 말이 가장 많이 쓰이고 있으며 대부분 개념적 구분 없이 사용되고 있다. 하지만 이 말의 희랍적 의미를 충실히 살리고자 할 때는 '자유교육'이라는 말이 적절할지 모르지만, 노예제가 사라진 오늘날 사회에서 자유시민에게 요구되는 교육, 즉 자유교육이라는 말을 사용하는 것은 적절치 못한 것처럼 보인다. 'liberal education'의 개념에 관련된 모호성이나 딜레마에 대해서는 이성호(1987), 최미리(2001), Peters(1977a; 1977b), Hirst(1965; 1972)등의 글을 참고하는 것이 좋을 것이다.

들이 교육과정에서 교양교과들을 축소하는 반면에 직업적인 목적을 가진 실용적인 교과목들을 확대해 가고 있다. 우리 한국의 대학들 안에서도 이러한 현상이 점차 보편화, 가속화되어 가고 있다. 이처럼 교양교육이 등한시되게 된 데에는 여러 가지 이유가 있겠지만 전문화, 직업주의, 현재주의, 대중문화의 범람, 교양교육에 대한 무지 등이 그 주된 원인이라고 할 수 있을 것이다. 문제는 이러한 교양교육의 등한시가 대학의 개념을 왜곡시키고 그것의 고유한 정신을 훼손시키고 있다는 점이다.

대학의 본래적인 목적이 특정한 기술을 가진 직업인을 양성해내는 것이 아니라 자유로운 정신을 가진 교양인을 기르는 것이라고 한다면 교양교육의 등한시는 곧 대학의 사명을 포기한 것이나 다름없는 일이다. 교양교육을 어떻게 이해하느냐에 따라 교양교육의 목적, 내용, 방법이 각기 다르게 규정될 수 있겠지만, 교양교육은 기본적으로 폭넓은 학습을 통하여 인간, 사회, 자연에 대한 편견과 편협함에서 벗어나게 하고 자유롭게 사고하고 탐구하며 올바른 판단을 할 수 있는 지적 능력을 배양하는 것을 목적으로 삼는 교육이다. 이러한 점에서 교양교육은 전문적인 직업교육에 우선해야 하며, 최소한 직업교육과 병행하여 이루어져야 한다. 따라서 교양교육은 결코 직업교육과 대립하는 교육으로 이해될 수 없으며 비실용적이고 비실제적인 교육으로 이해되어서도 안 된다. 이러한 맥락에서 사회가 급변하면 할수록, 직업이 분화되면 분화될수록, 그리고 업무가 전문화되면 될수록 교양교육이 요청되며 따라서 대학은 교양교육을 축소할 것이 아니라 보다 확충해 나가야 할 것이다.

이제 한국 대학들도 대학의 본래 사명과 정체성(正體性)을 심도 있게 검토해 볼 때가 되었다. 오늘날 대학의 위기는 학문의 지나친 세분화와 전문화에서 오는 학문의 위기와 교양교육의 황폐화에서 오는 인간성의 위기로 나타나고 있다. 전자의 위기에 대한 대응책으로 다학문적 접근(interdisciplinary approach)과 학부제 운영이 시도되고 있지만 정작 후자에 대한 대응책은 좀처럼 실효를 거두지 못하고 있다. 미국에서는 이미 교양교육을 활성화하기 위한 프로그램이 컬럼비아(Columbia)대학교, 시카고(Chicago)대학교, 그리고 하버드(Harvard)대학교를 중심으로 추진되었으며 상당한 실효를 거두어 왔다(김억환, 1986; 송미섭 옮김, 1994; 반덕진, 1999; 최미리, 2001). 그런데 흥미로운 일은 이들 미국 대학들의 교양교육 프로그램의 핵심을 이루고 있는 것이 바로 고전읽기(classics reading)라는 점이다. 이동철(1998, 68)이 지적한 바 있듯이, 고전읽기는 교양교육의 이상을 구현하는 중요한 방식이다. 그러나 안타깝게도 우리나라 대학의 경우 권장할 만한 고전읽기 프로그램이 개발, 운영되지 않고 있다. 다만 최근에 서울대학교를 비롯해 고려대학교, 성균관대학교, 명지대학교 등 국내 대학들이 고전목록을 발표하고 교양과정에서 독서나 고전강좌를 개설하고 있는 것은 점차 쇠약해져만 가는 교양교육을 재건함으로써 대학의 정체성을 찾으려는 강한 의지를 표명한 것으로 보인다.

이러한 맥락에서 이 글은 교양교육을 강화함으로써 대학의 정체성을 되찾으려고 하였던 허친스(R. M. Hutchins: 1899~1977)와 애들러(M. J. Adler: 1902~2001)에 의해 고안된 프로그램,

즉 '위대한 저서읽기 프로그램'(The Great Books Program: GBP)의 추진배경, 프로그램의 내용, 프로그램의 추진 절차들을 탐색하고 이것의 활용방안을 적극적으로 검토해 보는데 목적을 두고 있다. 국내에서 허친스의 교육철학 혹은 교양교육론에 대한 여러 편의 글이 발표되었지만(신현태, 1985; 강준모, 1990; 김성미, 1997; 천정미 · 공영권, 2002; 천정미, 2003), 아쉽게도 신득렬의 허친스 연구서들(1990; 2002)을 제외하고는 그의 교양교육론의 핵심을 이루는 '위대한 저서 읽기 프로그램'에 대한 연구가 본격적으로 이루어지지 않았을 뿐만 아니라 프로그램의 활용방안도 적극적으로 검토된 바 없다. 따라서 이 프로그램의 내용에 대한 소개와 더불어 이것의 구체적인 활용방안을 적극적으로 검토해 보는 일은 오늘날 위기에 찬 교양교육을 활성화시키는데 도움을 줄 것으로 기대된다.

2 프로그램의 배경

'위대한 저서 읽기 프로그램'은 단순히 고전을 읽기 위한 프로그램 혹은 독서를 위한 프로그램으로만 제작된 것이 아니다. 이것은 교양교육을 활성화하기 위한 프로그램인 동시에 정체성이 흔들리고 있는 대학을 구원하기 위한 야심 찬 계획이었으며, 나아가 정신적으로 큰 위기에 직면한 현대 문명사회를 구원하기 위한 결단의 산물이었다. 따라서 '위대한 저서 읽기 프로그램'의 구체적인 내용을 이해하기 위한 예비적 단계로 이 프로그램이 계획되고 추진되게 된 역사적 혹은 학문적 배경을 먼저 살펴보는 것이 도움이 될 것이다.

1) 대학의 위기와 혼란

위대한 저서읽기 프로그램이 계획, 추진되게 된 배경 안에는 대학의 혼란과 타락에 대한 우려가 깊숙이 자리하고 있다. 이 프로그램 제작의 주도적인 인물이었던 허친스는 그 당시 미국의 대학들이 정체성을 잃고 큰 혼란에 빠져 있다고 진단하였다. 그는 중세대학의 정신에 입각하여 현존하는 대학들의 모습을 우려에 찬 눈으로 바라보았다. 그의 눈에 비친 그 당시 미국 대학들은 '지적 공동체'로서 그리고 '독립적인 사고와 비판의 센터'로서의 역할을 제대로 수행해 내지 못하고 있었다. 그는 대학이 본래적인 기능을 잃고 방황하고 있으며, 이러한 대학의 타락이 대학 구성원들뿐만 아니라 사회발전에도 악영향을 끼치고 있다고 판단을 하였다. 그는 과거 1000년 동안 존중되어 왔던 대학의 정신과 이념이 20세기에 접어들면서 크게 변질되었다고 생각하였다. 대학은 이제 진리를 탐구하는 교수와 학자들의 공동체가 아니라 사회에 봉사하기에 급급한 봉사기관으로 전락하였다고 개탄하였다(Hutchins, 1968, 105). 그리하여 그는 자신의 저서 『미국의 고등교육』에서 대학을 혼란에 빠트린 원인들을 찾고 그 대안이 무엇인지를 제시하고자 하였다. 그는 대학을 혼란에 빠트린 원인을 다음 두 가지 관점에서 설명하였다.

첫째, 외적 원인들로서 배금주의, 그릇된 민주주의 개념, 그리고 그릇된 진보개념을 들었다. 허친스는 대학이 돈을 사랑함으로써 대중의 요구를 의식하게 되었고, 급기야는 일종의 봉사기관으로 전락하였다고 비판하였다(Hutchins, 1936a, 4-7). 그는 돈을 벌기 위해 대학 안에서 스포츠팀을 운영하는 일, 사교클럽을 두는 일, 정부보조금이나 각종 연구비를 타내기 위해 연구하는 일 등이 대학의 이념을 사라지게하고 정체성을 흔들고 있다고 진단하였다. 그는 그릇된 민주주의의 개념이 대학을 혼란스럽게 만든 원인이라고 보았다. 즉 민주주의의 두 원리인 자유와 평등의 개념에 대한 오해가 그릇된 교육관을 낳았다는 것이다. 자유 개념의 오해로 말미암아 재학기간과 교육내용이 학생의 흥미와 요구에 의해 결정되는 웃지 못 할 일이 생겨났으며, 평등개념의 오해로 말미암아 의사결정 과정에서 전문성과 권위를 갖춘 사람들이 배제되어버리는 일이 생겨났다고 보았다. 그리고 허친스는 미국 사회 전체에 확산되어 있는 그릇된 진보개념 역시 대학을 혼란에 빠트린 또 다른 원인이라고 지적하였다. 그는 그 당시 사람들이 과학과 기술의 비약적인 발전이 가져다준 결과를 바라보면서 모든 분야에서 진보가 일어나고 있다는 그릇된 믿음을 가지게 되었다고 지적하였다. 그는 이러한 그릇된 진보의 개념이 대학에 침투하여 반지성적인 대학을 만들어냈다고 말하였다. 그는 "이러한 그릇된 진보개념이 교육과정으로부터 고전과 교양적 기술들을 팽개치게 하고 경험과학들을 지나치게 강조하게 했으며 교육을 현대의 사회운동의 시녀가 되게 했다."(*Ibid.*: 65)고 개탄하였다.

둘째, 허친스는 대학을 혼란스럽게 만드는 내적인 원인들로서 선택과목제도, 직업주의, 전문주의, 반지성주의, 관료주의 등을 들었다. 허친스는 선택과목제도가 학생들을 편의주의와 기회주의에 편승하도록 만들었으며, 어려운 강좌를 기피하게 만들었으며, 학생들 간의 의사소통을 불가능하게 만들어버리는 폐해를 가져왔다고 지적하였다. 이와 더불어 그는 선택과목제도와 함께 운영되고 있는 학점제에 대해서도 불만을 토로하였다(Hutchins, 1956, 42-44). 본래 학점제도란 강의시간에 비례하여 학점을 부과하는 제도인데, 이것이 선택과목제도와 결합하면서 쉬운 교과목만을 찾아다니면서 학점을 이수하여 졸업하는 학생들을 양산해 내고 있다는 것이다. 그는 이러한 제도 안에서는 대학이 진리를 탐구하는 곳인 아니라 학점을 이수하는 곳으로 전락할 수밖에 없음을 통탄하였다.

허친스는 직업주의가 대학을 혼란스럽게 만든 내적 원인이라고 보았다. 그는 이러한 직업주의가 대학을 지배하게 되면, 우선 교과교육과 교수들의 질이 저하될 것이라고 경고하였다(Hutchins, 1936a 43). 결국 학생들은 오직 직업을 구하기 위해서만 공부할 것이고 교수들 역시 취업을 시키는 일에 매달리게 됨으로써 대학이 마치 직업훈련소로 전락해 버린다는 것이다. 그리하여 그는 대학 안에서 직업훈련을 시킬 수 없으며, 또 그렇게 해서도 안 된다고 단호하게 말했다. 허친스는 대학을 혼란에 빠트린 또 다른 원인을 전문주의에서 찾고 있다. 그는 전문화의 가치를 인정하면서도 전문화 현상이 대학을 지배하고 있는데 대해 우려를 표명하였다. 그는 그 당시 확산일로에 있었던 전문대학원의 운영방침에 대해 못마땅하게 생각하였는데, 그것은 바로 학문의 전문화가 순전히 직업준비를 위한 과정으로 이용될 뿐

폭 넓은 안목을 넓히는데 목적을 둔 교양교육을 등한시하고 있다는 이유에서였다. 그는 전문화의 해악은 여기에서 그치는 것이 아니라 가치판단을 결여한 사람을 길러낼 뿐만 아니라 대학 구성원들 간의 대화를 단절시키는 불행한 결과를 가져오게 했다고 비판했다(Hutchins, 1953, 101).

허친스는 대학을 혼란스럽게 만드는 또 다른 내적 요인으로 반지성주의(anti-intellectualism)를 들었다. 그는 이러한 반지성주의를 지향하는 대학들은 '교육의 위인이론'과 '인격형성이론'의 영향을 받고 있다고 보았다(Hutchins, 1936a, 27). '교육의 위인이론'은 대학 안에 위인이나 대학자가 대학 안의 구성원들에게 교육적인 영향을 줄 것이라고 믿는 이론이다. 하지만 허친스는 이러한 이론은 대학 안에 지적인 프로그램이 없음을 은닉하기 위해 만든 이론에 지나지 않는다고 비판하였다. 그는 대학의 이상이 소수의 위인이나 대학자에 의해 실현되는 것이 아니라 구성원 전체의 지적 수준이 향상될 때 가능하다고 확신하였다. 또 '인격형성이론'은 좋은 인격, 원만한 사회생활을 교육의 목표로 삼는 이론으로 그럴 듯 해보이지만 대학이 인격형성을 위해 매달릴 만큼 한가하지 않으며, 결국 이러한 이론은 대학이 아무것도 가르치지 않는다는 점을 드러내는 것일 뿐이라고 지적하였다.

허친스는 이러한 외적 혹은 내적인 요인들로 인해 대학이 혼란에 빠져 있으며, 점차 황폐해져 가고 있음을 안타까워하면서 대학을 구하기 위한 방안을 모색하게 되었다. 배금주의를 비롯하여 선택과목제, 학점제, 직업주의, 전문주의, 반지성주의가 지배하는 대학을 개혁하지 않고는 대학에 미래가 없으며 미국문화에 비전이 없음을 직감하였다. 이러한 위기의식에서 시작된 것이 바로 그의 대학 개혁론이며, 교양교육의 강화론이며, 위대한 저서읽기 프로그램이라고 할 수 있다.

2) 대학의 학제 개혁

혼란과 위기에 처한 대학을 구하기 위한 허친스의 개혁의지는 크게 두 가지 방향으로 나타났다. 하나는 학제를 개편하는 일이었고, 다른 하나는 교육과정을 개편하는 일이었다. 그는 자신의 교육이념 및 교육철학에 따라 학제를 6-4-4-3제로 개편하고자 하였다. 즉 초등학교 6년, 중등학교 4년, 교양대학 4년, 대학 3년으로 개편할 것을 제안하였다(Hutchins, 1963, 24). 초등학교에서는 독, 서, 산(3R's)등을, 중등학교에서는 문법, 수사학, 논리학, 수학을, 교양대학(college)에서는 위대한 저서들을, 그리고 대학교(university)에서는 형이상학, 사회과학, 자연과학 등을 배워야 한다는 것이다. 이 새로운 학제는 교육내용이 중복되지 않으며, 각급 학교의 교육목적이 뚜렷하게 구별되며, 자율적인 것이 큰 장점이라고 보았다

허친스는 초등교육이나 중등교육보다는 교양대학 및 대학이 인생에 끼치는 영향이 크다고 생각하여 대학교육에 대한 관심이 지대하였다. 특히 그는 교양대학에 거는 기대가 대단히 컸다. 그리하여 대학개혁의 구체적인 방안으로 그는 그의 동료들과 함께 '시카고 플랜'(Chicago Plan)을 만들었으며, 이 계획에 따라 '허친스 칼리지'(Hutchins College)를 설립하였다. 이 칼리지는

4년제 대학으로 교양교육을 목적으로 한다(신득렬, 2002, 269). 그의 주도하에 이루어진 개혁안은 다음과 같은 목표와 조건을 제시하였다(다니엘 벨 저, 송미섭 역, 1994, 51-65),

첫째, 대학(1-2학년)의 목표는 규정된 교육과정을 통하여 교양교육에 해당하는 교육과정을 마련해 주는 것이다.

둘째, 인문학, 사회과학, 자연과학으로 나누어지는 학부는 자율성과 조직의 효율성을 높이고 프로그램을 성공적으로 수행하기 위해 필요한 교수, 연구, 교육과정의 실험을 증진시키기 위하여 조직한다.

셋째, 주요 학부의 목표는 중요한 분야를 연결시켜주는 상관관념들이 자연스럽게 교환되도록 학제적 가교를 마련하는 것이다. 지식과 지식의 의미에 대한 종합적이고 전체적인 접근이 그들의 학문적 관계를 통하여 추구된다.

넷째, 대학교수단의 발달(전문화보다는 교양교육에 맞춘)이 필수적이다. 넓은 관심과 탁월한 능력이 필수적이다. 교수가 중요한 목표이기 때문에 연구지향 교수가 꼭 필요한 것은 아니다.

다섯째, 대학 졸업의 필수조건은 종합시험으로써만 결정된다. 졸업증명서를 받기 위해서는 매년 7개의 시험에 합격해야 한다.

허친스는 첫 번째 목표를 실현시키기 위해 교양교육을 전담하는 'University College'를 만들었는데 이것은 학부의 지위를 가지는 것이었다. 둘째 목표를 실현하기 위해 대학 안에 3개의 학부, 즉 형이상학부, 사회과학부, 자연 과학부를 설치하였다. 또 그는 셋째와 넷째의 목표를 실현하기 위해 학부와 학부를 연결하는 위원회를 만들었는데, 이것은 학부 간의 상호 대화를 위한 제도적 장치였다. 마지막 목표를 실현하기 위해 그는 시험 위원회를 만들었다. 시험위원회는 매년 2-3회씩 부과하되 학생들이 여러 번 응시할 수 있어 최고의 점수를 얻도록 했다(신득렬, 2002, 271). 그는 이렇게 학제를 운영하면 선택과목제도와 학점제가 안고 있는 폐해와 폐단을 줄일 수 있고 결국 대학의 본래적 사명을 완수할 수 있을 것이라고 확신하였다.

허친스는 설립정신과 경영철학에 따라 교양대학(college)과 대학교(university)를 구분하고자 했다. 교양대학은 교수활동(teaching)이 중심이 되는 곳으로서 관념을 설명하고 지식과 정보를 전달하고 지적 기술을 습득시켜 주는 곳으로 생각했으며, 대학교는 교수보다는 연구(researching)가 중심이 되는 곳으로서 고도로 전문화된 연구를 하고 미래의 학자를 양성하는 곳으로 생각했다. 그는 대학교 3년의 기간이 젊은이들의 삶에 있어서 중요한 단계이기는 하지만 교양대학 4년의 기간이 더 중요하다고 생각하였다. 그는 교양대학에서의 교육, 즉 교양교육이 제대로 이루어지지 않을 때 개인적으로나 사회적으로 불행한 결과를 가져올 수 있다고 보았다. 그는 교양교육을 제대로 받고 나서 대학교와 전문대학원에 진학하거나 직업을 가지는 것이 바람직하다고 보았다. 이런 이유로 그는 학제를 개혁해서라도 교양교육을 강화하려고 하였으며, 이를 실천에 옮기려고 하였다. 결국 그는 대학이 혼란스러워지고 황폐해진 가장 큰 이유가 교양교육의 부재 혹은 교양교육의 쇠퇴에 있다고 판단하였다. 따라서 교양교육을 부활시키는 일이야 말로 위기에 빠진 대학을 구하는 첩경이라고 판단하였다. 그리하여 그는 여러 저작, 강의, 논문,

연설을 통해 교양교육의 의미를 밝히고, 교양교육의 필요성, 내용, 방법을 설명하고 정당화하려고 하였다.

3) 교양교육의 강화

허친스는 오늘날의 급속한 변화, 엄청난 자유시간의 향유, 새로운 세계질서의 출현을 염두에 두면서 새로운 형태의 교양교육의 개념을 제시하려고 하였다. 그는 교양교육을 다음과 같이 정의하였다. "교양교육이란 무엇인가? 첫째, 그것은 학문적 혹은 전문적 훈련을 의미하는 것으로 받아들일 수 없는 것이다.⋯ 교양교육의 목적은 모든 시민이 가져야 하는 교육의 종류를 제공하는 것이다. 둘째, 교양교육은 직업훈련과는 아무런 관계가 없는 것이다. 이것은 교양교육을 받은 사람들이 생계를 유지함에 있어서 교양교육의 도움을 받지도 받아서도 안 된다는 것을 의미하지는 않는다."(Hutchins, 1936b, 126). 그는 이러한 의미의 교양교육이 '최선의 사람들을 위한 최선의 교육'(Hutchins, 1953, 83)이며, 무엇보다 실제적인 것이라고 주장하였다. 그는 교양교육이 직업교육과는 달리 인간, 사회, 세계에 대한 넓고 심오한 안목을 길러주며 비판적 사고를 길러줌으로써 자유인을 양성하는데 주력해왔다는 점에서 오늘날의 사람들에게도 최선의 교육이라고 보았다. 또 그는 교양교육이 더 많은 여가와 경제적 여유를 가진 현대인들에게 최선의 교육이 될 수 있으며, 직업주의, 전문화, 지식의 구획화와 단편화로 인해 생겨날 수 있는 문제들을 극복하도록 해 준다는 점에서 최선의 교육이 될 수 있다고 보았다.

그렇다면 허친스가 교양교육을 통해 실현하고자 했던 목적은 무엇이었으며, 그러한 목적을 실현하기 위해 그가 제안한 내용과 방법은 무엇이었는가? 그는 교양교육의 목적으로 지혜의 획득(Hutchins, 1953, 90), 이해와 판단능력의 발달(*ibid.*: 73), 자유인의 육성(*ibid.*: 72-73), 인간적 탁월성의 성취(Hutchins, 1952, 3), 위대한 대화로의 안내(Hutchins, 1953, 95-95)등을 들었다. 그는 이러한 능력들은 독립적인 것이 아니라 상호 의존적이고 불가분의 관계를 가진다고 보았다. 그는 교양교육의 목적은 교양교육을 받은 사람을 길러내는 것에 있다고 보고 그러한 사람들이 갖추어야 할 능력 및 자질을 다음과 같이 요약하였다. ① 읽고 쓰고 셈하는 것을 알아야 한다. ② 인류에게 활력을 줄 관념들을 알고 이해해야 한다. ③ 자신이 살고 있는 사회의 전통을 알아야 한다. ④ 동료들과 의사소통을 할 능력이 있어야 한다. ⑤ 최상의 모델들과 친숙하게 됨으로써 위대성에 대한 친숙한 비전을 언제나 자신 앞에 놓아두어야 한다(Hutchins, 1953, 95).

허친스는 이러한 자질을 가진 사람들을 길러 내기 위해서는 "교양적인 기술들(liberal arts)과 인류에게 활력을 주는 지도적인 사상을 이해하도록 가르쳐야 한다."고 생각했다(*Ibid.*: 83). 그가 말하는 교양적 기술이란 인류가 축적해 놓은 문명과 위대한 사상을 이해하기 위한 도구이며 사람들을 역사적으로 위대한 족적을 남긴 인물들과 연결해 주는 징검다리이며, 사람들 간의 의사소통을 가능하게 해주는 매개체이다. 허친스는 교양교육의 주된 내용이 '위대한 저서들'이기는 하지만 이러한 세계로 입문하기 위해서는 교양적 기술들을 배워야 한다고 보았다. 그가 말하는 교양적 기술이란 문법(grammar), 수사학(rhetoric), 논리학(logics), 수학(mathematics)을 포함하고 있다. 그는 이러한 교과목들이 중세대학의 유산으로서 시대에 뒤떨어진 것처럼 보이나 실제로는 위대한 저서를 읽어내는데 필수 교과목이라고 생각했다. 이점에 대해 그는 다음과 같이 적었다. "교양적 기술들은 자유의 기술들이다. 자유롭게 되기 위하여 사람은 자신이 살고 있는 전통을 이해해야 한다. 위대한 저서는 교양적 기술들을 통하여 우리의 전통을 보다 분명하게 그리고 중요하게 이해하도록 하는 책이다. 위대한 저서를 통해 이해된 교양적 기술들과 교양적 기술들을 통해 이해된 위대한 저서로 이루어진 교육은 우리들이 살고 있는 전통을 이해하도록 하는 유일한 통로이다. 우리들이 자유를 위한 교육을 하기를 원한다면 그들에게 위대한 저서와 교양적 기술들을 교육해야 한다(Hutchins, 1943, 14)."

허친스는 이러한 교양교육이 모든 사람들에게 열려져 있어야 하며, 연속적이어야 하며, 직업교육에 앞서 이루어져야 한다고 주장하였다. 그는 교양교육은 만인을 위한 것이어야 한다고 자주 언급하였다. 이것은 과거와는 달리 교양교육을 받을 기회가 모든 시민에게 주어져야 한다는 점을 강하게 천명한 것이다. 이러한 점에서 그를 지적 귀족주의자로 평가하는 것은 섣부른 판단이라는 생각이 든다. 그는 교양교육이 고등학교나 대학에서 본격적으로 이루어져야 하지만 학교를 졸업한 뒤에도 지속되어야 한다고 말했다. 즉 교양교육은 교육제도 안팎에서 이루어져야 할 것으로 생애적인 활동(life-long activity)으로 바라보았다.

왜냐하면 교양교육이 학교교육으로만 종료되고 이것이 생애적인 것으로 연장되지 않는다면 학습하는 사회(learning society)를 실현할 수 없다고 판단했기 때문이다.

허친스의 견해 중 눈여겨봐야 할 부분은 교양교육이 직업교육에 앞서 이루어져야 한다고 주장한 점이다. 그는 사회가 지속되기 위해서는 직업교육을 통해 유능한 기능인과 전문가를 양성해내야 한다는 점을 부인하지는 않았다. 하지만 과연 그러한 직업교육이나 훈련이 대학 안에서 이루어져야 하는가에 대해서는 회의적이었다. 그는 대학에서 직업훈련을 시키는 것은 여러 가지 문제를 만들어낼 뿐만 아니라 비효율적이라고 보았다. 대학이 직업훈련을 시킬 경우 직업주의, 능률주의, 배금주의가 지배하게 되어 결국 비인간화가 조장될 가능성이 높다고 진단하였다. 따라서 그는 대학이 직업훈련을 시키는 것이 바람직하지는 않지만 혹여 시켜야 할 경우에는 정당화 작업이 선행되어야 한다고 보았다.

3 프로그램의 내용

허친스가 교양교육의 목적으로 제시한 지혜의 획득, 이해와 판단능력의 발달, 자유인의 육성, 인간적 탁월성의 성취, 위대한 대화로의 안내 등은 외재적인 것이 아니라 내재적인 것들이다. 그는 이러한 목적들은 교양적 기술과 위대한 저서를 탐독함으로써 성취될 수 있다고 보았다. 특히 위대한 저서는 교양교육의 목적을 실현하기 위한 핵심적인 교육내용인 동시에 교육방법이기도 하다. 이 장에서는 위대한 저서의 개념 및 가치, 선정과정 및 목록을 소개하고, 이러한 책들을 읽어가기 위해 마련한 '위대한 저서읽기 프로그램'(GBP)의 추진방법을 차례로 소개하고자 한다.[2)]

1) 위대한 저서의 개념 및 가치

'위대한 저서'(great book)라는 말을 처음 사용한 사람은 허친스의 동료였던 애들러였다. 그는 자신의 자서전에서 "고전(classic)이란 살아있는 자료라기보다는 과거에 발굴된 고문서에 대한 고고학적 의미를 가지고 있다."(Adler, 1977, 55)고 말하면서 고전을 '위대한 저서'와 구별하고자 하였다. 그는 위대한 저서는 고전과는 달리 '위대한 아이디어들'(great ideas)을 포함하고 있는 저서들이라고 생각했다. 이에 공감한 허친스 역시 "위대한 저서란 영속적인 생명을 가지고 있으며, 인류가 서구정신이 만들어낸 가장 훌륭한 저서라고 부르는 책을 의미한다."(Hutchins, 1953, xi)라고 정의하였다. 여기서 영구적인 생명을 가지고 있다는 것은 시간과 공간을 초월하여 항구적인 가치를 가지고 있다는 것을 의미하며, 언제나 현재적이라는 것을 의미한다. 허친스는 "영원한 교과목들은 현재적이다. 그것이 고전이 되는 이유이다. 소크라테스의 대화는 플라톤이 그것을 쓴 시대처럼 오늘날

2) 여기에 소개된 위대한 저서읽기 프로그램의 내용들은 신득렬의 허친스에 대한 전문적인 연구서들, 즉 『허친스의 교육사상』(1999, 215-223)과 『위대한 대화: R. M. Hutchins 연구』(2002, 176-201)에 소개된 내용들을 참고하여 작성한 것이다.

에도 절박한 문제들을 제기한다.... 두 번째 이 책들이 없이는 어떤 주제를 이해하거나 현대 세계를 이해할 수 없기 때문에 교양교육의 본질적인 부분이 되고 있다."(Hutchins, 1936a, 78-79)라고 주장하였다. 그는 위대한 저서들의 가치를 크게 다음 세 가지로 정당화하고 있다. 즉 위대한 저서들은 첫째, 시공을 초월하여 인간 삶의 근원적이고 근본적인 문제를 제기하였으며, 둘째, 누구도 회피할 수 없는 절박한 문제를 제기하였으며, 셋째, 서양사회에 새로운 추진력과 창조력을 주었다는 것이다(Hutchins, 1952, 2-3).

교육자로서 허친스는 위대한 저서들이 가지는 교육적 가치 및 기능에 주목하였다. 우선, 그는 이 저서들이 교육이 성취하고자 하는 지적 탁월성의 도야에 도움을 준다고 보았다. 그는 "지적 탁월성의 도야는 우리들이 지적 전통의 전달을 통하여 그리고 지적 학문의 훈련을 통하여 성취될 수 있다. 이것은 과거와 현재에 있어서 과학, 역사, 철학에 있어서의 위대한 사상가들을 이해하는 것을 의미한다."(Hutchins, 1943, 60)라고 말했다. 그는 위대한 저서는 그 자체가 훌륭한 교사(good teacher)로서의 역할을 수행한다고 보았다. 그리하여 그는 "위대한 저서들은 위대한 교사들이다. 그 저서들은 보통 사람들이 무엇을 할 수 있는가를 날마다 우리에게 보여주고 있다....위대한 저서들은 그 책들을 읽는 방법뿐만 아니라 다른 모든 책을 읽는 방법도 가르쳐 준다."(Hutchins, 1952, 46-47)라고 말했다. 위대한 저서들은 인생의 안내자로서 우리가 해야 할 것과 해서는 안 되는 것을 알려주며, 평생 동안 추구해야 할 것과 추구해서는 안 될 것을 말해

준다는 것이다. 또한 유능한 교사들처럼 독서하는 방법까지도 친절하게 안내해 준다는 것이다. 즉 독서 안내서로서의 가치도 가진다는 것이다. 다음과 같은 그의 주장은 인상적이다. "우리는 위대한 저서들을 이해하기 위해 최선을 다하는 독자는 이 책들을 읽을 수 있을 뿐만 아니라 다른 책들을 읽는 데도 도움을 얻을 수 있으리라 생각한다. 우리는 또한 위대한 책들을 읽고 이해하게 되면 다른 모든 책들을 판단할 수 있는 표준을 갖게 될 것이라고 생각한다."(*Ibid.*: xiii). 요컨대 위대한 책은 위대한 사람들의 대화 속으로 안내를 해 주기도 하지만 책을 읽는 방법, 책들을 선별하는 안목을 가져다준다는 것이다.

2) **위대한 저서의 선정과정**

위대한 저서들이 가지는 교육적 가치 및 기능을 확신한 허친스는 1952년 애들러와 함께 시카고 대학교와 브리태니커 백과사전 회사의 도움을 받아 총 54권으로 된 '서양의 위대한 저서들'(*The Great Books of the Western World*)을 출간하였다. 그렇다면 그들은 어떤 기준으로 위대한 저서들을 선정하였는가? 허친스는 ① 구조와 구성의 탁월성, ② 미적 차원에서의 이해 용이성 ③ 더욱 심오한 읽기와 분석에 따르는 이해력 ④ 의미와 진리의 한 수준보다 더욱 높은 수준에서의 가장 심오하고 가장 포괄적인 의미로의 안내 등을 선정 기준으로 제시하였다 (Hutchins, 1952, 78).

위대한 저서 선정을 위해 조직된 편집위원회는 허친스의 선정 기준을 참조하여 위대한 저서들을 선정하였다. 선정기준에 따라

작업을 종료했을 때 최후로 남은 저자는 74명이었으며 이들 저서들 중 443편이 선정되었다(Hutchins, 1952, xx). 이 선집은 총 54권으로 되어 있고 쪽수로는 약 32,000여 쪽에 달한다. 이 책들은 크게 세 분야 즉 인문학, 사회과학, 자연과학 분야의 책들로서 각각 1/3씩을 차지하고 있다. 이들 54권 중 제 1권은 허친스가 집필한 것으로 "위대한 대화: 교양교육의 본질"(*Ibid.*)이라는 주제를 다루었고, 제2, 3권은 위대한 관념에 대한 색인목록(Syntopicon)으로 전집 전체를 어디에서 어디까지 읽고 나가야 할지를 보여주고 있다(Adler and Gorman, eds, 1952a; 1952b). 이 색인목록은 애들러의 주도하에 50명의 사상 색인자들과 75명의 사무원들이 1백만 불을 들여 7년간의 독서 끝에 이루어진 지적 과업이었다. 이 목록에는 102개의 기본관념들이 들어 있으며 이 관념들 아래 1,987개의 주제들(topics)들이 색인되어 있다. 이것은 102개의 기본적인 아이디어에 대해 위대한 저자들이 어떻게 사유했는지를 쉽게 찾아볼 수 있노록 안내해 준다. 제 2권의 색인목록은 Angel(천사)에서 시작하여 Love(사랑)까지이며 (Adler and Gorman, eds, 1952a), 제 3권의 색인목록은 Man(인간)에서 시작하여 World(세계)까지이다(Adler and Gorman, eds, 1952b). 그리고 제 4권에서 54권까지가 위대한 저서들로서 호머(Homer)로부터 프로이드(S. Freud)에 이르기까지 위대한 작품들이 실려 있다.

허친스와 그의 동료들은 의도적으로 동양의 위대한 저서들을 선정하지 않았다. 그 이유는 그들이 동양 저서들의 가치를 무시해서가 아니라 서양인들이 서양의 유산을 먼저 이해해야 동양을 이해할 수 있다고 생각했기 때문이다. 허친스는 "우리가 우리의 전통을 위해 서양의 위대한 저서들과 색인목록에서 시도했던 일과 같은 일을 해주기를 기대한다."(*Ibid.*: xx-xxi)라고 주문하였다. 또 편집위원회는 20세기의 저서들을 선정하지 않았다. 위대한 저저의 목록은 프로이드에서 끝나고 있다. 그 이유는 현대의 저작들에 대해 정확한 판단을 할 수 없다고 생각했기 때문이다. 그리하여 그들은 20세기의 저작들에 대한 선정 작업을 후대의 몫으로 남겨 두었다.

허친스와 그의 동료들은 위대한 저서를 선정할 때 콜롬비아대학 영문학과 교수였던 어스킨(John Erskine)의 고전목록을 참고하였다. 어스킨이 1921년에 작성한 목록에는 49명의 저자들과 세 편의 작품 이름이 포함되어 있으며, 자연과학자들보다 인문학자와 문학 작가들이 더 많이 선정되어 있는 것이 특징이다. 어스킨은 1927년 말 저자목록을 수정, 보완하여 더 많은 저자와 작품을 수록하였다(Adler, 1977, 62-63). 위대한 저서 선정위원회는 어스킨이 작성한 저자와 저서들을 참고하여 '서양의 위대한 저서'의 목록을 만들었다. 이 목록은 허친스가 "위대한 대화: 교양교육의 본질"이라는 주제로 집필한 '위대한 저서' 제 1권 안에 상세하게 소개되어 있다. 이 책은 1972년 브리태니커(코리아)회사에서 『위대한 대화』라는 서명으로 번역을 해 낸 바 있는데, 이 책 안에 영문 목록과 더불어 한글 목록이 함께 수록되어 있다(브리태니커 편집실 역, 1972, 110-143).

허친스의 타계 후 그의 동료였던 애들러는 위대한 저서 선집의 제1판이 가진 약점을 보완하기 위해 1987년 브리태니커 회사의 사장인 윈(Robert Gwinn)과 『브리태니커 백과사전』의 편집 위원장인 고에츠(Tom Goetz)의 조언을 받아들여 제2판을 간행하기 위한 작업에 착수하였으며 결국 1990년 『서양의 위대한 저서』 제2판을 간행하였다. 제2판의 특색은 제1판에 제외되었던 20세기의 저자들과 저서들이 포함되었다는 점이다. 또한 19세기 이전의 새로운 저자들을 첨가하기도 하고 제외시키기도 하였다. 20세기의 저자들 45명이 새로 선정되었으며, 초판의 제1권인 허친스의 위대한 대화는 제외되었다. 위대한 저서 제2판에 들어있는 저자들은 모두 130명이며 저서 수는 517편이다. 제1판보다 저자수로는 56명, 저서수로는 74편이 각각 늘어났다. 신득렬(2002, 413-423)은 제2판에 들어있는 저자들과 저서들을 소개하는 가운데 초판에 관련하여 새로 선정된 저자들, 새로 번역되어 선정된 저서들, 개정된 저서들을 일목요연하게 보여주고 있다. 초판과 제2판이 어떻게 달라졌는지를 이해하는데 좋은 참고자료가 될 수 있다.

3) 위대한 저서 독서계획 및 토론절차

허친스는 '서양의 위대한 저서'를 선정, 출간 한 이후 그의 동료들과 위대한 저서를 읽기 위한 10년간의 독서계획을 세웠다. 이 10년간의 독서계획에는 매년 18개의 선정 작품들이 들어있으며 이 전집에 들어있는 선정 작품에 대해 독자가 빨리 찾을 수 있도록 저자와 저서의 이름 외에 권수와 쪽수가 표시되어 있다. 그는 10년 동안 독서계획에 따라 책을 읽어나가면 '위대한 대화'의 범위와 깊이를 알게 될 것이며, 저자들의 상호관계와 그들이

다루는 사상들의 다양성과 관계에 대해 이해하게 될 것이라고 말했다(Hutchins, 1952, 89).

위대한 저서에 대한 교육적 가치를 확신한 허친스와 애들러는 자신들의 지적 도야와 성장에 만족하지 않고 학생들과 성인들에게도 이 책들을 읽도록 권장하였다. 이러한 의도가 구체화된 것이 바로 '위대한 저서 읽기 프로그램'(Great Books Program: GBP으로 약칭함)이다. 이 프로그램은 위대한 저서를 읽고 토론하는 것을 목적으로 하고 있다. 이 프로그램에 따르면, 한 권의 책을 읽고 난 후 참석자들이 자유롭게 다음 책을 정하는 방법을 채택하고 있다. 이 프로그램은 위대한 저서들 443편이 세상에 나온 순서대로 읽도록 되어 있다. 순서대로 읽어야 하는 이유는 후에 나온 책이 앞에 나온 책의 영향을 받아 집필되었기 때문이다. 따라서 사상가들의 사상을 제대로 이해하려면 처음부터 읽는 것이 바람직하다.

이 프로그램에 따르면, 이들 위대한 저서들은 학생들에게 1주일에 1권씩 읽고 토론하도록 되어 있다. 허친스는 이 계획을 실현하기 위해 대학요람에 넣어 강의를 개설하였다. 그는 고등학교 성적을 중심으로 면접을 통해 20명의 학생을 선발하였으며 매주 2시간씩 2년 과정에 걸쳐 지도하였다. 이 프로그램에 참여한 학생들 중에는 탈락한 학생도 있었지만, 허친스가 진행한 이 강좌에 많은 이들이 방문하였다. 그것은 허친스의 세미나 지도방식이 탁월했으며 또 그가 총장으로서 신입생을 가르쳤기 때문이었다.

허친스는 위대한 저서는 혼자 읽는 것보다 그룹으로 읽고 토론하는 것이 바람직하다고 생각했다. 그는 교육방법으로 토론과 대화를 가장 중요시했다. 그는 관찰과 실험에 의존하는 과학적 방법도 교수방법으로서 중요하지만 토론과 대화가 더 중요하다고 보았다. 왜냐하면 비판, 토의, 질문, 논박이 더 인간적인 수업방법이라고 생각했기 때문이다(Hutchins, 1953, 96-97). 그리하여 그는 소크라테스(Socrates)의 대화법을 가장 좋은 교수방법으로 거론하였다. 대학에서는 토론이 더더욱 중요하다고 보았다.

허친스는 토론이 효과적으로 이루어지기 위해서는 일정한 규칙이 있어야 한다고 생각했다. 토론실은 전통적인 강의실이 아니라 원형으로 된 테이블이 놓인 회의실이어야 하며, 참가 인원도 15-20명으로 제한해야 한다고 보았다. GBP에 따르면, 토론집단은 정해진 책을 읽고 노트를 작성한 후 참여해야 한다. 정해진 책은 두 번 읽어야 하는데, 한번은 책 전체의 윤곽을 파악하기 위해서이고, 다른 한번은 세부적인 사항을 숙지하기 위해서이다. 독서는 반드시 '기록하는 일'(noting)과 병행되어야 한다. '위대한 저서 재단'은 기록을 잘 하기 위한 제안을 다음과 같이 제시하였다(The Great Books Foundation, 1987, 6). ① 당신이 이해하지 못하는 것을 기록하시오. ② 특별히 중요하다고 생각하는 것을 기록하시오. 왜 주의를 끌게 되었는지, 저자의 논지에 대해 의문이 있다면 여백에 기록하시오. ③ 강력한 느낌을 받은 것을 기록하시오. 저자의 논지에 동의하지 않는다면 왜 의견을 달리하는지 기록하시오. 동의하는 부분을 기록하는 것도 똑같이 유용하다.

위대한 저서읽기 프로그램에 의하면, 토론을 효과적으로 해가기 위해서는 다음과 같은 몇 가지 기본적인 규칙이 지켜져야 한다(Morland and Goldenstein, 1985, n.p.). ① 토론집단은 모임을 위해 주어진 책이나 이전의 회합에서 토론되었던 책들만을 토론한다. ② 책을 읽지 않은 사람은 토론에 참여할 수 없다. ③ 토론 참여자는 자기의 견해에 권위를 부여하기 위해 다른 권위자를 인용해서는 안 된다. ④ 공동지도자들은 질문을 할 수만 있지 그들 자신의 견해를 말하거나 논평을 할 수 없다. 참여자들이 사실이나 판단의 오류를 범하고 있을 경우에도 마찬가지이다. ⑤ 토론 그룹마다 두 명의 공동지도자가 있어야 한다. 이 프로그램은 위의 규칙들 중 ①, ②번의 규칙을 더 세분화하여 다음과 같이 제시하였다. (a) 미리 읽으시오. (b) 주의 깊게 읽으시오. (c) 반성할 시간을 가지시오. (d) 읽은 것만 토론하시오. (e) 당신의 진술을 뒷받침하시오. (f) 토론이 주제에서 빗나가지 않도록 하시오. (g) 책 전체를 토론하려고 하지 마시오. (h) 이해하려고 노력하시오. (i) 자유롭게 말하시오. (j) 주의 깊게 들으시오. (k) 예의를 지키시오.

위대한 저서읽기 프로그램에 의하면, 토론에 있어서 지도자의 역할이 무엇보다 중요하다. 토론은 두 명의 공동지도자들(co-leaders)에 의해 진행되도록 되어 있다. 그들 중 한 사람은 사회를 보고, 다른 한 사람은 토론과 질문의 내용을 기록한다. 두 시간의 토론회 중 한 시간이 지나면 역할을 서로 바꾼다. '위대한 저서 재단'(The Great Books Foundation)은 공동지도자들이 토론을 성공적으로 이끌기 위해 지켜야 할 지침을 제시하였다(The Great Books Foundation, 1987, 25-26). ① 천천히 이끄시오. ② 참여자의 논평을 신중히 들으시오. ③ 아이디어를 적기 위해 좌석도(seating chart)를 규칙적으로 활용하시오. ④ 참여자들이 서로 말하도록 격려하시오. ⑤ 답을 찾도록 애쓰시오. ⑥ 아이디어를 서로 관련짓는 동시에 기본적인 문제와도 관련시키시오. ⑦ 자주 교재로 돌아가시오. ⑧ 참여자들이 여러분의 질문들 안에 있는 가정들(assumptions)에 도전하도록 자극하시오. ⑨ 참여자 모두가 기여하도록 기회를 주시오. ⑩ 종종 추수(follow-up) 질문을 하시오.

위대한 저서읽기 프로그램은 한때 시카고대학교를 넘어 멀리 아나폴리스(Annapolis)에 있는 세인트 존스대학에까지 파급되어 교양교육을 위한 교과목으로 채택되었으며, 노틀담(Notre Dame) 대학 역시 허친스의 사상에 우호적이기는 했지만 이 프로그램이 부분적으로만 시행되었다. 1977년 허친스 사후 그에 대한 대대적인 비판과 공격으로 위대한 저서읽기 프로그램이 퇴조하기는 하였지만, 그의 이념과 정신은 동료 애들러에 의해 계승되었다. 애들러는 대학교육과 성인교육을 개혁하는 일보다 초·중등교육을 개혁하는 일이 더 우선해야 한다고 생각했다. 이미 기성 사회 안에서 잘못 사회화된 성인들을 위대한 대화의 장으로 끌어들이는 일은 결코 쉬운 일이 아니라는 판단을 했기 때문이다. 따라서 애들러는 초·중등교육을 개혁하기 위한 방안으로 '파이데이아 그룹'(Paideia Group)을 결성하게 되었다.

4 프로그램의 활용

허친스와 애들러가 교양교육을 위해 개발한 위대한 저서 읽기 프로그램은 엄밀하게 말하자면 하나의 고전읽기 혹은 고전독서 프로그램이라고 할 수 있다.[3] 이것은 그들의 독창적인 작업이라고 하기보다는 일찍이 컬럼비아대학교의 어스킨 교수가 시작한 고전읽기 프로그램을 보다 한 단계 발전시킨 프로그램이라고 할 수 있다. 하지만 이것은 탄탄한 철학적 기반과 논리적 구성력을 가지고 있다는 점에서 서양사회에서 찾아보기 힘든 독서프로그램이라고 할 수 있다. 허친스와 애들러는 적어도 다음 세 가지 측면에서 크게 기여했다고 할 수 있다. 첫째, 위대한 저서를 선정하기 위한 엄격한 준거(criteria)를 제시하였다는 점이요, 둘째, 엄선된 책을 체계적으로 읽어나갈 수 있는 독서계획 및 절차를 수립했다는 점이며, 셋째, 상세한 색인목록(*syntopicon*)을 제시함으로써 누구나 위대한 아이디어에 접근할 수 있도록 안내하고 있다는 점이다. 이러한 작업은 서구 문명사에 길이 남을 일이며 교육적으로도 의미 깊은 일이다. 하지만 이 프로그램이 교양교

---

3) 허친스와 애들러는 '고전'과 '위대한 저서'를 애써 구별하려고 하였지만, 이 둘 간의 분명한 차이점을 확연하게 드러내지는 못했다. 다만 그들은 한 때 '위대한 저서'가 '위대한 아이디어'를 담고 있다는 점에서 고전과 구별된다고 설명했지만, 이것이 이 둘 간의 차이를 선명하게 드러내는 기준은 될 수 없다. 흔히 고전이란 제1급의 작품이요, 뿌리의 성격을 가지며, 영구적이고 보편적인 가치를 지니는 저서라고 할 수 있는데, 위대한 저서 역시 이러한 조건을 갖춘 책이라고 할 수 있을 것이다(동아일보사, 1985, 17-18). 따라서 위대한 저서를 고전 혹은 명저(名著)라는 용어와 병용해도 큰 무리는 없을 듯하다.

육을 활성화하기 위한 방안으로 도움을 준다고 할지라도 이를 직접 적용한다는 것은 무리가 있으며 위험하기도 하다. 따라서 이것을 교양교육의 프로그램으로 활용하기 위해서는 먼저 비판적 담금질과 여과작업이 필요하며 철저한 준비가 필요하다. 이 장에서는 위대한 저서읽기 프로그램을 활용하기 위한 예비적 단계를 검토를 한 후 이것의 활성화 방안을 제시해 보고자 한다.

1) 프로그램의 예비적 검토

위대한 저서 읽기 프로그램을 교양교육을 위한 한 방안으로 활용하기 위해서는 다음과 같은 점들이 먼저 검토되어야 할 것이다.

첫째, 위대한 고전읽기 프로그램을 활용하기 위해서는 먼저 이 프로그램이 제시하는 독서계획이 우리나라 대학생들이 실천해 가기에 적절하고 적합한가를 검토할 필요가 있다. 이 프로그램은 본래 대학생과 일반인들을 위해 계획된 것이지만 고전의 양이 너무 방대하고 그 종류가 너무 다양하여 책을 처음 접하는 사람을 당황하게 만든다. 따라서 고전의 양을 조정하고 그 종류를 제한해야 할 필요가 있다. 이를 위해 이 프로그램이 제시하는 책들을 재선정하는 작업이 이루어져야 할 것이다. 재선정 작업에서 중요한 것은 선정기준이라고 할 수 있는데, 가능한 한 허친스와 애들러의 정신을 훼손하지 않는 범위에서 재선정이 이루어져야 할 것이다.

하지만 고전을 읽어야 할 대상이 한국의 대학생들이라는 점을 고려하여 책을 선정하는 일이 매우 중요하다. 따라서 김태길

(1983, 116)이 지적하였듯이, 한국의 젊은이들, 대학생들이 당면하고 있는 문제들 혹은 관심사와 관련이 깊은 고전들을 선정해야 할 것이다. 또 박희진(1983, 140)이 지적한 바 있듯이, 보편적인 가치를 가진 인류의 문화유산으로서 고전을 선정하는 일도 중요하지만, 우리의 문화와 교육발전에 도움을 줄 만한 것을 찾아 선정해야 하며, 대학생들에게 산 교양이 되고, 삶의 지혜가 되는 것을 우선적으로 선정해야 할 것이다. 즉 대학생들의 지성적 사고력을 기르고 건전한 사고방식을 정립하는데 기여할 수 있는 고전을 선정해야 할 것이다. 이러한 선정기준의 특수성과 지역성을 고려할 경우, 위대한 저서의 목록은 대폭 축소될 수 있을 것이며 보다 엄선될 수 있을 것이다.

고전 재선정 후 중요한 문제는 위대한 저서읽기 프로그램에 속한 고전을 목록화하는 일이다. 단순히 출판연대를 기준으로 연도순에 따라 목록화할 것인지, 주제별로 목록화할 것인지, 아니면 학년을 고려하여 목록화할 것인지 혹은 학부 혹은 학과의 학문적 특성을 고려하여 목록화할 것인지를 검토해 봐야 할 것이다. 고전 읽기의 효과를 높이기 위해서는 이러한 목록화 작업은 매우 중요한 일이다. 위대한 저서읽기 프로그램은 고전을 연도순에 따라 이를 목록화했지만, 오늘날 여러 고전교육 연구가들이 제안하듯이, 학년별로 고전을 목록화하여 추진하는 것이 효과적일 것이다. 컬럼비아대학교가 오늘날까지도 시행하고 있는 〈문명론〉의 고전목록, 유럽의 대표적인 〈인문학〉 강의목록, 그리고 1967년 이래 오늘날까지 전통을 이어오고 있는 명지대학교(1993)의 고전읽기 목록 등은 학년별, 학기제의 시행을 잘 보여주고 있는 사례들이다.

둘째, 위대한 저서읽기 프로그램을 활용하기 위해서는 안내서들이 제작되어야 한다. 허친스와 애들러, 그리고 대부분의 많은 고전 교육론자들은 논평이나 서평 없이 고전 전문(全文)을 직접 읽고 음미하도록 권하고 있다. 말하자면 독자가 저자와 직접 만나게 해 주는 것이 이상적이라고 생각하기 때문이다. 이렇게 하는 것이 바람직하지만 고전의 세계로 입문해 들어가는 초심자들에게는 문화 혹은 역사적 배경을 달리하는 고전을 읽고 이해한다는 것은 결코 쉬운 일이 아니다. 여러 연구들이 밝히고 있듯이, 많은 대학생들이 고전을 읽기 어려운 오래된 책으로 인식하면서 책 읽기를 꺼려한다는 점을 감안해 볼 때 고전에 대한 안내서가 반드시 있어야 한다. 이제 막 대학에 입학한 신입생들이 고전에 관심을 가지고 그 세계에 입문하도록 돕는 일은 교육적으로 중요한 과제이다.

오래 전부터 국내에서 여러 권의 고전읽기 안내서 및 지침서들이 출판되었는데, 이를 몇 가지 소개하면 동아일보사에서 펴낸『신동아』별책부록『세계를 움직인 100권의 책』(1968), 매일경제신문사에서 펴낸『서양고전에서 배우는 리더쉽』(1993), 명지대학교의『명저 100선』(1993), 고은 등이 펴낸『책 어떻게 읽을 것인가』(1994), 한양대학교에서 펴낸『어떤 책을 읽을 것인가』(1995), 고려대학교의『교양명저 60선』, 성균관대학교의『교양고전 100선 해제』(1995) 등을 들 수 있으며, 외국의 경우 애들러의『독서의 기술』(1972; 1986),『자유인을 위한 책 읽기』

(1989), 클립톤 파디먼의 『일생의 독서계획』(1995), 데이비드 덴비의 『호메로스와 테레비』(1997) 등을 들 수 있다. 이러한 안내서들은 왜 책을 읽어야 하는가 하는 당위론적인 문제로부터 어떻게 책을 읽어야 할 것인가에 대한 독서방법론에 이르기까지 고전 읽기에 대한 전반적인 오리엔테이션을 해 주고 있다. 예컨대, 저자의 생애, 업적, 해당 저서를 집필할 당시의 시대적 배경 및 상황, 저자의 의도하는 목적, 해당 저서의 내용 및 영향 등을 체계적으로 심도 있게 안내해 주고 있다. 물론 이러한 안내서들은 자칫 독자에게 특정 고전에 대한 선입견이나 편견을 심어줄 가능성이 있다는 점을 감안해볼 때 올바른 독서를 해칠 수도 있지만, 난해한 고전읽기의 길잡이로서 독서여행을 지속적으로 할 수 있도록 도와줄 수 있다. 아쉽게도 직독(直讀)을 권장한 위대한 저서 읽기 프로그램의 제작자들은 그 어떤 안내서도 발간해내지 않았다. 이런 이유로 선정된 고전들이 고유한 가치를 지니고 있음에도 불구하고 큰 호응을 얻지 못하였으며 대중적인 고전 읽기운동으로 확산될 수 없었다.

이러한 의미에서 위대한 저서읽기 프로그램이 대학의 교양교육 프로그램으로 자리를 잡기 위해서는 안내서 및 지침서들이 발간되어야 한다. 아울러 위대한 저서 전집 54권 안에 수록되어 있는 443편의 책들 중 소수의 책들만이 번역이 이루어져 있을 뿐 다수의 작품들은 아직까지 번역을 기다리고 있다는 점에서 이들 작품들에 대한 번역 작업이 활발하게 이루어져야 한다. 하지만 어떤 작품들은 졸속으로 번역이 이루어진 나머지 저자의 의도를 왜곡하고 훼손하는 경우들이 있다. 따라서 이들 작품들에 대한 전문적인 번역작업과 함께 번역서에 대한 비판적 검토가 이루어져야 한다.

셋째, 위대한 저서 읽기 프로그램이 대학 교양교육과정에서 실효를 거두기 위해서는 의식적 그리고 물리적인 여건들도 갖추어져야 한다. 읽고자 하는 열의는 뜨거운데 정작 고전들이 비치되어 있지 않다거나 고전은 충분히 비치되어 있으나 고전을 읽고자 하는 열망이 부족하다면 고전읽기 프로그램은 실효를 거두기 어려울 것이다. 따라서 입학할 때부터 오리엔테이션을 비롯한 각종 모임을 통해 고전의 가치를 알리고 고전읽기의 중요성을 인식시키는 노력이 있어야 한다. 아울러 도서관 안에 고전 비치는 말할 것도 없고 고전읽기에 관련된 각종 안내서 및 자료들을 갖추는 일 또한 중요하다. 이를 위해 학교 당국은 행정적, 재정적 지원을 아끼지 말아야 할 것이며, 도서관은 학생들이 수시로 고전을 열람할 수 있도록 각종 지원을 아끼지 말아야 할 것이다.

하지만 이러한 여건이 갖추어졌다고 하더라도 고전읽기 프로그램이 교육과정과 연계되지 않는다면 실효를 거두기 어렵다. 학기 중 교수가 학생들에게 고전이나 고전과 관련된 책자를 제시하고 과제를 제출하게 하거나 강의시간에 발표를 하도록 한 후 그 결과를 성적에 반영하는 방법을 통해 고전에 관심을 가지도록 유인하고 장려하는 방안을 모색해 볼 필요가 있다. 그런데 이러한 유인책이 결실을 거두기 위해서는 범교과적인 차원에서의 노력이 절실하다. 교수 전체가 고전읽기를 통한 교양교육의 필요성 및 가치를 인식하고 스스로가 고전교육의 주체요 안내자가 되어야 한다. 교양교육이란 통합교과적인 성격을 띠고 있으므로 전체 교수 및 강사진이 참여하지 않는다면 본래의 목적을 실현하기 어렵다. 최근 몇 년간 공주대학교 사범대학의 모 학과에서 실시해온 〈권장 필독도서 읽기〉는 고전읽기를 통한 교양교육이 특정 학과와 영역을 초월하는 보편적인 작업임을 잘 보여주는 사례라고 할 수 있다. 이 학과에서는 학생들이 입학으로부터 졸업까지 전공 공부 외에 5개 영역(인문, 역사, 문화, 경제, 경영)에 걸쳐 고전 50권을 읽고 독후감을 써 제출하게 한 후 엄정한 심사를 거쳐 시상을 하고 있다. 물론 이러한 유인책이 과연 교육적인가 하는 의문이 들 수 있겠지만, 자율적이고 독립적인 독서능력이란 일정한 기간 동안의 타율적인 독서 습관이 형성된 다음에야 비로소 획득될 수 있다는 점에서 어느 정도 정당화될 수 있을 것이다.

2) 프로그램의 활용방안

앞에서 언급했듯이, 교양교육의 방안으로 제시된 '위대한 저서 읽기 프로그램'이 실효를 거두기 위해서는 이것이 정규 교육과정 안에 편성되는 것이 바람직하다. 하지만 전공과목과 교양과목 간의 균형문제, 교양과목 안에서의 균형문제로 인해 이러한 프로그램을 정규 교육과정 안에 편성시키는 일은 매우 어렵고 복잡하다. 따라서 여기서는 실현 가능한 다음 몇 가지 방안만을 소개해 보고자 한다.

첫째, 위대한 저서읽기 프로그램이 정규 교육과정 안에 편입될 수 있다면, 복수 편성을 원칙으로 운영하는 것이 바람직할 것이다. 허친스와 애들러가 구분했듯이, 〈인문과학의 고전들〉, 〈사회과학의 고전들〉, 〈자연과학의 고전들〉이라는 강좌로 개설하여 이를 3학기 동안 이수하도록 편성하는 것이 효과적일 것이다. 강의방식은 크게 대형 강의와 소형 강의로 구분해 볼 수 있는데, 위대한 저서 읽기 프로그램은 원칙적으로 토론을 병행하는 방식을 권장하고 있기 때문에 가능하면 강의의 규모를 작게 하는 것이 효과적일 것이다. 그러나 오늘날 교육과정 운영 상 이러한 강의 편성은 실현 가능성이 희박하다는 점을 고려해 볼 때 주 1회씩 대형 강의를 운영한 후 평가할 수도 있을 것이다. 혹은 입학 시 고전목록을 분야별로 제시한 후 자유롭게 독서하게 하고 매 학기마다 시험을 쳐 평가하는 방법도 고려해 볼 수 있을 것이다. 물론 이것은 학점제가 아니라 이수제로 운영되어야 할 것이다. 최근 강원대학교에서 독서인증제(학칙 제 51조 2항)를 졸업자격인증제에 포함시켜 운영하고 있는데, 이것은 고전읽기 강좌를 정규 교육과정 안에 넣지 않고도 교양교육을 활성화할 수 있는 효과적인 방안이 될 수 있다는 점에서 적용 가능성을 검토해 볼만하다.

둘째, 위대한 저서읽기 프로그램을 기존의 교양교육 과목과 연계하여 운영하는 방법이 있다. 예컨대, 일반적으로 1, 2학년 때 이수하도록 되어 있는 문학, 외국어, 한국사, 문화사, 과학, 철학, 교육학 등 각 교양과목에서 관련이 깊은 고전을 읽히거나 과제로 제시하는 방법을 활용할 수 있다. 예컨대, 문학 강좌의 경우, 호머의 『일리어드』와 『오디세이』, 소포클레스의 『비극』, 플루타르크의 『영웅전』등을, 철학 강좌의 경우, 아리스토텔레스의 『형이상학』, 어거스틴의 『고백록』, 데카르트의 『방법서설』 등을, 교육학 강좌의 경우, 플라톤의 『국가론』과 아리스토텔레스의 『니코마코스 윤리학』등을 읽고 발표하게 하거나 과제로 제출하도록 한 후 이를 평가하여 성적에 반영할 수 있을 것이다. 이를 위해 담당 교수는 강의가 시작되기 전 읽혀야 할 고전을 미리 선정하고 목록을 작성하여 이를 강의 계획서에 명기해 두는 작업을 해 두어야 할 것이다.

셋째, 위대한 저서 읽기 프로그램을 전공과목과 연계시켜 운영하는 방법이 있다. 이러한 방안은 고전읽기가 전공 공부를 보다 심화시켜 준다는 점에서 효과적이기는 하지만 읽어야 할 고전의 폭을 좁힌다는 점에서는 안목이 좁은 교양인을 길러낼 가능성이 있다. 이러한 방안 역시 앞의 방안과 마찬가지로 전공 교수들의 전폭적인 지지와 참여가 필요하며 특히 전공과 연계된 고전들을 찾고 분류하고 목록화하는 일이 수반될 때 실효를 거둘 수 있을 것이다. 예컨대, 교육학 분야의 경우 안인희에 의해 편집된 『교육고전의 이해』(1973)라든가 『20세기 교육고전의 이해』(1975), 그리고 정세화(1980), 한기언(1979; 1996)의 연구는 고전을 전공과 연계시켜 분류하고 목록화한 좋은 사례들이라고 볼 수 있다. 하지만 전공과 연계된 교육고전 읽기가 전공 강의시간에 실행될 수도 있겠지만 시간적, 공간적 제약으로 인해 실효를 거두기란 여간 어려운 일이 아닐 것이다. 따라서 각 학과마다 학기 초에 전공교과와 관련된 고전을 선정하여 자유롭게 읽게 한 후 독후감을 써 내게 하여 심사한 후 인증을 해주는 절차를 만들 필요가 있을 것이다. 각 학과에서 발급한 독서인증서를 학장이 공인해 주는 절차를 제도화한다면 고전읽기가 보다 활성화될 수 있을 것이다. 최근 공주대학교 사범대학이 교사인증제 안에 고전읽기 항목을 넣어 운영하고 있는 것은 고전읽기를 활성화할 수 있는 좋은 계기가 될 수 있을 것이다.

넷째, 위대한 저서 읽기 프로그램을 정규 교육과정 안에 편성하지 않고 비정규적인 과정 안에 편성 운영할 수 있다. 예컨대, 학내의 평생교육원, 고전교육 연구소, 그리고 각종 학생 서클 등을 통해 이러한 프로그램을 개설, 운영할 수도 있다. 우선, 평생교육원 안에 이 프로그램을 개설할 경우 이것을 이원체제로 운영해 볼 수 있을 것이다. 하나는 일반인들을 위한 교양강좌로, 다른 하나는 대학생들을 위한 교양강좌로 운영할 수 있을 것이다. 다음으로, 이 프로그램을 대학 안팎에 설치된 고전교육 관련 연구소 등에 개설할 수도 있을 것이다. 이 경우 고전연구, 고전읽기, 독서토론 등을 보다 전문화하여 운영할 수 있다는 점에서 위대한 저서읽기 프로그램의 본래 취지를 가장 잘 살릴 수 있는 방안이 될 수 있을 것이다. 1991년 대구에서 설립된 파이데이아 연구소(Paideia Institute)가 추진하고 있는 '위대한 저서 읽기 프로그램'이라든가 한국독서문화재단의 글나라연구소에 개설된 파이데이아 지도자 과정은 고전 읽기 및 독서토론의 좋은 본보기가 될 수 있을 것이다. 이들 연구소들은 허친스와 애들러가 선정한 위대한 저서들 중 인문학과 사회과학 저서의 한국어판을 중심으로 고전을 읽어나가고 있으며 과정이 종료된 후 수료증을 수여하고 있다(파이데이아 연구소 요람, 2005; www.paideia.or.kr; www.gulnara.or.kr).

이렇게 대학 안팎에 설립된 평생교육기관 및 고전교육 관련 연구소 등에서 운영하고 있는 고전읽기 프로그램에 참여하여 과정을 이수한 후 '고전읽기 인증서'를 받은 대학생들에게 그것을 공인해 주게 된다면 대학가에서 고전읽기 운동이 보다 활발하게 전개될 수 있을 것이고, 나아가 교양교육의 질도 높아질 것이다. 이제 학생들이 대학 안팎에서 고전을 읽을 수 있도록 시간적 공간적 배려를 해 주고, 나아가 그들의 독서 결과를 공증해 주기 위한 합리적인 절차를 마련해 주는 일이 무엇보다 중요한 때이다.

5 맺는 말

오늘날 동서양을 막론하고 교양교육의 위기가 곧 대학의 위기로, 그리고 급기야는 문화의 위기로 이어지고 있다는 우려의 목소리가 고조되고 있다. 그렇다면 문화의 위기를 극복하고 대학의 본래 모습을 회복하는 방법이 교양교육의 회복에 있음은 너무나도 자명한 일이라고 할 수 있을 것이다. 이 글은 교양교육을 활성화하기 위한 한 방안으로 허친스와 애들러가 만든 '위대한 저서읽기 프로그램'의 가치 및 활용방안을 적극적으로 검토하는 데 목적을 두었다. 이를 위해 이 프로그램의 추진배경, 프로그램의 내용, 프로그램의 추진 절차들을 탐색하고 이것의 활용방안을 차례대로 논의하였다.

허친스가 제시한 '위대한 저서 읽기 프로그램'은 단순히 고전을 읽기 위한 프로그램만이 아니라 교양교육을 활성화하기 위한 프로그램인 동시에 정체성이 흔들리고 있는 대학을 개혁하기 위한 강력한 조치이며, 나아가 위기에 처한 현대 문명사회를 구원하기 위한 지적 탐구의 소산물로 이해된다. 비록 그의 고전 읽기 프로그램이 부분적으로 시행되다가 동료 교수들의 극심한 반대에 부딪쳐 사라지기는 했지만 이것이 곧 허친스 자신의 실패라거나 교양교육의 실패라고 말할 수는 없다. 오늘날에도 여전히 교양교육의 필요성은 요청되고 있으며 이를 실현하기 위한 노력들이 끊이지 않고 있다. 그의 독서 프로그램에 담긴 위대한 저서들은 그 자체로서 인류의 소중한 지적 자산으로서 교육적으로 무한한 가치를 담고 있다. 이것들은 제1급의 작품이요, 정신문화의 뿌리요, 영구적이고 보편적인 가치를 가진다는 점에서 당연히 고전의 반열에 들 수 있는 명저들이다. 또한 이 프로그램은 위대한 저서들을 선정하는 엄격한 기준을 제시함으로서 고전과 범속한 책을 구별하는 안목을 넓혀 줄 뿐만 아니라 색인목록을 통해 위대한 아이디어들을 신속하게 찾아갈 수 있도록 안내해 준다는 점에서 이 프로그램 자체가 탁월한 고전읽기 안내서의 역할을 하고 있다. 특히 독서의 의미와 내용을 풍성히 하기 위해 독서토론의 운영방법 및 절차들을 상세하게 제시한 것은 고전을 읽는 사람과 고전읽기를 지도하는 사람들 모두에게 큰 도움을 줄 수 있다.

하지만 위대한 저서 읽기 프로그램이 자체로서 무한한 가치를 지니고 있다고 하더라도 그것을 액면 그대로 받아들일 수는 없는 일이다. 이것은 어디까지나 서양의 고전읽기 프로그램으로서 나름대로의 난점과 약점도 지니고 있기 때문이다. 따라서 이 프로그램을 교양교육을 활성화하기 위한 프로그램으로 활용하기 위해서는 고전들을 재선정하기 위한 기준이 마련되어야 하고, 이를 재목록화하는 작업이 이루어져야 한다. 아울러 이것을 정규 교육과정과 비정규교육과정에 편성하여 운영하기 위한 구체적인 지침들이 마련되어야 할 것이다. 즉 이 프로그램을 독립적으로 개설하여 운영할 것인지 아니면 기존의 교양교과목이나 전공교과목과 연계하여 운영할 것인지에 대한 구체적인 방안들이 수립되어야 할 것이며, 현실적으로 이러한 방안이 실효를 거두기 어렵다면 사회교육원 혹은 평생교육원에 개설하여 운영하는 방안도 검토해 볼만 하다.

위대한 저서읽기 프로그램에서 제시하고 있는 고전의 선정 기준, 선정된 도서 목록, 독서 및 토론방법 등은 독서교육 혹은 고전교육에 주는 시사가 매우 크다는 점을 고려해 볼 때 이 프로그램에 대한 연구가 보다 다각적으로 이루어져야 할 것이며, 이러한 프로그램을 토대로 우리의 실정에 맞는 효과적인 고전읽기 프로그램을 만들기 위한 작업도 병행되어야 할 것이다. 아울러 이러한 프로그램이 대학 교양교육을 위한 강좌로만 제한되기보다는 중등학교 교양교육 프로그램 및 일반 대중을 위한 교육 프로그램으로 일반화되어 보다 많은 사람들의 인간적 품격을 높이는데 기여하기를 기대해 본다.

참고문헌

강준모(1990). R. M. Hutchins의 교육철학연구. 박사학위논문. 성균관대학교 대학원.

고순희(2001). "인문학 교양교육의 필요성과 당면과제". 논문집. 제 6집, 부경대학교, 101- 119.

고 은 외(1994). 책, 어떻게 읽을 것인가. 서울: 민음사.

김성미(1997). R. M. Hutchins의 교육철학과 교양교육의 문제. 석사논문. 경북대학교 교육대학원.

김상근(2000). "대학교육의 위기와 교양교육". 대학교육. 제 104집, 6-7.

김억환(1986). "외국대학의 교양교육 개혁 동향". 교육논총. 제 5집, 건국대학교 교육대학원, 113-127.

김태길(1983). "서양의 고전". 인문논총. 11, 서울대학교인문과학연구소, 107-118.

다치바나 다카시 지음, 이정환 옮김(2002). 도쿄대생은 바보가 되었는가. 서울: 청어람 미디어.

덴비, D. 지음, 황 건 옮김(1997). 호메로스와 테레비. 서울: 한국경제신문사.

동아일보사(1985). 현대한국의 명저100권: 1945년-1984년(《신동아》 별책부록). 서울: 동아일보사.

명지대학교 명저 100선 간행위원회(1993). 명저 100선. 명지대학교 출판부.

매일경제신문사(1993). 서양고전에서 배우는 리더쉽. 서울: 매일경제신문사.

박희진(1983). "서양의 고전". 인문논총. 11, 서울대학교인문과학연구소, 133-149.

반덕진(1999). 대학과 교양교육. 서울: 신광출판사.

벨, D. 저, 송미섭 옮김(1994). 교양교육의 개혁. 서울: 민음사.
브리태니커 편집실 옮김(1972). 위대한 대화: 교양교육의 실체. 서울: 엔사이클로피디어 브리태니커.
신득렬(1990). 허친스의 교육사상. 대구: 계명대학교 출판부.
______(2002). 위대한 대화: Robert M. Hutchins 연구. 대구: 계명대학교 출판부.
신현태(1985). "교양교육개념 분석과 Hutchins의 교육". 교육학연구. 제 23권, 제 2호, 한국교육학회, 5-16.
안인희 편(1973). 교육고전의 이해. 서울: 이화여자대학교 출판부.
______ 편(1975). 20세기 교육고전의 이해. 서울: 이화여자대학교 출판부.
애들러, M. J. 저, 민병덕 역(1986). 독서의 기술. 서울: 범우사.
에들러, M. J. 저, 최영호 역(1989). 자유인을 위한 책 읽기. 서울: 청하.
이광주(1985). "좌담: 우리에게 명저란 무엇인가". 현대한국의 명저 100권: 1945년-1984년(《신동아》 별책부록). 동아일보사.
이동철(1998). "교양교육의 활성화와 〈고전읽기〉 프로그램". 학생생활연구. 제 6집, 용인대학교 학생생활연구소, 65-86.
이성호(1987), 대학교육과정론: 쟁점과 과제. 서울: 연세대학교 출판부.
정세화(1980). "교육고전의 개념과 분류". 한국교육고전의 발견과 이해. 한국정신문화연구원제 4회 학술발표논문, 3-20.
천정미(2003). "Hutchins의 교양교육의 개념과 대학교육의 목적". 교육철학. 제 23집, 한국교육철학회, 299-314.
천정미 · 공영권(2002). "R. M. Hutchins의 교양교육론". 교육철학. 제 21집, 한국교육철학회, 17-32.
최미리(2001). 미국과 한국대학의 교양교육 비교. 서울: 양서원.
파디먼 저, 김주영 역(1995). 일생의 독서계획. 서울: 태학당.

파이데이아연구소(2005). 파이데이아 요람. 대구: 파이데이아연구소.

한기언 편(1979). 교육명저해제. 서울: 한국능력개발사.

한기언(1996). "교육고전론 서설- 교육고전의 성격". 교육철학. 14(2), 한국교육학회 교육철학연구회, 115-134.

한양대학교 교양필독도서 선정위원회(1995). 어떤 책을 읽을 것인가. 서울: 한양대학교 출판원.

Adler, M. J.(1977). *Philosopher at Large: An Intellectual Autobiography*. New York: Macmillan.

Adler, M. J. and Doren, C. V.(1972). *How to Read a Book: The Classic Guide to Intelligent Reading*. New York: A Touchstone Book.

Adler, M. J. and Gorman, W. eds.(1952a). The Great Ideas: A Syntopicon of Great Books of the Western World, vol. 1, in ed. by R. M. Hutchins(1952). *Great Books of the Western World*, vol. 2, Chicago: Encyclopedia Britannica.

Adler, M. J. and Gorman, W. eds.(1952b). The Great Ideas: A Syntopicon of Great Books of the Western World, vol. 2, in ed. by R. M. Hutchins(1952). *Great Books of the Western World*, vol. 3, Chicago: Encyclopedia Britannica.

Hirst, P. H.(1965). "Liberal Education and Nature of Knowledge". in R. D. Archambault ed.(1965). *Philosophical Analysis and Education*. New York: Routledge & Kegan Paul.

______(1972). "Liberal education", in L. C. Deighton(ed.). *The Encyclopedia of Education* Vol. 5. New York: Macmillan.

Hutchins, R. M.(1936a). *The Higher Learning in America*. New Heven: Yale University Press.

______(1936b). *No Friendly Voice*. Chicago: The University of Chicago Press.

______(1943). *Education for Freedom*. Louisiana: Louisiana State University Press.

______(1950). "The University and the Mind of the Age". *Measure*. 1(4).

______(1952). The Great Conversation: The Substance of a Liberal Education, in ed. by R. M. Hutchins. *Great Books of the Western World*. vol. 1, Chicago: Encyclopedia Britannica.

______(1953). *The Conflict in Education in Democratic Society*. Connecticut: Greenwood Press.

______(1956). *Some Observations on American Education*. Cambridge: Cambridge University Press.

______(1963). "Education and the National Purpose". *Rich University Studies*. 49(3).

______(1968). *The Learning Society*. New York: Frederick A. Praeger.

Morland, W. D. and Goldenstein, E. H.(1985). *Pioneers in Adult Education*. Chicago: Nelson-Hall.

Peters, R. S.(1977a). "Ambiguities in Liberal Education and the Problem of Its Contents." *Education and The Education of Teachers*. London: Routledge & Kegan Paul, 46-67.

______(1977b). "Dilemmas in Liberal Education and the Problem of Its Contents." *Education and The Education of Teachers*. London: Routledge & Kegan Paul, 68-85.

The Great Books Foundation(1987). *An Introduction to Shared Inquiry*. Chicago: The Great Books Foundation.

http://www.gulnara.or.kr(accessed 2007.07.27 14:02)

http://www.paideia.or.kr(accessed 2007.07.27 15:22)

제 8 장

사회적 지성으로서 교사의 역할

1. 들어가는 말
2. 사회적 지성의 의미
3. 비판적 논의
4. 교사에게 주는 시사들
5. 맺는 말

CHAPTER 8

사회적 지성으로서 교사의 역할

1 들어가는 말

오늘날 교육받은 대중들이 보여주는 그릇된 행동양식 중의 하나는 자신이 가진 지적 능력을 개인의 이익이나 복지를 위해서만 사용할 뿐 이웃과 공동체의 이익을 위해 사용하지 않고 있다는 점이다. 즉 사람들이 다양한 형태의 교육을 통해 높은 지적 능력을 갖추었으되 그 능력을 사익(私益)을 위해 사용할 뿐 사회개혁과 발전을 위해 사용하지 않고 있다는 점이다. 장기적인 안목에서 볼 때, 이러한 행태는 개인이나 공동체 전체에 불행한 일이 아닐 수 없다. 이러한 점에서 오늘날 사회가 해결해야 할 중요한 과제 중의 하나는 개개인이 지닌 지적 능력을 어떻게 응집시킬 것이며, 이 응집된 지적 능력을 사회를 개혁하는데 어떻게 활용할 것인가 하는 점일 것이다. 교육을 통해 획득한 지적 능력이 개인의 행복은 물론 공동체의 안녕과 복지를 위해 쓰일 때 비로소 그 지적 능력이 제대로 평가받을 수 있기 때문이다.

우리는 교육을 통해 성취한 지적 능력, 성향, 태도를 일반적으로 '지성'(知性)이라고 부를 수 있을 것이다. 교육은 일차적으로 이러한 지성을 가진 사람을 길러내는 활동이라는 점을 부인할 수 없다. 하지만 이러한 지성을 소유한 사람들이 자기가 몸담고 있는 사회공동체의 개혁을 위해 혹은 사회의 발전을 위해, 혹은 사회의 진보를 위해 참여하고 봉사하지 않는다면 그들이 지닌 지성이란, 화이트헤드(Whitehead, 1958: 13)가 말한 대로 '무기력한 관념'(inert ideas)에 지나지 않을 것이다. 이러한 맥락에서 생각해 보면 결국 교육받은 지성인들이 사회개혁에 어느 정도 참여하는가가 공동체의 성장과 발전을 결정짓는다고 말해도 지나친 표현은 아닐 것이다.

그러나 주지하다시피 어느 사회를 막론하고 오늘날 다양한 가치가 혼재하고 충돌하는 거대 공동체 안에서 불거지는 문제들은 간단치가 않다. 이러한 문제는 이미 니부어(R. Niebuhr)가 심층적으로 분석한 바 있듯이, 개인의 비도덕성에서 비롯되는 것이 아니라 사회구조적인 것에서 생겨나는 것들이다. 따라서 한 두 개인의 지적 능력의 발휘만으로는 문제해결이 쉽지 않다는 것이 현대 사회철학자들의 합의된 견해이다. 따라서 교육받은 개인들의 지성이 모아지고 응집되지 않고는 구조적이고 조직적인 사회문제를 해결해 간다는 것이 무모한 것처럼 보인다.

이 글에서 다루고자 하는 존 듀이(John Dewey: 1859~1952)는 바로 이러한 사회 공동체가 안고 있는 문제를 해결하기 위한 방안, 즉 사회를 개혁하기 위한 효과적인 방안을 지성(intelligence)[1]의 방법 특히 '사회적 지성'(social intelligence)[2]의 방법

1) 우리나라 학계에서 듀이 연구자들은 듀이의 'intelligence'을 모두 '지성'이라는 말로 번역하여 쓰고 있지는 않다. 예컨대, 임한영(1981), 박봉목(1983), 김태길(1979; 1982) 등은 이것을 '지성'으로 번역해 사용하고 있지

에서 찾았던 사회철학자요 교육철학자였다. 그는 교육을 통해 길러진 지성이 공동체의 문제를 해결하는데 제대로 쓰인다면 우리가 바라는 사회적 이상을 실현할 수 있을 것이라고 굳게 믿었다. 그리하여 그는 자신의 여러 저작들 안에서 사회적 지성의 방법이 가지는 가치와 중요성을 역설하였으며 정당화하려고 하였다. 그가 개인적 지성을 인간의 자아(自我)를 결정하는 가장 중요한 요인으로 파악한 점, 그리고 사회적 지성이 사회개혁의 가장 중요한 방법이 되어야 한다고 힘주어 강조한 사실에 비추어볼 때 그의 철학을 '지성주의'(知性主義)라고 칭하는 것이 좀처럼 어색해 보이지 않는다(박봉목, 1983: 213).

그런데 문제는 교육받은 사람들이 사회적 지성을 발휘하여 공동체의 문제를 합리적으로 해결해 감으로써 사회적 이상을 실현해 갈 수 있다는 듀이의 주장은 일견 합리적이고, 민주적인 것으로 보이며 따라서 어느 정도는 설득력도 있어 보인다. 그러나

만, 이돈희(1982)는 이것을 '지력'(知力)이라는 말로 번역해 쓰고 있다. 지력이란 문제를 해결하는 지적인 능력을 강조하는 말인데 비해, 지성은 문제를 지적으로 분석, 비교, 추상, 판단, 추리, 판단하는 성향 및 태도를 총칭하는 말로서 지력이라는 말보다는 폭넓은 개념이라고 볼 수 있으며, 듀이가 본래 강조하고자 하는 intelligence의 의미를 가장 잘 담고 있는 용어라는 점에서 지력보다는 지성이라는 개념이 더 적절한 것처럼 보인다.

2) 물론 'social intelligence'이라는 말은 사회적 지성이 아닌 '사회적 지능'이란 말로 번역될 수도 있다. 이 경우 사회적 지능은 사회생활에 잘 적응하고 집단 내의 동료들과 친근하게 지낼 수 있는 능력을 의미하는 것으로, 일찍이 헌트(Hunt, 1928; 317-334)는 사회적 지능을 수량화하여 그 신뢰도와 타당도를 측정한 바 있으며, 그 후 샤핀(Chapin, 1939: 157-166)은 헌트의 경험적 연구결과를 비판적으로 검토한 바 있다. 그러나 듀이가 말하는 사회적 지성은 사회생활에 어느 정도 잘 적응하는가 하는 수동적인 능력을 가리키는 것이 아니라 사회문제를 해결하는 적극적인 방법을 가리키고 있다는 점에서 헌트 및 샤핀의 개념과는 의미가 다르다고 봐야 한다.

그의 사회개혁 의지를 담은 저작들을 꼼꼼히 읽어보면 그의 사회적 지성의 개념이 구체적으로 무엇을 의미하는지가 분명하지가 않다. 예컨대, 사회적 지성이란 사회를 움직이는 힘 있는 사회적 인사들(social personnel)을 말하는 것인지, 혹은 사회문제를 해결하기 위한 독특한 사회적 방법(social method)을 말하는 것인지, 혹은 사회문제를 해결하기 위해 조직된 지성인의 단체(intellectual association)를 말하는 것인지가 분명하지 않다. 또 두르소(D' Urso, 1978: 120)가 지적한 바 있듯이, 듀이는 자신의 저서 여러 곳에서 사회적 지성이란 말과 함께 이와 관련된 유사개념들[3]을 너무 많이 사용함으로써 일종의 언어적 혼란을 불러일으키고 있다. 따라서 이 글은 듀이가 그토록 강조했던 사회적 지성이 구체적으로 무엇을 의미하는지를 밝히는 일이 그의 사회개혁론을 이해하는 첩경이라는 전제 하에 우선, 그가 여러 저서에서 주창한 사회적 지성의 개념을 명료화하여 그 특징들을 밝히고[4], 다음으로 사회적 지성의 방법에 기반을 두고 있는 그의

3) 예컨대 듀이는 사회적 지성이란 말과 더불어 '자유로운 지성'(freed intelligence), '조직적인 지성'(organized intelligence), '효과적인 지성'(effective intelligence), '협동적인 지성'(cooperative intelligence)이라는 용어를 사용하였다(D' Urso, 1978: 120).

4) 물론 Dewey의 지성 개념을 명료화하려는 연구가 없었던 것은 아니다. 예컨대 박준영(1987; 1990; 1992), 박준영 · 천정미(2003), 이병승(1985; 1986; 2000), 천정미 · 박영근(2002), 바타차야(N. C. Bhattacharyya, 1969) 등의 연구가 있지만, 듀이의 '사회적 지성' 개념에 대한 본격적인 연구는 비교적 부족하고 빈약한 편이다. 다만 듀이의 지성개념을 공동체(community)개념과 관련해 논한 파인버그(Feinberg, 1969)의 연구, 이를 비판한 슐츠(Schultz, 1971)의 연구가 있으며, 사회적 지성을 비판적으로 검토한 두르소(S. D' Urso, 1978)의 연구와 이것을 집단적 지성과 관련해 논한 김종찬(1990)의 연구, 이것을 사회개혁과 관련해 논한 이주한(2000)의 저서 등이 있다.

사회개혁 방안을 비판적으로 검토하며, 끝으로 그의 사회개혁 방안이 21세기 교사들에게 주는 시사점들을 살펴보고자 한다.

2 사회적 지성의 의미

일반적으로 사회적 지성이란 사회문제를 해결해 가는 지적 능력, 성향, 태도라고 이해할 수 있을 것이다. 그러나 듀이가 말하는 사회적 지성이란 단일 개념으로 설명하기는 어렵다. 왜냐하면 그는 이 말을 사회적이고 정치적인 의미 이상의 것으로 사용하였으며(Gouinlock, 1976: xiii), 심지어는 이 말을 '문명의 척도'(1935a/*LW*,[5] 11: 57)라고 까지 언급한 것을 보면 그가 이 말을 매우 포괄적인 용어로 사용했다고 볼 수 있기 때문이다. 이처럼 이 말이 가지는 내포와 외연이 넓다는 점에서 그 의미를 명료하게 드러내는 일이 쉽지는 않겠지만 연구자는 듀이의 사회적 지성의 개념을 다음 몇 가지 범주로 묶어 살펴봄으로써 그 의미를 구체화해보려고 한다.

1) **민주주의의 지적 기반으로서 지성**

듀이가 언급한 사회적 지성의 개념을 이해하는 첫 번째 단서는 바로 그의 민주주의(democracy) 개념과 그것의 관계를 밝혀

5) 이 글에 소개된 문헌들 중 약자 *LW*는 미국 일리노이대학교 출판부가 편집한 듀이의 저작들 중 후기저작(*The Later Works*)을 가리키며, *MW*은 중기저작(*The Middle Works*)을, *EW*은 초기저작(*The Early Works*)을 가리킨다.

보는 일이다. 왜냐하면 그의 사회철학 및 교육철학에 있어서 지성과 민주주의의 개념은 불가분의 관계를 맺고 있기 때문이다. 이 둘은 상보적인 관계를 가지고 있다고 보는 것이 듀이 주장의 핵심이다. 즉 지성이 발휘되지 않고는 민주주의가 설 수 없으며, 민주적인 환경이 조성되지 않고는 지성이 더 이상 성장해 갈 수 없다는 것이다.[6] 이러한 점에서 인간 지성에 대한 듀이의 믿음은 그의 사회철학, 좀 더 좁혀 말하자면 민주주의이론을 떠받치고 있는 기본 전제이며 토대라고 할 수 있다.

듀이는 중·후기 여러 저서에서 인간 지성에 대한 깊은 신뢰와 이해를 바탕으로 사회문제를 조명하고 그것을 해결하기 위한 방안을 모색해왔다. 아마도 인간 지성에 대한 깊은 신뢰를 드러낸 저작은 『인간성과 행위』라고 할 수 있는데, 여기서 그는 인간이 충동(impulse)과 습관(habit)의 지배를 받기도 하지만 무엇보다 지성을 소유한 존재인 까닭에 인간은 개인적 차원의 문제뿐만 아니라 사회, 경제적인 문제, 나아가서는 도덕적인 문제까지도 해결해 갈 수 있는 존재라는 낙관적인 관점을 제시하였다(1922/*MW*, 14: 119-190). 이러한 그의 입장은 그는 후기 저서들에서 더욱 강화되었다. 예컨대, '민주주의와 교육행정'에서 그는 "민주주의의 토대는 인간본성의 능력에 대한 믿음이다. 즉 인간 지성에 대한 믿음과 충만하고 상호 협동적인 경험의 힘에 대한 믿음이다. 이것은 이러한 것들이 완결되었다는 믿음이 아니라 여건이 허락된다면 집단적인 행동을 이끌 수 있는 지식과 지혜

---

6) 이러한 입장을 보다 구체적으로 살펴보기 위해서는 파인버그(Feinberg, 1969: 236-248)와 슐츠(Schultz, 1971: 81-89) 사이에 벌어진 논쟁을 참고하는 것이 좋을 것이다.

를 점진적으로 만들어낼 수 있다는 믿음이다"(1937a/LW, 11: 219)라고 적고 있거니와 '교육과 사회변화'에서는 "민주주의란 다른 사람과의 자유로운 관계와 의사소통의 결과라는 점에서 지성에 기반을 두고 있다"(1937b/LW, 11: 417)라고 주장하였다. 뿐만 아니라 『자유와 문화』에서는 "민주주의의 특징은 인간 본성을 최대로 발휘하도록 하는 조건을 마련해 주는 제도이다. 민주주의에서 성취할 수 있는 자유라는 것도 결국 인간의 잠재능력이 최대로 발휘된 결과에 지나지 않는다"(1939a/LW, 13: 154)라고 주장한 것을 보면 인간본성 및 지성에 대한 믿음이 얼마나 확고했는지 짐작할 만하다.

듀이는 민주주의가 인간행동의 자유를 보장해 주는 정치제도라는 점을 부인하지는 않지만 그러한 제도가 구성원들에 의해 지성적으로 운영되지 않는다면 오히려 인간의 자유를 속박하는 괴물로 변질될 가능성이 있음을 우려하였다. 그는 민주주의라는 정치제도를 소유하기만 하면 그 제도가 곧바로 구성원들의 자유를 보장해 줄 것이라고 믿는 사람들의 순진한 태도를 못마땅하게 여겼다. 그는 민주주의를 정치제도 이상의 것, 즉 '공동생활의 양식'[7]으로 보편화, 일반화, 생활화시키는 것은 바로 지성임을 강조하였다. 다시 말해서 지성적인 반추가 끊임없이 이루어지지 않고는 민주주의란 공동체 구성원들의 삶의 질을 개선시켜 나가

7) 듀이는 민주주의를 정치제도 이상의 것이라는 점을 일관되게 밝히고 있지만 이것을 동일하게 표현한 것은 아니다. 예컨대, 『민주주의와 교육』에서는 민주주의를 '공동생활의 양식'(mode of associated living) (1916/*MW*, 9: 93)으로, "교육과 사회변화"(Educated Social Change)에서는 '삶의 방식'(way of living)으로(1937b/*LW*, 11: 417), 그리고 『자유와 문화』에서는 "생활방식"(way of life)으로 표현하였다(1939a/*LW*, 13: 155).

는데 아무런 도움을 줄 수 없다고 보았다. 그는 민주주의 사회에서 그토록 중시하는 행동의 자유라는 것도 지성의 도움이 없이는 실현되기 어렵다는 점을 강조하였다. 이러한 입장을 듀이는 다음과 같이 밝힌 바 있다.

> 대부분의 독재적이고 권위주의적인 행동체제는 지성이 다른 사람들의 행동을 통제할 수 있는 능력과 권리를 천부적으로 타고난 소수의 사람들에게 국한되어야 한다는 믿음에 기반을 두고 있다. 나는 민주적인 삶의 방식을 가지고 살아가는 동안 개인의 경험에 관련된 지성이 먼저 해방되어야 한다는 점을 강조했었다. 민주주의란 행동의 자유를 이끌고 의미가 있게 만드는 자유로운 지성의 중요성을 망각한 체 우리 마음에 너무나도 자주 그리고 자연스럽게 행동의 자유와 관련시키려 한다는 점에서 나는 의도적으로 그렇게 말했다. 개인적 행동의 자유가 그것을 반추할 수 있는 지성과 신념을 가지지 않고 그러한 자유를 표현해 낸다는 것은 대부분 혼란스러운 결과를 가져온다. 왜냐하면 민주주의가 행동의 자유를 인도하고 의미가 있게 하기 위해서는 해방된 지성(freed intelligence)을 필요로 하기 때문이다(1937a/LW. 11: 119-220).

듀이가 활동했던 시대만 하더라도 사람들의 사고방식은 여전히 구태의연한 개인주의적 굴레를 벗어나지 못하고 있었다. 소위 배웠다고 하는 식자층조차도 개인의 지적 능력을 사익을 극대화하는데 사용하고 있었다. 즉 자신의 지적 능력이 공동체를 위해 어떻게 쓰여야 하는지에 대한 자기반성과 각성이 없었다. 결국 듀이는 이러한 지성인들의 낡은 사고방식이 공동체의 성장과 발전을 해친다고 진단하였다. 그리하여 그는 『신구 개인주의』에서 역사적으로 지성을 소유한 소수의 지식인들이 공동체의 문제에 대해 관심을 가지고 참여할 것을 누누이 강조했으며, 지성을 사익을 위해서가 아니라 공동체의 이익을 위해 사용할 것을 적극적으로 권고하였다(1929/*LW*, 5: 66-89). 결국 그는 19세기의 폐쇄적이고 구태의연하며 낡은 사고방식으로는 사회발전 및 진보를 기대할 수 없으며 민주적인 이상을 실현하기는 더더욱 어렵다고 진단하였다. 따라서 듀이의 관점에서 볼 때 사회진보와 발전을 가로막고 있는 낡은 개인주의적 타성을 깨뜨리는 것, 구태의연한 폐습에 얽매여 있는 지성을 해방시키는 일, 자유롭게 하는 일이 무엇보다 중요한 과제였을 것이다. 물론 듀이는 이러한 과제를 해결할 주체는 당연히 지성인이어야 하며, 그러한 지성인을 길러내는 일이 교육자의 중요한 몫이라고 생각하였다. 따라서 듀이 철학에 있어서 교육과 지성과 민주주의는 불가분의 관계를 가지고 있다.

2) **과학적 방법으로서의 지성**

듀이가 언급한 사회적 지성의 개념을 이해하기 위한 또 다른 단서는 그 개념이 과학적인 방법(scientific method)과 밀접한 관련을 맺고 있다는 점을 밝히는 것이다. 그는 지성적인 사람들로 이루어진 공동체는 자신들이 직면한 사회문제를 관습, 권위, 낡은 습관에 의존해 해결해 가기보다는 과학적인 방법으로 해결해 갈 것이라고 믿었다. 이러한 점에서 볼 때 사회적 지성의 또 다른 속성은 과학적인 정신과 탐구적 태도이다. 이미 알려진 바와 같이, 듀이는 과학주의(scientism)에 반대하였지만, 과학의 올바른 사용에 대해서는 긍정적인 입장을 취한 철학자이다 (1931/*LW*, 6: 55-56). 특히 과학에 대한 그의 생각은 그 당시로서는 상식을 뛰어넘는 것이었다. 왜냐하면 지금까지 자연분야에만 적용되었던 과학적인 방법을 인간사회 전 영역에 적용해야 한다고 주장했기 때문이다. 특히 그는 과학적 방법을 개인적인 문제는 말할 것도 없고 사회적인 문제를 해결하는데 적용해야 한다고 힘주어 강조했기 때문이다. 과학적 방법을 일반화하려는 이러한 태도는 그의 사회철학과 교육철학에 그대로 반영되었다.

듀이가 말하는 사회적 지성이란 사회문제를 과학적으로 이해하고 해결하고자 하는 일종의 과학적 방법과 절차와 관련이 깊다. 따라서 듀이는 사회문제를 해결하기 위해서는 모종의 실험정신(experimental mind)과 탐구정신(inquiry mind)이 요구된다고 보았다. 사실, 오늘날 과학기술의 발달은 끊임없는 실험과 탐구의 소산이라고 할 수 있다. 실패와 좌절 속에서도 새로운 사실을 밝혀내기 위해 실험하고 탐구하지 않았다면 인류의 역사가 어찌 진보했을 것인가? 마찬가지로 사회진보 역시 사람들의 끊임없는 실험과 탐구가 없었더라면 불가능했을 것이다. 듀이에 의하면, 사회진보를 위해 실험과 탐구활동이 불가피하다. 실험은 실패와 좌절을 안겨 주기도 하지만 우리를 무지와 편견과 속박으로부터 벗어날 수 있게 해 준다. 이런 의미에서 듀이는 『철학의 개조』에서 지성의 실험적 속성, 즉 '실험적 지성'의 가치에 대해 다음과 같이 평가했다. 즉 "실험적 지성은 반드시 성취되어야 할 무엇이다. 실험적 지성은 무지에 차있고 관습에서 비롯되는 과거의 속박으로부터 인간을 해방시킨다. 그것은 좀 더 나은 미래를 비추어보고 인간이 그것을 실현할 수 있도록 돕는다. 그래서 실험적 지성의 작용은 늘 경험 안에서 검토되어야 한다"(1920/*MW*, 12: 134-135). 이러한 그의 주장에 비추어볼 때 실험정신은 과학적인 문제를 해결하는데 적용되는 방법만이 아니라 사회적인 문제를 해결하는 방법이기도 하다. 듀이는 사회적인 문제를 해결하기 위해서는 과학적 탐구과정, 심지어 실험도 필요하다고 보았다. 말하자면 사회문제를 해결하기 위해 사회적 실험도 감행할 필요가 있다는 것이다. 이러한 점에서 듀이가 이러한 탐구과정을 지성이라고 부른 것은 하등 이상할 것이 없다. 즉 듀이는 『논리학: 탐구이론』에서 상황을 구성하는데 요구되는 상세한 관찰, 상황을 구성하는 요소들에 대한 분석, 모호한 것에 대한 명료화, 더욱 일관성 있고 생동감 있는 특성들에 대한 숙고, 그것들 자체를 제시하는 다양한 행동양식의 결과에 대한 탐구, 예견되거나 상정된 결과들이 그 사용에 있어서 실제적인 결과들과 일치될 때까지 가실적이고 임의적인 것으로 다루어가는 일련의 탐구과정을 지성이라고 보았다(1938/*LW*, 12: 106-122).

물론 과학적 탐구가 곧 지성이라는 주장은 언어적 혼란을 가져올 수 있겠지만, 듀이 주장의 핵심은 어디까지나 과학적 방법이 지성적으로 적용되어야 한다는 점을 강조하려는데 있다고 봐야 한다. 그는 과학기술이 인류 사회에게 끼친 폐해와 문제점들을 직시하고 있었다. 그는 과학 자체가 그릇된 것이 아니라 과학을 사용하는 사람들의 태도에 문제가 있었다고 진단하였다. 즉 과학기술을 반지성적이고 비도덕적으로 사용했기 때문에 엄청난 문제들이 생겨났다고 보았다. 따라서 과학과 지성에 대한 듀이의 주장은 다음 두 가지로 이해될 수 있다. 하나는 과학적 방법이 자연과학 분야에만 적용될 것이 아니라 인간 사회문제 전반에 걸쳐 적용되어야 한다는 점이요, 다른 하나는 과학적 방법을 사회문제에 적용하되 그것을 지성적인 정신과 마음으로 적용해야 한다는 것이다. 전자는 과학적 방법의 일반화를 강조한 것이라면 후자는 과학적 방법의 지성적 적용을 강조한 것이다. 듀이 주장의 핵심은 지성적인 사람들, 특히 지성적인 조직이나 집단이 사회문제를 과학적으로 다루어 갈 때 사회진보가 가능해지고 나아가 사회적 이상을 실현할 수 있다는 것이다. 이러한 맥락에서 보면, 듀이의 사회적 지성의 개념은 과학적 지성 혹은 실험적 지성과 구별되지 않는 것처럼 보인다.

3) 사회적 협동방법으로서의 지성

듀이는 자신의 저서 여러 곳에서 개인적 지성(individual intelligence)만으로는 사회문제를 해결하기 어렵다는 점을 인식한 후 사회적 지성의 방법을 강력하게 추천하였다. 뿐만 아니라 그는 개인적 지성만으로는 민주주의 사회를 건설하는데 한계가 있다고 판단하였다. 자연히 그는 개인적인 지성들을 조직하고 통합하는 일에 비상한 관심을 보였다. 그리하여 그는 "사회에 대한 개개인의 공헌은 충분히 발휘된 최고의 지성에로 통합될 때 비로소 가치를 갖는다고 믿는 것이 바로 민주적인 신념이다."(1937a/*LW*, 11: 220)라고 외친 바 있다.

듀이는 그가 생존했던 시대의 사회 문제들이 어느 한 개인이나 소수집단의 노력만으로는 해결하기 어렵다는 것을 통찰했다. 그는 산업사회의 거대화와 조직화 앞에서 개인이 얼마나 무기력하고 나약한 존재인가를 목도하였다. 그는 구조적이고 제도적인 모순과 악(惡) 앞에서 개인적 지성은 분명히 한계가 있음을 인식하고 있었다. 심지어 부정의한 정권 하에서 개인적 지성이 지배자 집단의 이익을 위해 악용되고 있는 현실을 직시하고 있었다. 일찍이 니부어(R. Niehbur)가 지적한 바 있듯이, 개개인은 도덕적일 수 있지만 사회조직은 비도덕적일 수 있다(이한우역, 1992: 271-285). 듀이 역시 거대한 구조적 모순의 해결을 위한 가장 효과적인 방법이 무엇인가를 놓고 고심했다. 듀이는 조직적인 악과 모순에 맞서 싸우는 방법에는 '폭력'(violence)과 지성에 의존하는 방법이 있다고 보았다. 민주주의의 신봉자로서 듀이는 폭력에 의한 사회혁명이나 변혁에는 철저히 반대했다. 그는 '새로운 사회의 경제적 기초'에서 이러한 입장을 다음과 같이 피력하였다.

> 오늘의 상황에서 가장 큰 비극은 현재의 악이 무엇인가를 잘 알고 있고 사회·경제적인 체제 내에서 변혁이 있어야 함을 가장 잘 아는 사람들이 전쟁과 폭력과 같은 단순하면서도 획일적인 방법에 의존하고 있다는 것이다. 그들은 사회적으로 유익한 지식과 지속적인 탐구의 결과를 적용하는 일에 의존하기보다는 과거의 사상가, 당파에서 내세우는 우상, 즉 고착된 지성에 의존하고 있는지도 모른다. 고착된 것은 도그마에 빠지기 쉽기 때문이다(1939b/*LW*, 13: 320; Ratner, ed., 1939: 431).

듀이는 냉혹하고 고착적인 개인적 지성을 해방시키는 일도 중요하지만 현재의 사회문제를 적극적으로 해결해 가기 위해서는 개개 지성인들의 협력과 협동이 무엇보다 필요하다고 역설하였다. 그는 『자유주의와 사회적 행동』에서 협동적 지성(cooperative intelligence)의 가치에 대해 다음과 같이 적은 바 있다. 즉 "과거 역사적인 사회적 진보가 협동의 결과이지 갈등의 결과가 아니라고 주장하는 것은 과장일 수 있으나, 문명의 척도란 협동적 지성의 방법이 잔인한 갈등의 방법을 대체(代替)하는 정도에 달려 있다고 말하는 것은 결코 과장이 아니다."(1935a/*LW*, 11: 57). 역사발전의 원동력을 상호협동에서 찾았다는 점에서 듀이는 역사발전의 동인을 계급갈등에서 찾은 마르크스주의자들이나 어떤 보편적인 법칙에 의거하여 역사가 발전해 간다고 주장한 역사주의자들과는 다른 입장을 취하고 있다. 그는 지성인들이 협력하고 협조함으로써 직면한 사회문제들을 해결하고 사회적 이상을 실현할 수 있을 것이라고 굳게 믿었다. 그는 협동적인 지성이야 말로 민주주의를 실현하기 위한 중요한 사회적 방법이며 문명을 평가하는 중요한 척도임을 누차 강조하였다.

나아가 듀이는 조직적이고 구조적인 악과 맞서 싸우기 위해서는 개개인의 협동도 중요하지만 이에 못지않게 중요한 것은 개개인의 지성을 조직하는 일, 즉 조직적인 지성을 발휘하는 일이 중요하다고 보았다. 그리하여 그는 '권위와 사회변화'에서 "조직적인 지성이 짧은 기간 동안 지성의 길을 막는 막강한 적들, 즉 무기력, 낡고 오래된 전통과 습관에 맞서 싸우는 가운데 놀랄만한 진보가 이루어졌다."(1936a/*LW*, 11: 141)고 지적하는 가운데 조직적인 지성의 가치와 역할을 높이 평가하였다. 다시 말해서 그는 사회의 발전과 진보가 이루어지기 위해서는 조직적인 지성의 도움과 지지가 필요하다고 보았다. 실제로 그는 그 당시 정치단체[8]를 비롯한 사회단체들에 가입하여 활동하였으며, 미국의 대표적인 교원단체들[9]의 조직과 운영에도 깊숙이 개입, 각종 강연 및 논문을 통해 이들 조직이 사회개혁의 중심 세력이 되어야 한다고 역설하였다. 이러한 단체의 조직과 운영에 관여하게 된 것은 듀이가 인간이 근본적으로 지성적인 존재이기는 하지만 조직적이고 구조적인 악과 부정 앞에서 무기력하다는 점을 충분히 인식하고 있었기 때문인 것으로 보인다.

4) 사회 통제방법으로서의 지성

동서고금 어느 시대 어느 사회이건 사회적 악들(social evils)이 존재했다는 것은 아무도 부인할 수 없는 사회적 사실이다. 이러한 악들은 사회적 이상의 실현을 방해하거나 사회를 침체시키고, 심지어는 역사를 퇴보시킨다. 따라서 사회 공동체들은 이러한 사회적 악들을 어떤 방식으로 통제하고 제제하고 제거할 것인가에 대해 부단한 관심을 보여 왔다. 사회철학자로서 듀이

---

8) 듀이는 새로운 정당을 조직하기 위하여 단순히 이론적인 차원에서만 노력한 것이 아니라 자신이 직접 여러 정치단체에 참여하여 활발한 정치활동을 전개하였다. 그 대표적인 예로서, '시민참여연대'(People's Lobby: PL)와 '독립정치참여연대'(League for Independent Political Action: LIPA)를 들 수 있다(이주한, 2000: 186).

9) 예컨대, 듀이는 그 당시 이념과 방향을 달리하는 미국의 대표적인 교원단체인 '전국교육협회'(National Education Association: NEA)와 '미국교원연맹'(American Federation of Teachers: AFT)에 가입하여 적극적으로 활동하였다(이주한, 2000: 273-274 참고).

역시 사회의 급속한 발전과정 속에서 생겨난 사회적 악들을 관찰하였으며, 이것들이 사회적 성장에 어떤 악영향을 끼치고 있는지, 그리고 이것을 해결하기 위해 어떤 사회적 조치를 취해야 하는지에 대해 깊은 통찰을 보여주었다.

듀이는 사회의 악을 통제하는 방법에는 습관(habit), 권력(power), 지성(intelligence) 등 여러 가지 방법이 있을 수 있지만, 이들 중에서 지성이야 말로 사회를 통제하기 위한 가장 효과적인 방법임을 강조했다. 그는 이러한 입장을 '학문적 자유의 사회적 중요성'에서 다음과 같이 밝히고 있다.

> 사회를 적극적으로 통제하는 방법에는 습관, 강제적이거나 폭력적인 힘, 지성에 의해 인도되는 행동이 있다. 일반적으로 지금까지 습관과 관습이 강력한 힘을 행사해 왔다. 하지만 오늘의 사회적 위기는 이런 힘이 대체로 작용하기를 그쳤다는데 기인한다. 이제 다른 힘들이 눈에 두드러지게 작용하기 시작했다. 낡은 질서를 변화시키려는 노력을 가로막는 보수주의자들은 분명하지 않은 형식으로 야만적인 힘을 사용하려고 한다. 예컨대, 완력, 위협, 다양한 간접적인 압력의 형태들을 사용하려고 한다. 보수주의자들은 사회생활에 대한 이해의 부족, 그릇된 교육에 대한 이해의 결여, 배우기를 거부하는 등 변화에 비지성적으로 저항한다. 낡은 질서로 인해 고통을 당하는 사람들은 힘을 명령 형식으로 직접 사용해 주기를 바란다(1936b/*LW*, 11: 379).

듀이는 습관이 역사적으로 사회통제를 위한 효과적인 방법의 하나로 받아들여졌음을 부인하지 않는다. 그러나 습관의 방법은 급변하는 산업사회 안에서 생겨나는 조직적이고 집단적인 악을 통제하는 방법으로는 한계가 있다는 점을 인정한다. 또한 그는 마르크스주의자들과는 달리 폭력에 의존하여 사회를 통제하거나 사회악을 견제하려는 시도 역시 바람직하지 않다고 생각한다. 그는 어떠한 경우에도 '폭력(violence)'의 사용은 정당화될 수 없음을 강조하였다. 이점에 대하여 그는 "폭력이란 지성의 사용을 불가피하게 제한할 수밖에 없으며, 이 불가피성에 대한 맹신이 결국 독단(dogma)을 가져온다. 폭력의 불가피성은 평화로운 방법을 사용할 수 있는 곳에서조차도 폭력을 가져오는 경향이 있다"(1935a/*LW*, 11: 55)고 꼬집으면서, "폭력에 의존하기보다는 자유스런 상호 협의에 의존해야 하며, 치열한 경쟁을 하기보다는 서로 협조할 줄 알아야 한다."(1937b/*LW*, 11: 417)고 강조했다. 그는 한편으로 그 당시 변화를 거부하는 보수주의자들의 반개혁적인 성향을 경계하면서, 다른 한편으로는 폭력혁명을 통해 사회를 전복시키려는 마르크스주의자들의 급진적인 주장과 맞서 싸우면서 지성적이고 과학적이며 민주적인 방식이 아니고는 사회와 역사의 진보가 어렵다는 점을 끈질기게 설명하고 설득하려고 하였다.

3 비판적 논의

앞에서 살펴본 바와 같이 듀이의 사회적 지성은 민주주의를 실현하기 위한 지적 기반이요, 탐구와 실험을 중시하는 과학적인 방법으로 이해될 뿐만 아니라 개개인의 지성을 통합하고자 하는 협동적이고 조직적인 방법이며, 사회악을 견제하려는 사회통제의 방법으로 이해된다. 하지만 그의 사회적 지성의 개념은 여전히 혼란스러우며, 이것에 바탕을 둔 그의 사회개혁 방안 역시 그 실현 가능성이 불투명하다. 이 장에서는 듀이의 지성 개념에 대한 기존의 비판적 관점을 중심으로 그의 사회적 지성의 개념에 기초한 사회개혁 방안의 난점을 검토해 보고자 한다.

1) 개념상의 난점과 언어적 혼란

사회적 지성에 기반을 둔 듀이의 사회개혁 방안의 난점을 본격적으로 논의하기 전에 그가 사용한 사회적 지성의 개념이 지나치게 애매(曖昧)하고 모호(模糊)하다는 점을 먼저 지적할 필요가 있다. 듀이의 주장에 대해 비판적이었던 메이클리존(Meiklejohn, 1942: 128)은 듀이의 지성 개념을 다음 두 가지 점에서 애매모호하다고 비판한 바 있다. 우선 그는 듀이의 지성개념이 일관된 의미를 가지고 있지 않다는 점에서 혼란스럽다고 지적한다.

> 교육에 관한 가장 중요한 입장, 개인과 집단 간의 관계에 대한 입장이 애매모호하다. 서로 상이한 사회적 분위기 속에서 듀이는 문제해결 활동에 대해 상이한 설명을 하였다. 그 첫째 설명은 지나치게 개인주의적인 것이며, 둘째 설명은 지나치게 사회적인 것이었다. 듀이는 전자에서 후자로의 변화에 대해 전혀 논의하지 않고 있다. 지성에 대한 이러한 두 가지 해석의 혼란과 갈등으로 인해 듀이를 이해하기 어렵다(Meikleijohn, 1942: 128).

이러한 평가는 부분적으로 옳으며 설득력을 가지고 있다고 봐야 한다. 왜냐하면 듀이의 초·중기 저작에 나타난 지성의 개념과 후기 저작에 나타난 지성의 개념이 일관된 의미를 가지고 있다고 볼 수 없기 때문이다. 즉 초·중기 저작에 나타난 듀이의 지성의 개념은 인간의 생물학적인 능력 혹은 심리적 성향을 강조하는 말인데 비하여 후기에 나타난 듀이의 지성 개념은 공동체의 문제를 해결하기 위한 사회적이고 정치적 방법을 강조하는 말로 쓰이고 있다. 실제로 듀이의 중기 저작인 『인간성과 행위』(1922)에 나타난 지성의 개념과 후기 저작인 『신구 개인주의』(1929), 『자유주의와 사회적 행동』(1935), 『논리학』(1938), 『자유와 문화』(1939) 등에 나타난 지성의 개념은 의미상의 큰 차이를 가지고 있다. 결국 메이클리존이 가지는 불만의 핵심은 듀이가 사용한 지성의 개념이 전·중기에서 후기로 넘어가면서 일관성 없이 쓰였다는 점이요, 또한 듀이가 지성의 개념을 개인적인 차원으로부터 사회적인 차원으로 확대하여 논의하면서도 그 확대의 배경을 제시하지 않았다는 것이다. 결국 그는 이러한 듀이의 태도로 말미암아 지성의 개념에 대한 지적 혼란이 야기되었다고 보았다.

다음으로, 메이클리존은 듀이의 지성 개념은 지식의 개념과 관련해서 고찰해 봐도 여전히 명료하지가 않다고 지적한다. 그에 따르면 듀이는 지성의 의미, 역할, 중요성을 역설하면서도 그것이 지식과 어떻게 다른가를 의식하지 않고 사용함으로써 일종의 언어적 혼란을 야기시켰다고 지적한다.

> 듀이가 주장하였듯이, 대부분의 교사는 지식이 지성의 창조를 위해 사용되어야 한다는 것을 안다. 그 누구도 그것을 부인하지 않는다. 하지만 우리가 답을 요구하는 문제는 "사고의 과정에 의해 지식이 지혜로 변형될 수 있는가?"하는 점이다. 교사가 학생들의 마음속에 정립해야 할 지성의 활동은 무엇인가? 듀이는 이 활동에 대해 혼란스런 견해를 제시한다. 지성은 우리의 정열을 합리화시키는 절차인가? 아니면 실제적인 신념이 객관적인 지성의 비판에 의해 검증되는 과정인가? 듀이는 이 두 가지 모두를 제시한다. 그 결과 듀이에 의해 영향을 받은 학교 및 대학들에서조차 지성의 개념은 막연하고 모호한 것이 되고 말았다(Meiklejohn, 1942: 167-168).

여기서 메이클리존은 지성의 개념과 관련해 두 가지 문제를 제기하고 있는 듯하다. 하나는 지식이란 지식과 구별되어야 함에도 불구하고 듀이는 이것을 명료하게 구분해 사용하지 않았다는 점, 다른 하나는 지성의 역할을 분명하게 설명하지 않았다는 점이다. 결국 그는 지성의 개념을 애매모호하게 사용함으로 인하여 학교 현장에도 나쁜 영향을 끼쳤다고 지적하고 있다.

메이클리존이 암시하고 있듯이, 지식(知識)과 지성(知性)은 내포와 외연의 관계를 가지지만 동일한 개념은 아니다. 일반적으로 지식은 가치중립적인 개념인데 비해 지성은 가치 내재적 개념으로 쓰이고 있다. 그리하여 지식이 사실들의 집합이요 정보의 덩어리일수 있지만, 지성은 그러한 지식이나 정보를 지적으로 다룰 수 있는 성향을 의미하는 것으로서, 누군가를 지성적이라고 부를 경우 그것은 그가 지식을 지적으로 이해할 수 있을 뿐만 아니라 그것을 '좋은', '바람직한', '가치있는' 목적을 실현하는데 적용할 수 있는 능력이 있다는 뜻을 함축하고 있다. 이러한 점에서 지식은 지성적인 사고, 판단 행동의 조건이거나 기초라고 봐야 한다. 말하자면 지식이란 지성의 필요조건에 지나지 않는다고 봐야 한다. 그럼에도 불구하고 듀이는 지식과 지성의 개념을 명확하게 구분하여 사용하지 않음으로 인해 어떤 지적 혼란을 불러일으켰다. 이런 이유로 지식인과 지성인에 대한 그의 설명 역시 선명하지 못하다는 비판이 제기될 수밖에 없다.

2) 지성주의적 낙관론

사회적 지성의 방법에 기초한 듀이의 사회개혁론에 주어지는 가장 일반적이면서도 가장 강력한 비판은, 그가 인간의 지성을 지나치게 낙관적으로 바라보았다는 점이다. 앞에서도 지적한 바 있듯이 그는 적절한 조건만 주어진다면 인간은 누구나 지성적으로 판단하고 지성적으로 행동할 수 있는 능력을 가졌다는 믿음을 가졌으며, 인간은 난관에 부딪치게 되면 저마다 상호 의사소통을 해가면서 협력하고 협조하여 난관을 극복해 가는 존재라는 점을 신앙하였던 낙관주의적인 철학자였다. 듀이의 사회사상을 비판적으로 검토했던 김태길은 다음과 같이 지적한 바 있다.

> 듀이는 자기의 방안이 지성적인 까닭에 모든 지성인들이 찬동할 것이라고 믿었으며, 지성은 모든 인간에게 속한 공통된 기능으로 믿었던 까닭에 계층을 막론하고 모든 사람들이 자기의 방안을 실천에 옮기는 일에 협조할 것이라고 낙관했다. 모든 사람들이 지성적인 대화를 통해 사회개혁에 동참하고 협조하리라고 기대하는 것은 인간성에 대한 지나친 낙관이 아닐 수

> 없다. 인간은 조용히 생각하고 반성하는 순간에는 지성적일 수 있을지 모르나, 밖으로 행동을 취하는 순간에는 지성을 견지하기 어렵다는 사실을 듀이는 충분히 고려하지 않았다(김태길, 1982: 102-103).

사회철학자들이 지적하듯이, 오늘날 우리가 대중(大衆)이라고 부르는 사람들은 대체로 지성적인 판단에 따라 행동하기보다는 욕망과 이해관계에 따라 행동하는 경향이 강하다. 심지어 평화적이고 점진적인 방법으로 사회개혁을 꾀하는 사람들조차도 자신이 속한 집단의 이익이나 이해관계를 고려하여 행동하는 경향이 강하다. 특히 현 상태를 유지하는 것이 유리하다고 판단하는 기득세력 혹은 특권층은 사회개혁 자체를 원치 않거나 그러한 움직임을 조직적으로 저지하려는 경향이 강한 편이다. 동서를 막론하고 헤게모니(hegemony)를 쥔 계층이나 세력이 사회개혁을 주도했던 적은 거의 없다. 니부어의 말을 빌자면, "듀이는 '자기가 속한 계급의 경제적 이익'을 내세우는 '사회적 보수주의'(social conservatism)를 충분히 고려하지 못하였으며, 사회적 보수주의를 무지의 소산으로 돌리는 우를 범하였다"고 할 수 있다(Niebuhr를 인용한 D' Urso, 1978: 128). 따라서 자기 이익추구에 혈안이 되어 있는 대중이나 사회적 지배를 보다 강화하려는 보수세력 및 특권계층이 사회를 개혁하는 일에 지성적으로 참여하여 행동을 취할 것이라고 생각하는 것은 인간의 본성, 대중의 속성, 그리고 지배계층의 속성에 대한 지나친 낙관이 아닐 수 없다.

보기에 따라서는 인간 지성에 대한 듀이의 낙관주의적인 태도는 18세기 인간의 이성을 사회개혁의 가장 강력한 도구로 여긴 계몽적 합리주의자들의 낙관주의와 흡사하다는 생각이 든다. 그는 여러 저작들에서 합리주의자들의 사회개혁론에 대해 비판적이었으나, 그 자신도 결국 낙관주의의 틀 속에 갇혀버리는 오류를 범한 것이 아닌가 하는 생각이 든다. 이러한 오류는 인간 혹은 대중의 속성에 대한 통찰의 부족에서 비롯된 것이라고 할 수 있다. 사실 듀이의 사회개혁론 안에는 현대 사회철학자들이 중요한 사회적 현상으로 논의했던 대중의 소외의 문제가 심각하게 다루어지지 않았으며, 솔티스가 지적한 바 있듯이, 대중의 무의식적인 측면에 대한 이해도 가볍게 다루어졌다(Soltis, 1982: 48). 또 박봉목이 지적한 바 와 같이 듀이는 인간 조건에 대한 비극적인 이해도 비교적 부족했다(1983: 227). 결국 듀이의 사회개혁론 안에서는 실존주의자들이 대중적 삶의 한 측면으로 부각시킨 실존적 고립, 고독, 소외, 일탈, 비극적 조건 등은 심각한 문제로 다루어지지 않고 있다.

3) 개혁주체의 위약성과 지지 기반의 미흡

듀이의 사회개혁론에 따르면, 교육받은 지성인 집단은 자유로운 의사소통을 통해 상호 협력하고 협동함으로써 사회를 개혁해 가는 주체이다. 그렇다면 그가 말하는 지성인집단에 속한 사람들은 구체적으로 누구이며 이들은 과연 사회를 개혁할 만한 실질적인 힘을 행사할 수 있는 능력을 갖춘 집단이라고 할 수 있는가?

듀이는 1929년『신구 개인주의』에서, 지성인을 "자기가 종사하는 직업을 넘어서 전체적인 관심을 가진 전문적인 지식인으로서, 철학자, 평론가, 작가가 이에 해당한다"(1929/*LW*, 5: 107)고 밝힌 바 있다. 그의 주장대로라면 전문적인 지식인이 사회개혁의 주체이며 이들에 의해 결성된 조직이나 단체가 사회를 개혁해 가는 실질적인 세력이다. 그러나 우리는 지성인을 '전문적인 지식인'으로 규정하는 듀이의 입장도 못마땅하거니와 지식인 집단이 사회개혁의 실질적인 세력이 되어야 한다고 보는 듀이의 입장에도 지지를 보내기 어렵다. 왜냐하면 전문성을 가진 지식인을 지성인의 범주에 넣는 것은 어떤 의미에서 범주적 오류를 범한 것이며, 이들 지식인들이 기꺼이 사회개혁에 동참할 것이라고 주장하는 것은 지나친 낙관이 아닐 수 없기 때문이다. 이러한 관점에서, 듀이는 그 당시 지식인 혹은 지식인 집단의 능력과 역할을 과대평가한 것이 아닌가 하는 생각이 든다.

물론 듀이도 부분적으로 현대 지식인들이 내면적으로 분열되어 있고, 사회적으로 무력하며, 정신적으로 위축되어 있다는 점을 우려하기는 하였지만, 현대의 지식인들은 그가 생각하는 것처럼 사회를 개혁할 만한 실력과 그것을 뒷받침할 만한 기관이나 조직을 가지고 있지 못하다(D' Urso, 1978: 120). 그가 생존했던 시대나 오늘의 시대나 소위 '지식인' 계층은 사회개혁의 주체로서 제 기능을 다하고 있다고 확언할 수 없다. 일찍이 프랑스의 철학자 사르트르(J. P. Sartre)가 지적한 바 있듯이, "지식인은 실천적 주체를 실현하는 것, 그러한 존재를 만들어내고 떠받쳐줄 수 있는 사회의 제 원리를 발견해 내기보다는 지적 가치 이외는 모르는 추상적인 인간, 언제나 부정만 하는 인간, 감성적인 여러 가치에 대해서는 무감각한 이론쟁이"(조영훈 역, 1982: 42)인 경우가 많기 때문이다.

듀이는 지식인 혹은 지식인 집단이 사회를 점진적이고 민주적이며 그리고 평화적인 방법으로 개혁해 갈 수 있는 주체라고 믿지만 그들은 실제로 그렇지 못한 것이 현실이다. 왜냐하면 지식인 계층은 사회 계층상 중간계층에 속하는 존재로서, 지배계층에게는 그들은 거북한 존재이긴 하지만 자신들의 문화를 보전하고 관리한다는 점에서 '필요악'이며, 피지배계층에게 그들은 지배계층의 앞잡이로 보일 수 있기 때문이다. 이러한 속성을 지닌 지식인들이 사회개혁의 주체로 활약하리라고 믿는 것은 듀이가 지식인의 속성 및 역할을 지나치게 과대평가한 것이 아닌가 하는 생각을 지울 수 없다.

듀이의 사회개혁 방안이 안고 있는 더욱 심각한 난점은 현대의 지식인들이 그가 생각하는 것처럼 사회를 개혁할 만한 실력과 그것을 뒷받침할 만한 기관이나 조직을 충분히 갖추고 있지 못하다는 점이다. 한 때 그는 중산층을 주요 구성원으로 하는 '급진정당'(radical party)을 조직함으로써 사회개혁, 나아가 정치적인 개혁을 도모해 갈 수 있다는 입장을 천명한 바 있다. 즉 서민 대중의 이익을 진정으로 대변할 수 있는 "강력하고도 통합적인 제3의 급진정당을 즉시 구성할 필요가 있다"(1933b/*LW*, 9: 80)고 밝히고 정당 안에 농부, 노동자, 소상인, 교사 등 전문가들을 포함시켜 중산층을 대변하려고 하였다. 그러나 그가 수립하고 했던 급진정당은 이런 저런 오해로 인해 결국 결실을 거두지 못하고 말았다. 이렇게 된 것은 여러 가지 원인이 있겠으나 사회를 움직이는 다양한 힘들(social forces)에 대한 이해와 통찰이 부족했기 때문이라고 할 수 있을 것이다.

4 교사에게 주는 시사들

앞장에서 살펴본 바와 같이 듀이의 지성에 기반을 둔 사회개혁 방법, 즉 사회적 지성의 방법은 개념적으로 애매·모호할 뿐만 아니라 그러한 지성을 발휘한 주체들에 대한 생각이 지나치게 낙관적이며, 그러한 주체들의 개혁논의를 실제적으로 구현할 수 있는 실천기관들을 분명하게 밝히지 않았다는 점에서 그의 개혁론은 기껏해야 하나의 이상론(理想論)에 가깝다는 비판을 면할 수 없다. 그러나 이러한 그의 사회개혁론은 여러 가지 난점에도 불구하고 사회를 보다 합리적이고, 공정하며, 민주적인 사회로 개혁해 가고자 하는 나라들 중 특히 한국사회에 주는 시사가 적지 않다는 생각이 든다. 필자는 아직까지도 듀이의 사회개혁론으로부터 퍼 올려야 할 지혜들이 많다고 생각한다. 예컨대 김태길(1979: 282-288)이 지적한 바 있듯이, 그의 사회철학에 나타난 권위주의와 절대주의를 배격하는 개방적 가치론, 실제적이고 실용적인 결과를 도출해 내고자 하는 과학존중의 자세, 커뮤니케이션에 의한 민주주의 실현 의지, 개인의 성장과 사회의 진보를 동시에 성취하려는 교육이론 등은 한국의 민주화를 한 단계 끌어올리는데 필요한 지혜의 원천으로서 가치를 가진다는 생각이 든다.

앞서 소개했듯이, 듀이는 "지성인이란 자기가 직접 종사하는 직업을 넘어서 전체적인 관심을 가진 전문적인 지식인" (1929/*LW*, 5: 107)이라고 정의하고, 지성인들의 부류 속에 철학자, 평론가, 작가를 포함시켰지만, 우리는 그가 지성인을 "자신의 직업을 넘어서 전체적인 관심을 가진 지식인"으로 규정했다는 점에 주목할 필요가 있다. 즉 듀이는 지성인을 '자기만의 일이 아닌 사회 전체에 대한 관심을 가진 사람'임을 강조했다는 점이다. 지성인은 한편으로 내부적으로 분열되어 있고 나약해 보이지만 다른 한편으로는 사사로운 이익을 넘어 사회를 폭넓게 바라보는 지적 안목(眼目)을 가진 사람들이다. 이것이 바로 듀이가 사회개혁의 가능성을 지성인에게서 찾는 이유이기도 하다. 여기서 우리는 듀이가 지성인의 부류 안에 교사를 포함시키고 있으며, 교사집단이 사회개혁의 주체로서 역할을 해야 한다고 주장하고 있음에 주목할 필요가 있다. 그는 "교사의 중요한 과업은 공동체 안에서 보다 높은 수준의 지성을 길러내는 일" (1935b/*LW*, 11: 159)이라고 강조하면서, 교사들이 사회개혁에 적극적으로 참여하기 위해 민주적이고 전문적인 조직을 결성할 필요가 있으며, "교육자는 무질서하고 불공정한 사회에서 불이익을 당하고 있는 사람들과 연대해야 한다"(1933a/*LW*, 9: 133)고 힘주어 말하였다. 그는 교사들이 전문적인 교원단체를 결성하여 민주적인 세력과 연대할 때 실제적인 개혁을 이루어낼 수 있을 것이라고 믿었다.

그렇다면 교사집단을 비롯한 사회적 지성 집단은 과연 어떤 방법으로 사회개혁에 참여하고 봉사할 수 있다는 것인가? 우선, 듀이는 사회에 참여하기 위한 방법의 하나로 '사회적 관심'(social interest)을 제시했다. 여기서 사회적 관심이란 지역사회의 복지에 대한 관심, 말하자면 사회질서와 진보를 위해서 해야 할 것이 무엇인가를 인식하고 그것을 이루기 위한 원리들이 무엇인가를 고려하는 것을 의미한다. 그가 말했듯이 "무엇에 관심을 가진다는 것은 참여의 출발점이기 때문"이다(1916/*MW*, 9: 37). 또 그는 사람들이 사회에 효과적으로 참여하기 위해서 사회적 기술(social skills)이 필요하다고 보았다. 여기서 사회적 기술이란 사람들과 어떻게 일을 해가고 공무(公務)를 다루기 위해 민주적인 방법들을 어떻게 사용할 것이며, 어떻게 대화하고 토론할 것인가 하는 기술을 의미한다. 듀이는 이러한 기술들이 자유스런 상호 간의 커뮤니케이션을 통해 획득될 수 있다고 보았다.

듀이는 지성인들이 사회에 효과적으로 참여하고 봉사하기 위해서는 사회적 이해(social understanding)가 필요하다고 보았다. 여기서 사회적 이해란 사회를 움직여 가는 세력, 사회인들의 요구, 사회인들이 지향하는 가치 그리고 그 방향에 대한 이해를 의미한다. 그는 "현재 진행되고 있는 변화의 양상, 특히 변화를 만들어 내는 원인들- 변화에 영향을 미치는 원인들-에 대한 통찰이 있어야 한다."(1934/*LW*, 9: 162)고 쓰고 있다. 이 같은 이해들이 결여될 때 타인들과 함께 생각을 공유할 수 없기 때문에 지성적인 행동을 한다는 것이 어렵다는 것이다. 나아가 듀이는 사회를 좀 더 나은 사회로 변화시켜 나가기 위해서는 사회적 덕목(social virtues)들을 소유하고 그것에 따라 행동해야 한다고 보았다. 예컨대, 동정심, 선의지, 상호존중, 상호관용, 상호협동의 덕목들이 요구된다는 것이다. 특히 그는 협동(cooperation)의 중요성을 두 가지 관점에서 강조했는데, 하나는 협동이 집단적 지성(collective intelligence)을 증진시켜 주고, 다른 하나는 협동이 갈등과 반목을 감소시켜 준다고 생각했기 때문이다. 이처럼 듀이는 효과적으로 사회에 참여하고 더 나은 사회를 만들어가기 위해서는 경쟁이 아닌 상호협동이 필요하고, 개인적인 탐구보다는 집단적인 지성이 요구되며, 나아가 개인적 출세나 사익의 추구만이 아닌 공익에 대한 관심과 사회봉사가 요청된다고 보았다.

듀이는 이 같은 사회 개혁적 의지와 태도가 교육 이외에 다른 방법으로는 성취할 수 없다고 주장했다. 그가 말하는 사회적 관심, 사회적 기술, 사회적 이해, 사회적 덕목 등은 사회를 개혁하려는 사람에게 필요한 사회적 방법들이다. 따라서 듀이에 의하면, 학교교육의 목적은 이러한 사회적 방법을 구현할 수 있는 능력을 갖추고 있을 뿐만 아니라 이들이 장차 사회개혁에 동참할 수 있도록 이끄는 것이다. 결국 그의 교육철학이 추구하는 지향점은 개개인의 지성적인 능력을 키우는 일이요, 이들이 졸업 후 공동체 안에서 개인의 사익을 넘어 공익에 관심을 가질 뿐만 아니라 사회개혁을 위해 적극적으로 참여하도록 이끄는 것이다. 이러한 의미에서 그의 교육철학을 사회철학과 구별하려는 시도는 무의미한 것처럼 보인다.

듀이의 사회개혁론, 즉 사회적 지성의 방법이 부분적으로 난점을 안고 있다는 점에서 전폭적으로 수용하기는 어렵지만 폭력혁명이 아닌 교육사업을 통해 사회를 점진적으로 혹은 평화적으로 개혁함으로써 사회적 이상을 실현해 갈 수 있을 것이라는 주장은 오늘날도 여전히 유효하며 추구할 만한 가치가 있다는 생각이 든다. 듀이에게 있어서 사회개혁의 성패를 좌우하는 것은 바로 교육이다. 즉 자라나는 세대들에게 무엇을 어떻게 가르치는가 하는 것이 사회개혁의 관건이다. 따라서 그에게 교사(집단)는 사회개혁의 알파요 오메가라고 할 수 있다. 듀이의 사회개혁론에 비추어볼 때 한국사회가 가장 큰 무게를 두어야 할 것은 바로 교육사업이다. 정치적인 제도개혁을 꾀하고 경제적인 안정을 회복하는 일도 중요하지만 이러한 일을 가능하게 하는 능력과 실력을 가진 지성인을 길러내는 일이 무엇보다 중요하다. 이러한 관점에서 앞으로 한국교육이 지향해야 할 방향은 사회적인 문제에 대한 관심과 이해를 가지고 있을 뿐만 아니라 공동의 문제를 해결하기 위해 서로 머리를 맞대고 대화하고 협동할 수 있는 능력을 갖춘 사회적 지성인들을 길러내는 일이다. 이러한 사람들을 기르기 위해서는 이에 걸 맞는 학교 교육과정이 마련되어야 할 것으로 보인다.

5 맺는 말

이상에서 본고는 듀이가 사회개혁의 중요한 방법으로 제시한 사회적 지성의 개념을 명료화하고, 이러한 개념 위에 설정된 듀이의 사회개혁 방안이 안고 있는 난점 및 한계를 비판적으로 검토한 후 그의 입장이 장차 보다 진보된 민주화를 구현하고자 하는 우리 사회에 어떠한 시사점을 던져주는지를 고찰하였다.

듀이의 사회적 지성은 다의적(多意的)이기는 하지만 다음 네 가지의 특성을 지니는 개념이다. 즉 사회적 지성이란 (i) 사회를 개혁하기 위한 지적 기반이요 (ii) 사회문제를 실험적으로 다루려는 과학적인 방법이며 (iii) 사회문제를 개인적으로 다루려는 방법이 아니라 협동적 혹은 조직적으로 다루려는 방법이요 (iv) 사회악을 견제하기 위한 사회통제의 방법이다. 이러한 특징들에 비추어 볼 때 그가 말하는 사회적 지성이란 사회문제를 과학적, 실험적, 협동적, 조직적으로 해결하려는 일종의 사회적 방법이라고 할 수 있다. 이러한 특징을 지니는 사회적 지성에 기초하여 사회를 개혁할 수 있다는 듀이의 주장은 부분적으로 설득력을 가지기도 하지만 여러 가지 난점도 안고 있다. 즉 (i) 사회적 지성은 개념적으로 애매·모호하여 지적으로 혼란스럽다는 점, (ii) 인간이란 모두 지성적인 존재로서 사회문제 해결에 동참할 것이라고 믿는 낙관주의 오류를 범하였다는 점, (iii) 물리적 현상뿐만 아니라 인간 및 사회문제를 과학적으로 해결할 수 있다고 믿는 일반화의 오류를 범했다는 점, (iv) 지식인 혹은 지성인의 이중적 속성을 지나치게 안일하게 생각했다는 점, (v) 사회개혁의 주체를 정치적으로 혹은 경제적으로 뒷받침할 조직이나 기관이 무엇이어야 하는지를 명확하게 제시하지 않았다는 비판을 면하기 어렵다.

그러나 듀이의 사회적 지성의 방법은 이러한 여러 가지 난점을 안고 있음에도 불구하고 한국을 포함하여 민주화를 한 단계 끌어 올리려는 열망을 가진 사회에 주는 시사들이 적지 않다. 아직도 그의 사회개혁론 안에는 여전히 퍼 올릴 수 있는 풍부한 지혜, 특히 교육적 지혜들이 담겨 있다는 점에서 그의 주장들을 보다 적극적으로 탐색할 필요가 있다. 그가 민주주의를 한 차원 높은 단계로 끌어올리려는 사람들에게 주는 주된 메시지는, 우선 개개인의 지성이란 공동체의 성장과 발전을 위해 사용될 때 가치를 가진다는 점이요, 다음으로 개개인의 지성이 사회개혁을 위해 적극적으로 쓰여야 한다는 점이며, 끝으로 학교를 비롯한 사회의 여러 기관들이 개인의 지성을 사회화할 수 있는 능력과 방법을 길러줘야 할 뿐만 아니라 그것을 조직할 수 있는 효과적인 수단을 제공해 주어야 한다는 것이다.

그의 사회개혁론 혹은 사회적 지성의 방법론에 비추어볼 때 오늘날 학교교육의 초점이 어디에 맞춰져야 하는가가 분명해 진다. 지금까지의 학교교육이 개개인의 능력을 신장시키는 일에 초점이 맞춰졌다면 이제는 그러한 지적 능력들이 공동체를 성장시키고 발전시키는 일에 쓰이도록 맞춰져야 한다. 이제 교육자가 해야 할 일은 개인적 지성의 성취만이 아니라 지성의 사회적 의미, 중요성, 방법 및 절차를 일깨우고 그것을 활용할 수 있는 능력을 학습시키는 것이다. 구성원의 한 사람으로서 공동체의 문제를 해결하기 위한 방법들, 즉 사회적 관심, 사회적 기술, 사회적 이해, 사회적인 덕목들을 습득하도록 가르쳐야 한다. 오늘날 한국 사회가 안고 있는 심각한 문제 중의 하나는 교육받은 개인들이 무수히 많음에도 불구하고 그들이 자신의 지성을 사익을 위해 쓸 뿐 공동체의 성장과 발전을 위해 쓰고 있지 않다는 점이다. 따라서 앞으로 개개인의 지성을 어떻게 조직하고 운용하는가 하는 문제가 국가 공동체의 성장과 발전을 결정하는 중요한 요인으로 작용하게 될 것이다. 특히 다가오는 미래사회에는 교육받은 개개인의 지성을 효과적으로 조직하고 활용해 가는 일이 국가 공동체의 질을 좌우하는 중요한 변인이 될 가능성이 높다. 이러한 점에서 사회적 지성의 가치를 부각시켰을 뿐만 아니라 그것에 기초하여 사회를 바꾸어 가야 한다는 듀이의 사회개혁론은 단순한 과거의 지적 유산으로서가 아니라 오늘날에도 여전히 빛을 발하는 실천적 지혜의 원천으로서 의의를 가지고 있다고 할 수 있다.

참고문헌

김종찬(1990). 존 듀이 사회개조에 있어서 집단적 지성에 관한 연구. 석사학위논문. 충남대학교대학원.

김태길(1979). 듀이의 사회철학. 서울: 태양출판사.

______(1982). "John Dewey의 사회사상". 한국철학회 · 한국교육학회 · 한국존듀우이연구회편(1982). 존 듀우이와 프라그마티즘. 서울: 삼일당, 91-105.

박봉목(1983). 교육과 철학: 한국 교육철학의 역사적 정리. 서울: 문음사.

박준영(1987), "Dewey의 교육철학에 있어서 지성의 개념," 한국교육철학회, 教育哲學, 제5집, 111-130.

______(1990). "John Dewey의 교육내용론과 지성". 한국교육철학회, 教育哲學, 제8집, 17-31.

______(1992). "John Dewey 철학의 교육적 경험론과 지성". 한국교육철학회, 教育哲學, 제10집, 163-182.

박준영 · 천정미(2003). "John Dewey의 지성적 성장에 관한 교육적 논의". 한국교육철학회, 教育哲學, 제24집, 41-55.

이병승(1985). John Dewey의 교육철학에 있어서 지성개념에 관한 연구. 석사학위논문, 충남대학교대학원.

______(1986). "John Dewey의 지성개념에 관한 연구". 충남대학교 학생생활연구소, 학생생활연구. 제13집, 153-170.

______(2000). "John Dewey의 지성철학과 21세기 교육의 방향". 한국교육사상연구회,教育思想硏究, 제9집, 103-124.

이돈희(1982). "죤 듀이의 교육사상". 한국철학회 · 한국교육학회 · 한국존듀우이연구회 편. 존 듀이와 프라그마티즘. 서울: 삼일당, 107-123..

이주한(2000). 존 듀이의 사회개혁론. 서울: 문음사.

이한우 역(1992), R. Niebuhr 저. 도덕적 인간과 비도덕적인 사회. 서울: 문예출판사.

임한영(1981). 죤 듀이 생애와 사상. 서울: 서울: 배영사.

조영훈 역(1982), J. P. Sartre 저. 지식인을 위한 변명. 서울: 한마당.

천정미 · 박영근(2002). "John Dewey의 지성개념과 창의성 교육". 한국교육철학회, 教育哲學, 제20집, 189-204.

Bhattacharyya, N. C.(1969). "The Concept of 'Intelligence' in John Dewey's Philosophy and Educational Theory." *Educational Theory*, Vol.19, No.2, 185-195.

Chapin, F. S.(1939). "Social Participation and Social Intelligence". *American Sociological Review*, Vol.4, No.2, 157-166.

Dewey, J.(1916). Democracy and Education. Edited by Jo Ann Boydston(1980). *John Dewey: The Middle Works*. Vol.9, Carbondale and Edwardsville: Southern Illinois University Press.

______(1920). *Reconstruction in Philosophy*. Edited by Jo Ann Boydston(1982). *John Dewey: The Middle Works*. Vol.12, Carbondale and Edwardsville: Southern Illinois University Press.

______(1922). *Human Nature and Conduct*. Edited by Jo Ann Boydston(1983). *John Dewey: The Middle Works*. Vol.14, Carbondale and Edwardsville: Southern Illinois University Press.

______(1929). *Individualism Old and New*. Edited by Jo Ann Boydston(1984). *John Dewey: The Later Works*. Vol.5,

Carbondale and Edwardsville: Southern Illinois University Press.

______(1931). *Philosophy and Civilization*. Edited by Jo Ann Boydston(1985). *John Dewey: The Later Works*. Vol.6, Carbondale and Edwardsville: Southern Illinois University Press.

______(1933a). "Education and Our Present Social Problems". Edited by Jo Ann Boydston(1986). *John Dewey: The Later Works*. Vol.9, Carbondale and Edwardsville: Southern Illinois University Press.

______(1933b). "Imperative Need: A New Radical Party". Edited by Jo Ann Boydston(1986). *John Dewey: The Later Works*. Vol.9, Carbondale and Edwardsville: Southern Illinois University Press.

______(1934). "Education for a Changing Social Order". Edited by Jo Ann Boydston(1986). *John Dewey: The Later Works*. Vol.9, Carbondale and Edwardsville: Southern Illinois University Press.

______(1935a). *Liberalism and Social Action*. Edited by Jo Ann Boydston(1987). *John Dewey: The Later Works*. Vol.11, Carbondale and Edwardsville: Southern Illinois University Press.

______(1935b). "The Teacher and The Public". Edited by Jo Ann Boydston(1987). *John Dewey: The Later Works*. Vol.11, Carbondale and Edwardsville: Southern Illinois University Press.

______(1936a). "Authority and Social Change". Edited by Jo Ann Boydston(1987). *John Dewey: The Later Works*.

Vol.11, Carbondale and Edwardsville: Southern Illinois University Press.

______(1936b). "The Social Significance of Academic Freedom". Edited by Jo Ann Boydston(1987). *John Dewey: The Later Works*. Vol.11, Carbondale and Edwardsville: Southern Illinois University Press.

______(1937a). "Democracy and Educational Administration". Edited by Jo Ann Boydston(1987). *John Dewey: The Later Works*. Vol.11. Carbondale and Edwardsville: Southern Illinois University Press.

______(1937b). "Education and Social Change". Edited by Jo Ann Boydston(1987). *John Dewey: The Later Works*. Vol.11. Carbondale and Edwardsville: Southern Illinois University Press.

______(1938). Logic: *The Theory of Inquiry*. Edited by Jo Ann Boydston(1986). *John Dewey: The Later Works*. Vol.12. Carbondale and Edwardsville: Southern Illinois University Press.

______(1939a). Freedom and Culture. Edited by Jo Ann Boydston(1988). *John Dewey: The Later Works*. Vol.13. Carbondale and Edwardsville: Southern Illinois University Press.

______(1939b). "The Economic Basis of the New Society". Edited by Jo Ann Boydston(1988). *John Dewey: The Later Works*. Vol.13. Carbondale and Edwardsville: Southern Illinois University Press.

D'Urso, S.(1978). "An Evaluation of John Dewey's Social Intelligence", *Educational Theory*, Vol.28, No.2, 120-130.

Feinberg, W.(1969). "The Conflict Between Intelligence and Community in Dewey's Educational Philosophy". *Educational Theory*, Vol.19, No.3, 236-248.

Hunt, T.(1928). "The George Washington University Social Intelligence Text". *Journal of Applied. Psychology*. Vol. 2, 317-334.

Gouinlock, J.(1976). *Moral Writings of John Dewey*. New York: A Division of Macmillan Publishing Co.

Meiklejohn, A.(1942). *Education Between Two Worlds*. New York: Harper & Brothers.

Ratner, J. ed.(1939). *Intelligence in the Modern World: John Dewey' Philosophy*. New York: The Modern Library.

Schultz, F. M.(1971). "Intelligence and Community as Concept in the Philosophy of John Dewey: A Response to Walter Feinberg". *Educational Theory*, Vol.21, No.1, 81-89.

Soltis, J. F.(1982). "American Pragmatism and John Dewey's Theory of Educating". 한국철학회 · 한국교육학회 · 한국존듀우이연구회 편(1982). 존 듀우이와 프라그마티즘. 서울: 삼일당, 33-51.

Whitehead, A. N.(1958). *Aims of Education and Other Essays*(1929), 9th printing. New York: A Mentor Book.

제 4 부

교사교육과 교사교육자에 관한 담론

“한 나라 교육의 질은 교사의 질을 넘지 못한다”라는 말이 교육적 진실을 담고 있듯이, “교사의 자질은 교사교육자의 자질을 넘지 못한다”라는 말 역시 교육적 진실을 담고 있다. 제4부에서는 훌륭한 교사를 길러내기 위하여 교사교육자와 교육철학 교수가 어떤 연구태도와 교수방법을 지향해 가야하는지를 밝힌 2편의 글을 소개하였다.

제9장에서는 교사교육기관에서 가르치고 있는 교육자들은 훌륭한 교사를 길러내기 위해 스스로 과학적 연구 및 교수를 할 수 있는 능력을 지녀야 할뿐만 아니라 철학적 연구와 교수를 수행해 갈 수 있는 소위, 변증적인 역량을 가지고 있어야 한다는 점을 강조하였다.

제10장에서는 교사교육자로서 교육철학 교수는 교사다운 교사를 길러내기 위해 크게 두 가지의 노력을 해야 한다는 점을 강조하였다. 즉 교사에 관한 철학적 연구를 체계적으로 수행해야 하며, 나아가 교사를 위한 철학적 교수를 해 가야 한다는 점을 제시하였다.

제 9 장

교사교육을 위한 연구와 교수

1. 들어가는 말
2. 교사교육자의 철학적 연구
3. 교사교육자의 철학적 교수
4. 맺는 말

CHAPTER 9

교사교육을 위한 연구와 교수

1 들어가는 말

우리는 교사에 관한 논의를 할 때마다 "교육의 질이 교사의 질을 넘지 못한다."라는 말을 자주 인용하곤 한다. 이 말은 교사의 자질이 한 나라의 교육의 질을 결정짓는 중요한 척도가 된다는 점을 환기시켜준다는 점에서 나름대로 의미 깊은 교육적 진실을 담고 있다. 그렇다면 한 나라의 교사의 자질(資質)을 좌우하는 것은 무엇인가? 그것은 바로 교사교육 혹은 교원교육의 질이다. 나아가 이러한 교사교육의 질을 결정하는 것은 다름 아닌 교사교육자[1]의 자질이다. 이러한 점에서 교사를 양성해 내는 교육기관의 교사교육자들이 이 나라의 교육의 질을 좌우하고 교육의 성패를 좌우한다고 말해도 결코 지나친 표현은 아닐 것이다.

교사교육자의 자질이 교육의 질을 결정한다는 주장이 나름대로 설득력이 있는 것이라면 우리 사회에서 생겨나는 교육적인

1) 여기서 교사교육자(educator of teachers, teachers educator)란 일반적으로 각종 교사교육 기관들, 즉 교육대학교, 사범대학, 교원연수원 등에서 교사를 양성하거나 재교육시키기 위하여 모종의 이론적 연구와 실천적 교수활동을 전개하고 있는 교수(professor)와 강사(lecturer) 모두를 가리킨다.

현안 문제들의 뿌리를 찾아가보면 결국 교사교육자들의 자질과 직접 혹은 간접으로 연루되어 있다는 점을 이해하게 된다. 아주 소박하게 말하면, 오늘날 일선 학교 교사들이 보여주는 여러 가지 교육적 혹은 비교육적 행위들은 교사교육자들의 교수(teaching)의 산물이라고 보아야 한다. 왜냐하면 학교현장의 교사들은 대학의 교사교육자들로부터 배우고 경험한대로 아이들을 가르치고 지도하고 있기 때문이다.

교사교육자의 제일의 사명은 훌륭한 교사(good teacher)를 길러내는 일이다. 그렇다면 그는 그러한 교사를 길러내기 위해 과연 어떤 자질과 태도를 갖추어야 하는가? 그는 무엇보다 교사를 이해하기 위한 한 방법으로 교사의 현실에 대한 연구와 더불어 이상적인 교사의 모습에 대한 연구를 본격적으로 감행해야 한다. 이러한 연구가 있고 나서야 비로소 교사교육이 본래 지향하는 이상적인 교사 혹은 훌륭한 교사를 길러내기 위한 교수내용과 교수방법을 개발할 수 있을 것이다. 교사교육에 있어서 '교사에 관한 연구'(research about teacher)[2]와 '교사를 위한 교수'(teaching for teacher)[3]는 교사교육의 질을 결정하는 중요한 요

---

2) '교사에 관한 연구'란 흔히 '교사를 위한 연구'(research for teacher)나 '교사에 의한 연구'(research by teacher)를 포함하는 넓은 의미로 쓰일 수 있지만 여기서는 교사교육자가 교사다운 교사를 길러내기 위해 의도적이고 체계적으로 행하는 연구라는 의미가 강하게 함의되어 있다는 점에서 그것은 '교사에 의한 연구'라는 말보다 '교사를 위한 연구'라는 말에 더 가깝다고 할 수 있다.

3) '교사를 위한 교수'란 대학의 교사교육자가 교사다운 교사를 길러내기 위해 행하는 의도적이고, 체계적이며, 조직적인 가르침을 말하는 것으로서 일선 중·고등학교 교사들에 의해 이루어지는 가르침, 즉 '교사에 의한 교수'(teaching by teacher)와는 구별된다.

인으로서 교사교육의 성패를 좌우하는 것들이다. 이 경우 우리는 '교사에 관한 연구'와 '교사를 위한 교수'가 조화를 이룰 때 이상적인 교사교육이 이루어질 수 있을 것이라고 생각해 볼 수 있을 것이다. 즉 이 두 가지가 조화를 이룰 때 교사교육의 시너지 효과가 나타날 것이라는 생각을 해 볼 수 있을 것이다. 또 우리는 교사연구와 교수가 조화를 이루지 못하게 되면 절름발이 교사교육이 이루어질 가능성이 있음을 직감할 수 있을 것이다. 요컨대, '교사에 대한 연구'와 '교사를 위한 교수'가 조화를 이룰 때 교사교육의 질이 확보될 수 있다는 것이다.

그러나 안타깝게도 오늘날 교사교육자들의 연구와 교수는 조화를 이루기보다는 불균형 상태에 놓여 있는 듯하다. 우선, 어떤 교사교육자들은 교사양성을 위한 교수활동에만 집착한 나머지 교사에 대한 연구를 비교적 소홀하게 여기는 경우가 있다. 이들은 교사에 대한 연구 없이도 교사교육을 해 가는데 아무런 문제가 없다고 생각한다. 하지만 교사의 존재, 교사의 이상, 교사의 현실을 철저하게 연구함이 없이 어떻게 좋은 교사교육을 계획하고 실천할 수 있을 것인가? 다음으로, 어떤 교사교육자들은 교사에 대한 체계적인 연구가 필요하다는 점을 인정하면서도 과학적 연구의 성과만 가지고도 교사양성을 위한 교수내용 및 방법을 계발하는데 별 어려움이 없다고 생각한다. 실제로 교사교육에 대한 많은 연구들이 이루어져 왔지만 그 연구들은 대체로 경험적이고 실증적인 방법에 바탕을 둔 것들이다. 이렇다보니 이러한 연구 결과만을 신뢰하는 교사교육자들은 가르치는 방법(teaching methods)과 기법(skills)에만 관심을 기울이게 되었고,

결국 교사의 실존적 아픔과 고통을 제대로 읽어내지 못하는 한계를 드러내고 말았다. 이러한 교사교육자들은 가르치는데 능숙한 '방법의 교사' 혹은 '기교의 교사'를 길러내는데 성공했을지 모르겠으나 정작 우리 교육현실을 냉철하게 들여다보고 그 해법을 교육이념 및 교육원리에 비추어 찾아보려는 '목적의 교사'[4]를 길러내는 데는 성공했다고 할 수는 없을 것이다. 그들은 가르치는데 '유능한 교사'(efficient teacher)를 길러내는데 성공했을지 모르나 철학을 가진 '훌륭한 교사'를 길러내는데 성공했다고 할 수는 없다[5].

여러 연구들이 지적하고 있듯이, 이제 교사교육의 패러다임이 크게 변화하고 있다(윤기옥, 1993; 허운나, 1997; 김병찬, 2000; 유현숙, 2002, 조난심, 2004; Schubert, 1989; Zeichner, 1983). 이러한 변화 속에서도 교사교육자들은 '목적의 교사' 혹은 '훌륭

---

4) 조용기 · 최석민(2003: 158)은 교사가 교육의 전문가이기는 하지만 그가 '목적의 전문가'라는 점에서 '방법의 전문가'인 의사나 법률가와 엄격하게 구별되어야 한다고 주장한다.

5) '유능한 교사'와 '훌륭한 교사'를 구별하는 일이 쉬운 것은 아니지만 이 두 가지 형태의 교사는 개념적으로 구별되어야 할 뿐만 아니라 실제적으로도 구별되어야 한다. 언어적으로 볼 때 '유능하다'는 말은 가치중립어인데 비해 '훌륭하다'는 말은 가치어의 자격을 가지고 있다. 따라서 유능한 교사라는 말 속에는 그가 반드시 가치 있는 일에 헌신하지 않을 수도 있다는 개념적 의미가 담겨져 있다. 실제로 특정한 영역에서 탁월한 능력을 발휘하는 교사가 반드시 훌륭한 삶을 살지 않는 경우를 우리는 얼마든지 목격할 수 있다. 또 이 두 형태의 교사는 논리적으로 필연적인 관계를 가지는 것도 아니다. 왜냐하면 유능한 교사가 '반드시' 훌륭한 교사가 되는 것은 아니기 때문이다. 유능하다는 것은 훌륭하다는 것의 충분조건이 아니라 필요조건에 지나지 않는다. 따라서 훌륭한 교사는 유능한 교사에게서 발견할 수 없는 다른 여러 가지 능력들, 예컨대 지적 덕과 도덕적 덕들을 소유하고 있을 뿐만 아니라 이것들을 실천한다는 점에서 이 둘은 구별되어야 한다.

한 교사'를 양성하기 위해 자신들의 연구방법과 교수방법을 끊임없이 반추해 가는 노력을 기울여야 한다. 교사교육을 담당한 그들에게 다음과 같은 두 가지 태도가 요청된다. 하나는 그들이 '교사에 대한 연구'와 '교사를 위한 교수'를 어떻게 조화시킬 것인가 하는 것이며, 다른 하나는 그들이 교사에 대한 과학적 연구와 교수를 넘어서 그것들을 어떻게 철학화(哲學化: philosophizing) 할 것이냐 하는 것이다.

이 글은 이러한 요청에 대한 답을 찾기 위한 한 방안으로 사범대학이나 교육대학에서 교사다운 교사를 양성해 내기 위해 노력하는 교사교육자들이 교사에 관한 과학적 연구 및 교수를 넘어 철학적 연구와 철학적 교수를 보다 강화하고 이것들을 변증적으로 조화시켜 나가야 한다는 점을 밝히고 정당화하려는데 목적을 두었다. 이 글은 교사교육자의 철학적 연구 및 철학적 교수의 태도가 현장 교사들의 자질을 결정하고 나아가 이 나라 교육의 성패를 좌우할 수 있다는 교육적 인식을 일깨우는데 도움을 줄 것으로 기대된다.

2 교사교육자의 철학적 연구

대학의 많은 교사교육자들은 교사를 이해하기 위한 한 방안으로 교사에 대한 과학적 연구 즉 경험 과학적이고 행동과학적인 연구를 해 왔다. 이들의 연구는 '존재하는 교사'의 모습을 정확히 기술하고 설명하는데 기여하였다. 하지만 선행하는 연구들이 밝히고 있듯이, 이들의 연구는 '존재해야 할 교사'의 모습을 충분하게 드러내지도, 해명하지도 못하였다는 점에서 나름대로 약점을 안고 있다. 이러한 점에서 훌륭한 교사를 기르려는 교사교육자는 과학적 연구의 성과에만 지나치게 의존해서는 안 된다. 이 장에서는 교사에 대한 과학적 연구가 안고 있는 약점을 지적하고 교사에 대한 철학적 연구의 필요성 및 당위성을 밝혀보고자 한다.

1) 교사에 대한 과학적 연구의 반성

지금까지 교육학 분야에서 교사에 관한 연구는 크게 두 가지 관점에서 이루어져 왔는데, 그 중 하나는 교사에 관한 과학적 연구(scientific research)요, 다른 하나는 교사에 관한 철학적 연구(philosophical research)이다. 전자는 주로 '현존하는 교사'에 관한 사실적 연구로서 현장에서 가르치고 있는 교사의 생생한 모습을 정확하게 기술하는데 목적을 두고 있다. 반면에 후자는 주로 '존재해야 할 교사' 즉 이상적인 교사란 누구인지를 규범적으로 밝히는데 목적을 두고 있다.

일반적으로 교사에 관한 과학적 연구란 교사를 과학적인 방법으로 이해하려는 하나의 접근법이라고 할 수 있을 것이다. 이러한 접근법은 교사를 체계적이고 조직적으로 이해하려고 한다는 점에서 교사를 상식적인 차원에서 이해하는 노력과는 구별되어야 한다. 흔히 상식(common sense)이란 특정한 사회 구성원들이 함께 공유하는 신념의 산물이라고 할 수 있는데, 이러한 수준에서 교사를 이해하려고 할 경우 교사의 본래적인 모습을 밝히기 어렵거니와 그러한 노력 또한 신뢰성과 타당성을 확보하기 힘들 것이다. 교사에 대한 상식적인 접근은 시·공간의 제약을 많이 받는다는 점에서 객관성과 보편성을 가지기 어려울 뿐만 아니라 전문성도 가지기 어렵다. 왜냐하면 이것은 어디까지나 사람들이 교사에 대해 가지는 단순한 의견(opinion)이요 견해(view point)에 지나지 않기 때문이다.

이러한 맥락에서 교사교육을 담당한 교사교육자들은 교사에 대한 과학적 연구를 끊임없이 시도해 왔다. 특히 교육학 분야에서 이루어진 교육과학자들의 교사에 관한 연구들은 대체로 경험적이고 실증적이며 행동과학적인 성격이 강했다. 일반적으로 과학적인 연구란 존재하는 사실(fact)이나 현상의 법칙을 발견하고, 발견된 결과를 정확히 기술(description)하며, 나아가 연구결과를 토대로 미래를 예측하려는데 관심을 가진다. 교육과학자들도 이러한 연구방법을 동원하여 존재하는 교사의 모습을 탐구해왔다. 이들은 학교에서 가르치고 있는 교사의 존재양식 및 행동양식을 관찰, 측정하여 이를 수치화함으로써 교사 행동의 일반적인 경향성을 파악하는데 관심을 기울여왔다. 이러한 연구들은 교사를 체계적으로 이해하거나 교사론을 수립하고자 하는 교사교육자에게 큰 도움을 줄 수 있다. 왜냐하면 사실에 기초한 지식과 정보는 교사교육의 목적을 설정하거나 교사교육의 내용을 선정, 조직하거나 교사교육 방법론을 개발하는데 여러모로 도움을 주기 때문이다.

그러나 문제는 교사에 대한 과학적 연구가 교사연구의 충분조건이 아니라 필요조건에 지나지 않는다는 점이다. 교사에 대한 과학적 연구는 존재하는 교사의 신분, 위치, 역할을 '사실적으로' 밝혀주기는 하지만 존재해야 할 교사를 '당위(當爲)적으로' 제시해 주지는 못한다. 과학적 연구는 교사의 외현적인 행동을 수치화하고 수량화하여 기술하는데 관심을 가지기 때문에 자연히 교사에 대한 이해가 표피적이고 피상적인 수준에 머무는 약점을 가지게 되었다. 말하자면 그것은 교사의 내면세계를 깊이 있게 읽어내지 못할 뿐만 아니라 가르침의 과정에서 고뇌하는 교사의 실존적 아픔을 밝혀내지 못하는 한계를 가지게 되었다. 따라서 훌륭한 교사를 기르려는 교사교육자는 과학적 연구가 지니는 한계를 정확히 인식하고 그것을 극복하기 위한 시도를 감행해야 할 필요가 있다.

2) 교사에 관한 철학적 연구

교사교육자는 교사의 세계를 보다 깊고 넓게 이해하기 위한 한 방법으로 교사를 철학적으로 연구할 필요가 있다. 그렇다면 교사를 철학적으로 연구한다는 것은 무엇을 의미하며 그것은 교사를 과학적으로 연구하는 일과 어떻게 구별되는가? 교사를 철학적으로 연구한다는 것은 크게 두 가지 의미를 가지는데 하나는 교사의 이상(ideal)을 규범적으로 다룬다는 것이며, 다른 하나는 교사의 현실(reality)을 비판적으로 다룬다는 것이다.

교사의 이상을 규범적으로 연구한다는 것은 교사란 단지 '어떤 존재인가'를 밝히기보다는 '어떤 존재이어야만 하는가'를 밝혀 보려는 것이다. 동시에 그것은 '교사란 무엇을 하고 있는가'를 단지 기술하려는 것이 아니라 '교사는 무엇을 해야만 하는가'를 당위적으로 규정(規定)하려는 것이다. 이러한 관점에서 교사를 연구해 온 사람들은 이상적인 교사의 모습, 자질, 역할을 끊임없이 물어왔으며 이것에 대한 답을 찾으려고 하였다.

그러나 문제는 교사에 관한 기존의 규범적 연구들 대부분이 특정 시대의 교육사상, 사상가, 철학자의 문헌(文獻) 안에서 이상적인 교사의 모습을 발견하고 그것이 지니는 교육적 의미를 되새겨 보는 일에 지나친 관심과 정열을 쏟아 부었다는 점이다. 물론 특정한 교육사상가가 제시한 이상적인 교사의 모습을 발굴하고 그것의 역사성을 밝히는 일도 중요하다. 왜냐하면 그러한 연구는 오늘날 교사들이 따라야 할 이상적 모델이 무엇인지를 보여주기도 하고 때로는 현장 교사들의 모습을 비춰보는 평가의 척도로서 기여할 수 있기 때문이다.

하지만 문헌 안에서 이상적인 교사의 모습을 찾으려는 시도는 이 시대가 요구하는 이상적인 교사상을 수립하는데 부분적으로 도움을 줄 수 있을 뿐이다. 최근 여러 연구들이 지적하고 있듯이 (김민남, 1995; 한명희, 1995; 최정실, 1998; 양은주, 2005), 우리가 찾고자 하는 교사의 이상은 과거의 문헌들 안에 존재하는 것이 아니라 바로 지금의 교육현장 안에 존재하는 것이다. 이 말은 교육현장이 바로 교사의 이상을 논의하기 위한 철학적 근거요 토대가 된다는 것을 의미한다. 나아가 이것은 교육현장에 대한 치열한 연구 없이 이루어진 교사론 혹은 교사에 관한 규범적 연구란 설득력과 호소력을 가지기 어렵다는 것을 의미한다.

이러한 점에서 교사교육을 담당한 교사교육자들은 교사현실에 대한 보다 심원한 철학적 탐색을 시도해야 할 필요가 있다.

교사현실에 대한 철학적 연구는 지금 학교 현장에서 활동하고 있는 교사의 행태를 계량적으로 분석하고 기술하려는 경험과학적 혹은 행동과학적 연구를 넘어서 교사가 안고 있는 문제들을 근본적으로 따져보려는데 목적을 둔다. 따라서 이러한 연구는 교사문제의 이면에 숨겨진 교육적 진실을 드러내고 밝혀 보려고 한다는 점에서 현상학적인 접근과 맥을 같이 한다. 현상학(現象學)은 기본적으로 현상 너머에 있는 근원을 탐구하는 학문이요 과학적 탐구의 방법과 결과를 근본적으로 따져보려는 과학비판의 철학이다. 교사교육자는 이러한 현상학적 방법을 활용하여 과학적으로 밝힐 수 없는 교사의 현실을 분석하고 해명해 갈 수 있을 것이다. 또 이러한 연구는 교육본질에 비추어 교사의 삶을 담금질하고 반성하도록 한다는 점에서 비판 교육론자들의 접근법과 유사하다. 비판 교육론자들이 교사들에게 주는 강력한 메시지 중의 하나는 보다 거시적인 관점에서 교사 스스로가 자신이 처한 현실을 비판적으로 바라보도록 했다는 점이다. 말하자면 교사에게 왜 자기연구(self-study)가 그토록 중요한지의 근거와 논리를 제시해 주었다는 점이다. 이러한 교사의 자기연구는 교사집단에 대한 양적인 연구(quantitative study)가 가진 한계들을 넘어서 질적 연구(qualitative study)의 가능성을 열어주었다는 점에서 큰 의의를 가지고 있다.

하지만 교사현실에 대한 철학적 연구 즉 현상학적 연구와 비판적인 연구가 교사연구의 질을 높여준다는 점에서 의미 있는 접근이 될 수 있겠지만 정작 대학에서 교사교육을 담당하고 있는 교사교육자들은 교사의 현실을 직접적 혹은 실천적으로 연구할 수 있는 기회가 제한되어 있다(Taylor, 2006: 204). 하지만 교사교육자는 비록 제한된 방법이기는 하지만 다음 두 가지 철학적 접근을 시도할 수 있을 것이다. 하나는 교사에 의해 이루어진 현장연구들을 적극적으로 분석하고 검토하는 일이다. 매년 교사들에 의해 수많은 실천적인 연구 및 사례보고들이 이루어지고 있다. 이것들을 분석해보면 교사들의 관심, 요구, 희망 때로는 교사의 아픔과 절망을 읽어낼 수 있을 것이다. 그러나 이러한 접근법은 어디까지나 연구가 간접적으로 혹은 관찰자적 입장에서 이루어진다는 점에서 연구의 생동감과 실제성을 확보하기가 어려울 것이다. 다른 하나는 현장 교사와 직접 만나 면대면 연구를 시도하는 것이다. 이러한 시도는 제한적이기는 하지만 교사의 실존적 삶을 직접 체감하고 체험할 수 있는 계기가 될 수 있으며, 교사의 정신세계를 보다 깊이 이해할 수 있는 계기가 될 수 있을 것이다. 따라서 교사교육자는 교사의 실존적 삶을 이해할 수 있는 통로를 마련할 필요가 있으며 최근 활발하게 논의되고 있는 탐구공동체(research community) 혹은 논의 공동체(discussion community)를 조직, 운영함으로써 현장교사들의 생생한 목소리를 경청할 필요가 있다(김민남, 1995, 양은주, 2003). 탐구공동체는 교사교육자들이 교사현실을 보다 구체적으로 이해하도록 해주는 지적 통로가 될 뿐만 아니라 교사교육 논의의 거점이 될 수 있을 것이다.

3 교사교육자의 철학적 교수

교사교육자는 훌륭한 교사를 길러내기 위해 교사에 관한 철학적 연구를 수행해야 하기도 하지만 철학적 교수(philosophical teaching)도 수행해 가야 한다. 교사에 관한 철학적 연구가 아무리 중요하다고 할지라도 그것이 교수활동과 실제로 연결되지 않는다면 그것은 그 의의와 가치를 가지기 어려울 것이다. 오늘날까지 사범대학과 교육대학에서 교사교육을 담당하고 있는 교사교육자들은 교수방법을 과학화하는데 기여해왔으며 이러한 과학화를 통해 교사교육의 질을 제고할 수 있다고 믿고 있다. 즉 과학적 교수가 교사교육의 수준을 향상시킬 것이라고 믿고 있으며 실제로 그렇게 하고 있다. 그러나 과학적 교수가 교사교육의 질을 제고하는데 부분적으로 도움을 주기는 하겠지만 충분하다고 할 수는 없다. 왜냐하면 과학적 교수방법이 좋은 교사교육을 반드시 보장해 주는 것은 아니기 때문이다. 따라서 교사교육자는 과학적 교수를 넘어 철학적 교수를 수행할 필요가 있다. 그렇다면 교사를 위한 철학적 교수란 무엇이며 그러한 교수는 구체적으로 어떻게 이루어질 수 있는 것인가?

1) 예비교사에 대한 과학적 교수의 반성

교사교육의 목적은 훌륭한 교사 혹은 교사다운 교사를 길러내는 것이다. 그렇다면 교사교육자는 그러한 교사를 어떻게 길러낼 수 있는가? 오늘날 교사교육을 담당하고 있는 많은 교사교육자들은 과학적인 방법으로 그러한 교사를 길러낼 수 있다고 믿고 있다. 그리하여 많은 이들이 교수방법을 과학화하고자 노력하고 있으며 실제로 큰 성과를 올리고 있다. 이러한 노력의 결과 장차 교사가 될 사람들은 교육사태를 과학적으로 바라보고 해결할 수 있는 안목을 가지게 되었으며 교실을 효율적으로 운영할 수 있는 능력 그리고 수업을 조직적으로 수행해 갈 수 있는 능력을 가지게 되었다.

과학적 교수는 크게 두 가지 목적을 가지는데 하나는 일반적인 것이고 다른 하나는 특수한 것이다. 우선, 과학적 교수의 일반적인 목적은 과학적으로 훈련받은 교사를 기르려는 것으로, 장차 교사가 될 사람들에게 교육사태를 과학적으로 바라보고 해결할 수 있는 능력을 가지도록 하는 것이다. 물론 과학적 교수의 목적은 특정한 과학 교과목을 가르치는 교사를 길러내는 것을 목표로 하는 소위 과학교과 교수와는 구별되는 것이다. 이러한 과학적 교수의 목적에 따라 훈련받은 교사는 장차 교육사태를 임의적(任意的)으로 혹은 자의적(恣意的)으로 다루기보다는 조직적으로 혹은 체계적으로 다룰 수 있을 것이다. 다음으로, 과학적 교수의 특수한 목적은 수업현장에 뛰어든 교사가 그 수업과정을 과학적으로 계획, 운영, 조직, 평가할 수 있는 능력을 가지도록 하는 것이다. 과학적인 교수의 목적에 따라 교육받은 교사는 자신의 교수-학습 과정을 보다 효과적으로 운영함으로써 수업 본래의 목적을 실현해 갈 수 있을 것이다.

이러한 과학적 교수가 가지는 장점 중의 하나는 교사를 '교수방법의 전문가' 혹은 '교수방법의 권위자'로 만들 수 있다는 점이다. 그러나 문제는 교수방법과 교수기술의 전문가를 길러내는 것이 과연 교사교육의 본래적 목적에 부합하느냐 하는 것이다. 즉 교사교육은 본래 훌륭한 교사를 길러내는 것을 목적으로 하고 있는데, 과연 과학적 교수가 그러한 교사를 길러내는 방법으로서 충분한가 하는 점을 따져 봐야 할 것이다. 과학적 교수는 기껏해야 잘 가르치는 교사 즉 효율적인 교사(efficient teacher)를 길러내는 방법일지는 몰라도 훌륭한 교사를 길러내는 방법으로서는 충분하지 않다. 그렇다면 어떤 교사 교수방법이 더 논의되어야 하는가?

2) 예비교사를 위한 철학적 교수

교사교육자들은 예비교사들에게 과학적으로 교육사태를 바라보고 그것을 해결할 수 있는 능력, 과학적인 절차에 따라 수업을 잘 하는 수업수행 능력을 갖추도록 가르치기도 해야 하지만 왜 가르쳐야 하는가를 심각하게 묻고 이것에 대한 답을 비판적으로 찾으려는 능력을 갖추도록 가르쳐야 한다. 말하자면 교사교육자는 가르치는 방법 및 기술을 갖춘 유능한 교사를 길러내는 과학적 교수법의 개발에도 관심을 기울여야 하지만, 좀 더 근본적으로는 철학적으로 생각하고 판단하고 반성하며 비판할 줄 아는 교사를 길러 내려는 철학적 교수법의 개발에도 관심을 기울여야 한다.

철학적 교수의 목적은 일차적으로 철학이 있는 교사 혹은 철학을 가진 교사(teacher with philosophy)를 길러내는 것이다. 그렇다면 철학이 있는 교사는 어떤 교사이며, 또 그러한 교사를 어떻게 길러내야 하는가? 영국의 철학자 리이드(L. A. Reid)는 "철학이 있는 교사와 철학이 없는 교사를 구분하는 것이 다소 어려운 일이긴 하지만, 철학이 있는 교사는 개별적이고 분석적이며, 그리고 정직하고 사려 깊은 사람이다"(Archambault, ed., 1972: 36)라고 쓴 바 있다. 물론 이러한 리이드의 말은 애매모호해서 분석을 요한다. 왜냐하면 그가 말하는 '철학을 가진 교사'란 철학적 지식을 많이 소유한 사람을 가리키는지 아니면 사물을 철학적으로 다루는 방법을 가지고 있는 사람을 가리키는지가 분명하지 않기 때문이다. 만약 그것이 후자의 의미로 쓰인 것이라면 철학이 있는 교사란 단지 철학적 텍스트 안에 담긴 지식의 덩어리를 소유하기보다는 교육과 관련된 일들을 철학적으로 다룰 줄 아는 사람일 것이다. '철학'이 아닌 '철학함'(philosophieren)을 해가야 한다고 역설했던 칸트(I. Kant)의 말을 빌려 말하자면, 그는 교육철학에 관한 지식을 가진 교사가 아니라 '교육을 철학하는 교사'라고 할 수 있을 것이다. 이러한 점에서 '교육을 철학하는 교사'는 대학원에서 교육철학을 전공한 결과 그 분야의 해박한 지식을 가지게 된 교사와 구별되며, 교과목으로서 철학을 가르치는 교사와도 구별된다. '교육을 철학하는 일'은 특정한 교사에게만 해당하는 것이 아니라 교육문제를 심각하게 논의하고 그 해법을 찾으려는 교사들 모두에게 요구되는 일반적인 태도라고 할 수 있다.

이처럼 철학적 교수의 목적이 '교육을 철학하는 교사'를 길러내는 것이라고 할 때 교사교육자는 과연 그를 어떻게 길러나가야 하는가? 솔티스(J. F. Soltis, 1982: 232-235)는 "교사를 위한 교육철학"이란 제하의 글을 발표한 바 있는데, 이 글 안에 담긴 그의 주장은 교사교육을 담당한 교사교육자에게 중요한 메시지를 던져 준다. 그의 주장을 기초로 교사교육자의 교수방법을 소개하면 다음과 같다.

첫째, 교사교육자는 예비교사들이 비판적이고 반성적이며 합리적인 사고를 할 수 있도록 훈련시켜야 한다. 이러한 훈련을 받은 교사들이 교육현장에서 아이들을 비판적, 반성적, 합리적으로 사고하도록 가르칠 수 있다.

둘째, 교사교육자는 예비교사들에게 장차 교육현장에서 가르치는 지식이 결국 철학적인 문제 즉 지식의 성격, 지식의 구조, 지식획득의 방법, 가치 등과 밀접하게 결부되어 있다는 점을 인식시켜야 한다.

셋째, 교사교육자는 예비교사들이 위대한 사상가들로부터 지혜를 발견하고 음미하도록 적절히 안내해야 하며, 교육 분야에서 사용되는 애매한 개념들의 의미를 명료화하도록 훈련시켜야 한다.

넷째, 교사교육자는 예비교사에게 교수활동(teaching)이 도덕적으로 중요한 과업이라는 점을 인식시켜야 한다.

이러한 솔티스의 주장들은 충분하지는 않지만 부분적으로는 철학적 교수의 지침이 될 수 있을 것이다. 그의 주장에 의하면, 예비교사를 철학적으로 가르친다는 것은 (i) 교육문제에 대해 끊임없이 비판적, 반성적으로 사고하도록 하는 것이며, (ii) 수업내용이 철학적인 혹은 도덕적인 문제와 밀접히 관련되어 있다는 것을 인식시켜 주는 것이며, (iii) 수업 장면에서 애매한 개념들을 명료화하는 능력을 가지도록 해 주는 일이다. 그러나 이러한 교수 방법들이 철학적 교수방법으로서 어느 정도 설득력이 있는 것이기는 하겠지만 충분한 것이라고는 말하기 어려울 것이다. 왜냐하면 철학적 교수를 수행해 가는 교사교육자에게는 또 다른 교수능력이 요구되기 때문이다.

예비교사를 철학적으로 가르치려는 교사교육자는 철학적 교수의 원리들(principles of teaching)을 가지고 있어야 한다. 피터스(Peters, 1966: 85)는 교육철학을 가르칠 때 지켜야 할 세 가지 원리들을 제안하였는데 이러한 원리들은 철학적 교수의 일반적 원리로서 이해될 수 있을 것이다. 즉 교육철학의 교수는 (i) 실제적인 문제들과 교육받는 사람들의 흥미에 적합해야 하며, (ii) 다른 학문들과의 연계 가능성이 있어야 하며, (iii) 철학 그 자체의 근본적인 문제들로 안내해야 한다는 것이다. 이러한 피터스의 제안들은 앞서 소개한 솔티스의 제안과 크게 다를 바가 없지만, 교사교육의 질을 한 차원 높이려는 교사교육자들에게 중요한 철학적 교수지침이 될 수 있을 것이다.

교사교육자는 이상과 같은 철학적 교수의 지침과 원리들을 지키는 것 이외에도 또 다른 능력을 가지고 있어야 한다. 그는 철학하는 교사를 기르기 위해 스스로 철학하는 모습을 보여줘야 한다. 즉 그는 예비교사들에게 교육을 철학적으로 다루어가는 사람임을 보여주어야 한다. 교사가 되려는 사람들보다 교육활동에 먼저 입문(入門)한 사람으로서 '교육을 철학해 가는 방법' 즉 사변적, 분석적, 비판적인 활동을 통해 교육문제 및 교육현상을 다루는 방법을 보여주어야 한다. 모범(模範)을 보이는 것이야 말로 훌륭한 교수방법 중의 하나이기 때문이다.

교사교육을 담당한 교사교육자는 교사와 마찬가지로 가치 있는 것을 배려하고 진리에 헌신하는 태도를 가져야 한다. 이런 맥락에서 영국의 철학자 리이드(L. A. Reid)의 다음과 같은 주장은 인상적이다.

> 헌신적이지 않은 교사는 교사가 될 자격이 없다. 본래적인 교사는 자신의 직업에 대해 관심을 가지고 있다. 그는 교직을 배려한다. 이것은 교사들을 가르치는 철학교수에게도 똑같이 적용된다. 그는 교육과 교사교육에 관심을 가지며 교사들에게 오랜 반성을 거쳐 믿게 된 교육적 가치를 전달함으로써 이 관심을 실천한다. 그는 그들에게 주입시키지 않는다…그는 무관심한 중립성을 가장하지 않는다. 때때로 그는 학생들에게 영향을 주기 위하여 그 자신의 참된 신념과 희망을 표현한다. 이것은 무비판적으로 권위를 믿게 하기 위해서가 아니라 동정적이고 비판적으로 신념과 희망을 고찰하도록 하기 위해서이다. 때로 그는 그가 할 수 있는 한 학생들을 고무시킬 의무를 가진다 (Reid, 1962: 37).

교사다운 교사를 길러내려는 교사교육자에게는 철학적 교수의 원칙을 지키려는 노력과 함께 진리에 헌신하는 태도, 가치 있는 것을 탐구하고 전달하려는 정열, 예비교사를 독립적인 인격체로 바라보려는 인간존중의 태도, 민주적인 절차에 따라 의사를 결정하려는 민주적 신념 등 다양한 능력과 자질들이 요구된다. 이러한 능력과 자질은 지적 탁월성과 도덕적 탁월성을 추구하는 과정 가운데서 획득될 수 있는 것들로서 철학적 탐구의 소산물이라고 할 수 있다. 이러한 것들은 과학적 탐구를 통해서는 얻어낼 수 있는 것이 아니다.

4 맺는 말

앞에서 연구자는 교사교육자는 교사교육의 질을 높이기 위해 '교사에 관한 과학적 연구'를 넘어 '철학적 연구'를 수행해야 하며 동시에 '교사를 위한 과학적 교수'를 넘어 '철학적 교수'를 함께 감행해 가야 한다는 점을 밝히고자 하였다. 이 결어부에서는 교사교육자가 성격이 서로 다른 두 가지의 교사 연구 방법과 두 가지의 교수 방법들을 각각 혹은 서로 조화시키는 일이 얼마나 중요한가 하는 점을 설명한 후 글을 맺으려고 한다.

첫째, 교사교육자는 교사교육의 질을 높이기 위하여 교사에 관한 과학적 연구와 철학적 연구를 조화롭게 수행해 나가야 한다. 교사에 대한 연구가 어느 쪽이 되었건 어느 한쪽으로 편향되게 되면 그러한 연구는 교사의 현실과 이상을 왜곡할 위험성이 있다. 과학적인 연구는 교사의 현실을 경험적이고 실증적으로 밝혀냄으로써 교사에 관련된 사실적 정보와 지식을 제공해 줄 수 있지만 존재해야 할 이상적인 모습의 교사를 충분하게 밝혀 줄 수 있는 것은 아니다. 마찬가지로 교사의 이상에 대한 철학적 연구가 존재해야 할 이상적인 교사의 모습을 당위적으로 밝혀주기는 하지만 그것이 교사에 관한 과학적 연구의 결과들을 참조하지 않는 한 그러한 연구는 추상적이고 공허한 것이 될 가능성이 높다. 따라서 훌륭한 교사를 길러내려는 교사교육자는 교사현실과 교사이상에 대해서 남다른 관심을 가져야 하며 이 둘을 연결 짓는 가교를 놓은데 민감해야 한다. 그는 교사교육이론가와 끊임없이 대화를 나누어야 하며 동시에 현장 교사와도 자주 만나야 한다. 귀를 열고 양쪽의 입장을 경청하는 일이 고통스러운 일이긴 하지만 그것은 훌륭한 교사를 기르려는 교사교육자에게는 필요하고도 가치 있는 일이다.

둘째, 교사교육자는 훌륭한 교사를 길러내기 위해 과학적 교수와 철학적 교수를 조화시켜 나가야 한다. 주로 과학적 교수란 교사가 학교현장에서 과학적인 마인드를 가지고 교육사태를 바라보도록 하려는데 목적이 있음에도 불구하고 자칫 잘못하여 그것이 단순히 교과지식을 가르치는 방법이나 기교만을 터득하게 해주는 방향으로 기울 가능성이 있다. 분명하게 말하지만 교사교육의 목적은 방법의 교사 혹은 기교의 교사를 길러내는 것이 아니다. 철학적 교수는 바로 이러한 난점과 약점을 극복하게 해준다는 점에서 큰 가치를 가지고 있다. 하지만 교사를 위한 철학적 교수 역시 과학적 교수의 도움을 받지 않는 한 그 교수는 하나의 공허한 외침이요 메아리가 될 가능성이 높다. 좀 역설적으로 들리겠지만 과학적 교수방법은 철학적으로 담금질 되어야 하고 철학적 교수방법은 과학적으로 검증되어야 한다. 훌륭한 교사교육자는 철학적으로 사색하면서 과학적으로 가르치는 교사를 길러내기 위해 고뇌해야 한다. 이것은 교사교육자의 운명이기도 하지만 동시에 사명이기도 하다.

셋째, 훌륭한 교사를 길러내려는 교사교육자는 교사교육 논의의 거점이 되는 곳이 대학이 아니라 바로 교사들이 가르치고 있는 학교 현장이라는 점을 인식해야 한다. 그가 교사에 관한 연구를 하건 아니면 교사를 위한 교수방법을 개발하건 교사교육 논의의 장은 어디까지나 학교현장이요 교실이라는 점을 염두에 두어야 한다. 이러한 점을 도외시하는 한 설득력 있는 교사교육이론이 수립될 수 없으며 교사에 관한 연구와 교수는 무기력한 것이 될 가능성이 높다. 따라서 대학의 교사교육자는 현장에서 뛰고 있는 교사들의 숨소리를 듣기 위해 귀를 기울어야 하고 그들의 소리 없는 외침을 경청하기 위해 귀를 모아야 한다. 최근에 대학의 교사교육자들이 각종 논의 공동체 및 탐구공동체를 통해 현장 교사들의 모습을 진지하게 이해하려고 노력하고 있는데, 이것은 교사교육의 발전 및 질 제고를 위해 참으로 다행스러운 일이다.

참고문헌

김민남(1995). "교사교육론의 철학". 한국교사교육. 11, 한국교원교육학회, 1-32.

김병찬(2000). "교사교육에 대한 구성주의적 접근". 교육행정학연구. 18(4), 275 -304.

양은주(2003). "연구자로서의 교사개념과 대안적 교실 실천." 한국교사교육, 20(2), 한국교원교육학회, 203-221.

______(2005). "교육철학의 '교사' 연구 동향과 과제". 교육철학. 33, 교육철학회, 63-81.

유현숙(2002). "교사교육에 대한 새로운 요구와 방향." 한국교원교육연구. 19(3), 한국교사교육학회, 127-145.

윤기옥(1993). "교사교육의 패러다임". 인천교육대학교 논문집, 27(2), 인천교육대학교, 87-125.

조난심(2004). "교육철학의 정체성과 학교교육". 교육철학. 31, 교육철학회, 169- 184.

조용기 · 최석민(2003). "교사교육과 교육철학의 성격". 교육철학. 24, 한국교육철학회, 157-169.

최정실(1998). "포스트모던 시대의 교사교육에 대한 인식론적 접근". 교육철학. 20, 85-100.

한명희(1995). "현대교사론의 한계극복의 과제". 교육과정연구. 13, 191-200.

허운나(1997). "정보화 교육과 새로운 교육패러다임." 교육정보연구. 27, 서울: 교육정보사, 42-56.

Archambault, A. D., ed.(1972). *Philosophical Analysis and Education*. N.Y.: Humanities Press.

Peters, R. S.(1966). "The Philosophy of Education", J. W. Tibble, ed. *The Study of Education*. London: Routledge and Kegan Paul.

Reid, L. A.(1962). *Philosophy and Education: An Introduction*. London: Heinemann.

Reid, L. A.(1972). "Philosophy and the Theory and Practice of Education." in edited by A. D. Archambault(1972). *Philosophical Analysis and Education*. N.Y.: Humanities Press, 17-37.

Schubert, W. H.(1989). "Reconceptualizing and the Matter of Paradigm." *Journal of Teacher Education*. 40(1), 27-32.

Soltis, J. F.(1982). "Recent Trends in Philosophy of Education", 한국철학회 · 한국교육학회 · 한국 존 · 듀우이 연구회 편. 죤 듀우이와 프래그마티즘. 서울: 삼일당, 232-235.

Taylor, W.(2006). "The Educator of Teachers in England". D. Hartley and M. Whitehead, eds.(2006). *Teacher Education: Major Themes in Education*. vol. 2, London and New York: Routledge, 194-207.

Zeichner, K.(1983). "Alternative Paradigms of Teacher Education." *Journal of Teacher Education*. 34(3), 3-9.

제 10 장

교사교육과 교육철학 교수의 역할

CHAPTER 10

교사교육과 교육철학 교수의 역할

1 들어가는 말

일반적으로 사범대학과 교육대학에서 교사교육을 담당하고 있는 교수들은 교사다운 교사를 기르는 일에 이론적 혹은 실천적으로 기여해 온 사람들이다. 즉 이들은 한편으로 교사를 이론적으로 연구하는 일에 기여해 왔으며, 다른 한편으로는 예비교사를 실제로 가르치는 일에 기여를 해 왔다. 교육학과 교수들도 교사교육자(teacher educators)로서 예외 없이 교사연구와 교사교수 분야에 큰 기여를 해 왔다. 하지만 보다 엄밀하게 따져보면 이들이 동일한 방식으로 교사교육 분야에 기여해왔다고 말 할 수는 없을 것이다. 왜냐하면 교육학 분야의 교수들은 크게 교육과학 분야의 교수와 교육철학 분야의 교수로 양분되는데, 이들은 각기 다른 방식으로 교사교육 분야에 기여해 왔기 때문이다. 일반적으로 교육과학 분야의 교수들은 존재하는 교사의 모습을 경험적으로 연구함으로써 예비 교사에게 무엇을 어떻게 가르칠 것인가 하는 교육내용 및 교수방법을 개발하는데 크게 기여를 해 왔다. 이러한 노력으로 교사교육의 내용과 방법이 보다 정교해지고 체계화될 수 있었다.

그렇다면 교육철학 분야의 교수는 교사교육의 목적을 구현하는데 어떤 기여를 해 왔는가? 이러한 질문은 논쟁적이다. 교육철학 교수들은 교육과학 분야 교수들과는 달리 교사교육을 통해 궁극적으로 실현하고자 하는 이념 혹은 목적이 무엇인지를 밝히는 일에 관심을 기울여왔다. 하지만 여러 교사 연구자들이 지적한 바 있듯이, 기존의 교육철학 교수들은 (i) 교사교육을 지나치게 추상적이고 관념적으로 탐구함으로써 교사교육의 목적 설정 및 내용의 재구성에 끼친 영향이 미약했으며, (ii) 그들의 교수방법 역시 교육철학 텍스트의 내용을 전달하는데 급급한 나머지 철학을 가진 교사 혹은 철학이 있는 교사를 양성해 내는 일에 비교적 미흡한 점이 있었다.

이처럼 교육철학 교수가 교사교육 분야에 크게 기여하지 못한 것은 교육철학이 가지는 추상성과 난해성 때문인가 아니면 그릇된 연구방법과 교수방법 때문인가? 그 이유가 전자가 아닌 후자에 있는 것이라면 교육철학 교수는 기존의 연구방법 및 교수방법을 개선함으로써 교사교육 분야에 보다 적극적으로 기여할 수 있는 방안을 모색해 봐야 할 것이다.

이 글에서는 사범대학 및 교육대학의 교육철학 교수가 교사다운 교사를 길러내는 것을 목적으로 하고 있는 교사교육 분야에서 어떠한 과업과 역할을 수행해 가야 할 것인지를 제시하려고 한다. 특히 교사 연구자(researcher of teacher)로서 그는 무엇을 어떻게 연구해야 하며, 교사 교육자(educator of teacher)로서 예비교사들에게 무엇을 어떻게 가르쳐야 할 것인지를 차례로 살펴보고자 한다. 이 연구는 교사교육을 담당하고 있는 교육철학 교수들이 스스로의 위치 및 역할을 반추해 보는데 도움을 줄 것으로 기대된다.

2 교사에 관한 철학적 연구

교사 연구자로서 교육철학 교수는 교사에 관한 철학적 연구를 지속적으로 수행해 왔다. 일반적으로 교육철학 분야에서 이루어진 교사 관련 연구는 크게 교사의 현실에 대한 비판적 연구, 교사의 이상에 대한 규범적 연구, 교사교육의 이념에 관한 연구로 구분된다(양은주, 2005: 66-67). 이 연구들은 상호 의존적 관계를 가지고 있어서 어느 하나만의 연구가 교사교육의 본질을 밝히는데 도움을 주는 것은 아니다. 그러나 논리적으로 앞의 두 가지 연구가 후자의 연구를 위한 토대가 되고 기초가 되어야 한다. 왜냐하면 '지금 여기에' 존재하는 교사의 모습에 관한 비판적 연구와 교사 이상에 관한 규범적 연구가 없이 교사교육의 이념과 방향을 설정하는 일은 허구에 지나지 않기 때문이다. 따라서 전자의 연구들이 후자의 연구보다 우선하는 것이 바람직하다고 할 수 있다.

1) 교사에 관한 비판적 연구

교사 연구자로서 교육철학 교수는 우선 존재하는 교사를 비판적으로 이해하기 위한 연구를 시도해야 한다. 이러한 시도는 교사의 모습을 과학적으로 이해하려는 시도와는 구별되어야 한다. 그렇다면 교사의 현실을 과학적으로 탐구하는 일과 비판적으로 탐구하는 일은 어떻게 다른가? 엄격히 말하면 과학적 방법은 존재하는 현상이나 모습을 관찰(觀察)하고 그 결과를 정확하게 기술(記述)하거나 예언(豫言)하는데 관심을 가지고 있다. 이와 마찬가지로 교사의 현실을 과학적으로 연구하려는 연구자는 현존하는 교사의 모습을 사실 그대로(de facto) 관찰하고 그 결과를 객관적으로 기술하는데 관심을 가지고 있다. 따라서 교사에 관한 과학적 연구는 자연히 경험적이고 실증적이며 계량적인 성격을 띨 수밖에 없다.

물론 교사에 대한 과학적 연구는 학교 현장에서 가르치고 있는 교사의 모습을 이해하는데 도움을 준다. 즉 경험적이고 실증적인 방법에 의존하는 양적인 연구는 현존하는 교사의 의식세계, 행동양식, 가치관 등을 이해하는데 도움을 준다. 문제는 이러한 연구들이 하나같이 밖으로 드러난 교사의 행동만을 관찰 조사하여 그 결과를 수치화하여 통계처리하다 보니 연구의 성과가 자연히 표피적이고 피상적인 것이 되어버린다는 점이다. 여러 연구자들이 지적한 바 있듯이, 계량적 혹은 행동주의적인 연구는 교사행동의 일반적인 경향성 및 흐름을 밝히는데 도움을 주기는 하지만 교사의 실존적 모습을 이해하는 데는 한계가 있다(김민남, 1995: 1-3; 이병승, 2006: 105-106).

이에 비해 교사에 대한 철학적 연구는 교사를 고정된 실체로 바라보지 않을 뿐만 아니라 그의 행동을 수량화하거나 수치화할 수 없는 것으로 바라본다. 즉 교육철학 교수는 교사의 삶, 교사의 교육행위를 역동적 관계로 이해하고자 한다. 과학적 연구와는 달리 철학적 연구는 교사에 대한 과학적 연구의 성과물을 전적으로 부정하지는 않지만 과학적 패러다임(scientific paradigm)으로만 교사를 이해하려는 이데올로기에 도전한다. 이러한 연구는 지금까지 당연시해 왔던 과학적 연구 방법 및 그 성과에 지나치게 의존하는 태도에 대해 강한 거부감을 가지고 과학에 대해 강력하고도 근원적인 비판을 감행한다는 점에서 현상학적 특징을 띤다. 과학 비판의 철학으로서 현상학은 과학적 연구의 결과에만 집착하는 것이 얼마나 위험한 것인지를 여실히 보여준다.

따라서 과학적 패러다임이 지닌 치명적 약점을 인식하고 있는 교육철학 교수는 현상학적 프리즘을 통해 교사의 세계를 비판할 수 있어야 한다. 비판은 어디까지나 숨겨진 허위의식(虛僞意識)을 고발하고 은닉된 진실을 드러내는데 목적이 있다. 그렇게 하기 위해 교육철학 교수는 교사의 실제적인 삶에 가까이 다가가야 하고 그들의 경험을 이해하기 위해 노력해야 한다. 그러나 현실적으로 대학의 교수는 교사의 실제 삶에 참여하거나 직접적인 영향을 주는 데 한계가 있다. 그렇다고 하더라도 교수는 교사 개인과의 접촉의 기회를 넓혀감으로써 교사와의 협동연구 혹은 공동연구(common research)의 기회를 확충해 가기 위해 노력해야 한다. 특히 그는 학교 현장 및 교사를 연구하기 위한 각종 세미나 및 포럼에 참여하여 교사의 목소리를 청취하고 그 바람을 수렴하는데 관심을 가져야 한다. 그렇게 하지 않고는 학교 및 교실에서 역동적으로 움직이고 있는 교사의 생생한 체험을 느끼고 이해하기 어려울 것이다. 이제 그의 연구의 초점이 개념 분석이나 고전적 텍스트의 해석으로부터 생동감 넘치는 학교현장으로 옮겨져야 할 것이다.

2) 교사에 관한 규범적 연구

교육과학 교수와는 달리 교육철학 교수는 교사에 관한 규범적 연구(規範的 硏究)를 끊임없이 시도해야 한다. 왜냐하면 교사 현실에 대한 경험적 연구, 비판적 혹은 현상학적 연구가 교사를 이해하는데 필요한 것은 사실이나 교사교육의 목적과 내용 혹은 방법을 수립하는데 충분한 것은 아니기 때문이다. 경험적 연구는 교사가 어떤 존재인가를 말해주기는 하지만 어떤 존재이어야 하는가를 말해 주지는 않는다. 또 비판적 혹은 현상학적 연구는 경험적 연구가 밝히지 못하는 교사의 정신세계 혹은 의식세계를 드러내는데 기여하는 것은 사실이지만 교사가 지향해야 할 이념과 방향을 말해주지는 않는다. 이러한 연구들은 어디까지나 교사의 행동을 보다 정확하게 이해(理解)하고 교사의 삶을 보다 깊이 해명(解明)하는데 목적이 있다. 교사에 대한 이러한 이해와 해명은 교사교육의 이념을 구현하는 필요조건이지 충분조건은 아니다. 따라서 규범적 연구에 관심을 가지는 교육철학 교수는 이러한 이해와 해명을 토대로 교사의 본질적 이상과 이념 혹은 방향을 제시할 필요가 있다.

오늘날까지 교육철학 분야의 연구자들은 교사에 관한 규범적 연구를 다음 두 가지 방향에서 전개해 왔다. 하나는 '교사다운 교사' 혹은 '이상적인 교사'란 과연 어떤 사람인가를 규정(規定)

하려는 것이었으며, 다른 하나는 교사라면 마땅히 따라야 할 규범, 원칙, 그리고 규칙이 무엇이냐를 밝히려는 것이었다. 전자의 연구가 이상적인 교사상을 수립하는 일과 관련된 것이었다면, 후자의 연구는 교사로서 따라야 할 바람직한 행동양식이 무엇이냐를 찾는데 관련된 것이었다. 물론 이 두 가지 일은 별개의 것이 아니라 상호 관련되어 있다고 봐야 한다. 왜냐하면 우리가 수립하고자 하는 이상적인 교사란 바람직한 행동양식의 소유자일 가능성이 높다고 상정해 볼 수 있기 때문이다. 즉 이상적인 교사란 바람직한 도덕적 규범에 따라 행동하고 가르칠 가능성이 높다고 생각해 볼 수 있기 때문이다.

하지만 교육철학 교수가 이상적인 교사의 모습을 찾고 교사가 따라야 할 규범을 제시하는 일이 본질적이고도 중요한 일이긴 하지만 과연 이상적인 교사의 모습을 어디에서 찾아야 하며 또 제시한 규범이나 규칙을 어떻게 정당화해야 하는가 하는 점에 대해 보다 깊이 숙고해 볼 필요가 있다. 이미 앞선 연구들이 밝히고 있듯이(한명희, 1995; 양은주, 2005), 지금까지 교육철학 분야에서 이루어진 연구들은 이상적인 교사의 모습을 대부분 동·서양의 고전적 텍스트(classical texts)에서 찾거나 심지어는 몇몇 교육사상가들의 견해로부터 추론해왔다. 그러다보니 이 같은 방식으로 제시된 이상적 교사의 모습은 현재 이 시대 우리가 추구하는 이상적인 교사상과는 거리가 먼 추상적, 관념적인 것으로서 더 이상 설득력을 가질 수 없게 되었다. 이제 교육철학 교수는 이 시대 교육의 중심부에 서 있는 사람들의 요구를 읽어낼 수 있어야 한다. 이러한 요구를 읽어내지 않고는 '좋은 교사'

(good teacher) 혹은 '훌륭한 교사'의 모습을 그려 낼 수 없다. 이러한 맥락에서 교사의 현실에 대한 비판적 연구가 보다 활발하게 이루어져야 할 이유가 바로 여기에 있다.

또 교사가 마땅히 따라야 할 규범이나 규칙을 제시하는 일이 교사교육에 있어서 매우 중요하고도 본질적인 일임에 틀림없지만 이미 제시된 규범이나 규칙이 과연 합당하고 타당한지를 따져보는 정당화 작업 또한 중요한 작업이다. 흔히 정당화(正當化: justification)란 어떤 활동에 관해 합리적인 이유를 제시하는 일을 말하는데, 규정되거나 공표된 교사의 규범도 정당화를 요하는 것들이다. 새로운 시대가 요구하는 교사의 규범을 제정하는 일도 중요하지만 교사들이 제정된 규범을 왜 지켜야 하는지에 대해 논리적으로 충분하고도 설득력 있는 이유를 제시하는 일은 매우 중요하다. 여기서 논리적 이유를 제시하는 작업은 원인을 찾는 작업과 구별되어야 한다. 왜냐하면 전자가 철학적 활동에 속한 것이라면 후자는 과학적인 활동에 속하는 것이기 때문이다. 교육철학 교수는 교사에게 요구되는 규범을 외재적으로 정당화하기보다는 내재적으로 정당화해 나가야 한다. 왜냐하면 외재적 정당화란 특정한 집단의 요구, 특수한 상황, 시류에 편승하여 이유를 제시한다는 점에서 규범이 가지는 본래적 가치를 밝히는 데에 한계가 있기 때문이다.

3) 교사교육의 목적에 관한 연구

교사에 관한 비판적이고 규범적인 연구는 그 자체로서 가치를 가지는 것이 아니며 최종적인 작업도 아니다. 이것들은 어디까지나 교사교육의 이념과 목적을 제시하기 위한 예비적 혹은 시론적 단계의 연구라고 봐야 한다. 따라서 교육철학 교수의 관심사는 교사의 현실 및 이상에 관한 연구로부터 교사교육의 이념과 목적 설정에 관한 연구에로 옮겨가야 한다. 최근에 이루어진 교사교육 관련 연구들은 교사교육 현실에 대한 반성을 토대로 새로운 형태의 교사교육의 이념, 내용, 방법이 제시되어야 함을 강조하고 있다. 말하자면 시대적 변화와 사회의 요구들에 부응하는 교사교육의 재개념화 및 재구성이 요청된다는 점을 역설하고 있다(유혜령, 1997; 김병찬, 2000; 유현숙, 2002; Zeichner, 1983).

교사교육 연구자로서 교육철학 교수는 기본적으로 교사교육의 내용과 방법을 탐구하기보다는 그 이념과 목적을 탐색하는데 관심을 기울인다. 이러한 점에서 교육철학 교수의 작업은 교육과학자 혹은 교육과학 교수들의 작업과 확연히 구별된다. 그는 훌륭한 교사를 기르기 위해 무엇을 어떻게 가르칠 것이냐 하는 내용과 방법을 선정하고 조직하는 일에 관여하기보다는 훌륭한 교사 혹은 교사다운 교사를 왜 길러내야 하는가 하는 비교적 일반적이고도 본질적인 물음에 대한 답을 찾아내는 일에 깊이 관여하고자 한다. 이러한 점에서 그는 일차적으로 교사교육의 특수한 목적이 무엇인지를 밝히기보다는 일반적인 목적이 무엇인지를 밝히려고 한다. 예컨대 그는 영어교사가 영어교과를 통해 실현하고자 하는 것이 무엇인지를 밝히려고 하기보다는 교사들이 궁극적으로 실현하고자 하는 것이 무엇인지를 밝히려고 한다. 즉 그의 최대 관심사는 교사교육 목적론에 대한 탐구라고 할 수 있다.

교육철학 교수의 주된 관심사가 교사교육의 목적이 무엇이냐를 탐구하는 일이기는 하지만 그는 아무 때나 그러한 질문을 던지는 것은 아니다. 그는 현재의 교사교육이 본래적 길로부터 일탈하여 엉뚱한 방향으로 나아가고 있을 때 비로소 "교사교육의 목적이 무엇인가?"를 묻게 된다. 마치 사수가 표적이 아닌 곳에 발사할 때 사격의 목적이 무엇인지를 묻는 것처럼 현행의 교사교육이 본래적 길로부터 멀어질 때 교사교육의 목적이 무엇인지를 묻게 된다. 이러한 점에서 교사교육의 목적이 무엇이냐를 묻는 교육철학 교수는 자연히 교사교육의 내용 및 방법에 대해 비판적인 태도를 가질 수밖에 없다. 즉 교사교육의 내용과 방법이 그 목적을 실현하는데 제대로 기능했는가를 평가할 수밖에 없다. 따라서 그는 교사교육의 목적을 실현하는데 요구되는 내용 및 방법을 비판적으로 검토해야 할 뿐만 아니라 그 과정(過程) 및 절차에 대해서도 관심을 가져야 한다. 왜냐하면 교사교육의 목적이 제대로 실현되지 않는 것은 목적이 잘못 설정되었다고 하기보다는 그것을 구현하는 과정과 절차가 불합리하기 때문이다. 따라서 교육철학 교수는 교사교육의 목적을 설정하는 일 뿐만 아니라 그것을 실현해 가는 과정 및 절차에 대해서도 비판적 담금질을 끊임없이 감행해 나가야 한다. 그는 교사교육 목적의 설정자요 내용 및 방법의 평가자요 비판자로서 역할을 수행해 가야 한다.

3 교사를 위한 철학적 교수

교육철학 교수는 교사 연구자로서 뿐만 아니라 예비교사를 가르치는 교수자로서의 역할을 담당하고 있다. 그는 '철학을 가진 교사' 혹은 '철학을 가지고 가르치는 교사'를 기르는 것을 주된 목적으로 하고 있는 교사교육자(teacher educator)로서 철학적으로 사고하고 판단하고 결정할 수 있는 능력을 가진 교사를 길러내는 일을 전문적으로 수행하는 사람이다. 그렇다면 그는 그러한 교사를 길러내기 위해 구체적으로 무엇을 어떻게 가르쳐야 하는가? 이 장에서는 교육철학 교수가 장차 교단에 설 예비교사들에게 어떠한 능력을 길러주어야 할 것인지를 논의해 보고자 한다.

1) 합리적 사고 능력

전통적으로 철학자들은 합리적 사고(合理的 思考)의 능력 신장을 중요시 해왔다. 왜냐하면 합리적 사고는 문제를 합리적으로 해결해 가도록 도와줄 뿐만 아니라 행복한 삶을 향유해 가도록 도와 줄 것이라고 판단했기 때문이다. 오늘날 교육철학 교수들도 예비교사들이 교육현상 및 교육활동을 합리적으로 사고할 수 있도록 돕기 위해 노력하고 있다. 왜냐하면 그들은 합리적 사고란 훌륭한 교사가 가져야 할 중요한 철학적 자질이라고 판단하기 때문이다.

흔히 합리적인 사고란 무슨 일이든지 이치(理致)에 맞도록 생각하는 능력을 말하는데, 이러한 능력은 하루아침 사이에 길러질 수 있는 것이 아니라 오랜 철학적 훈련을 통해 길러진다. 일찍이 영국의 교육철학자 피터스(R. S. Peters)는 "습관과 전통의 마당을 거쳐 이성의 궁전에 들어갈 수 있다."(Peters, 1974: 272)고 말한 바 있는데, 이것은 이성적인 능력이 오랜 타율(他律)의 과정을 거침으로써 비로소 획득될 수 있음을 암시해 준다. 우리 인간이 합리적 자율성(合理的 自律性)을 얻기 위해 비교적 긴 타율의 과정을 거쳐야 한다는 것은 분명히 하나의 패러독스(paradox)임에 틀림없다. 교사도 예외가 아니다. 그가 이성적으로 사고하고 판단하고 행동해 가기 위해서는 상당한 기간 동안 길고 험한 터널을 지나야 한다. 즉 교사는 일정한 기간 동안의 교사훈련을 받음으로써 합리적으로 생각하고 판단할 수 있는 능력을 획득하게 된다. 그렇다면 교육철학 교수는 예비교사들이 이러한 능력을 갖도록 하기 위해 어떤 훈련을 시켜야 하는가?

교육철학 교수는 예비교사들을 이미 이성적인 삶의 전형을 보여준 사람들의 세계로 인도해야 한다. 예컨대 그는 그들을 소크라테스(Socrates)로부터 헤겔(Hegel)에 이르기까지 합리적인 사고, 판단, 결정 그리고 행동을 해왔던 위대한 사상가 혹은 철학자들의 세계로 입문(入門)시켜야 한다. 교수는 예비교사를 이러한 세계에 입문시키기 위한 한 방안으로 위대한 철학자들의 사유과정을 소개하거나 텍스트를 직접 읽도록 안내할 수 있을 것이다. 그러나 이러한 방법은 어디까지나 간접적인 것으로서 그 효과가 크다고 할 수 없을 것이다. 이 경우 교육철학 교수는 합리적인 철학자들에 의해서 쓰여진 텍스트의 안내자 혹은 해석자(解釋者)로 남게 될 가능성이 높다. 기껏해야 그는 텍스트와 교사의 중재자로서 남을 뿐이다(Worsfold, 1982: 45). 따라서 교육철학 교수는 스스로가 교육현상이나 교육문제를 합리적으로 사유해 가는 과정을 보여주어야 할 필요가 있다. 말하자면 합리적 사유의 소산물인 저작의 안내자가 아니라 합리적 사유의 실천가(實踐家)가 되어 교육문제를 철학적으로 다루어가는 과정 혹은 방법을 직접 보여주어야 한다. 말하자면 그는 교사들이 배우고 따라야 할 모범(模範: model)으로서 역할을 수행해야 한다. 모범이야말로 가장 훌륭한 교육방법이기 때문이다.

2) 교육현실 비판 능력

교사교육자로서 교육철학 교수는 예비교사들이 교육현실 및 교육문제를 보다 근원적으로 바라볼 수 있는 비판적 안목(批判的 眼目)을 가지도록 가르쳐야 한다. 비판이란 어디까지나 왜곡된 사실과 은닉된 허위의식들을 들추어냄으로써 현재의 상황을 보다 개선해 보려는 의도에서 시작되는 반추적 작업(反芻的 作業)이라고 할 수 있는데, 교육철학 교수는 교사들이 다음과 같은 관점에서 교육현실을 비판하도록 가르칠 필요가 있다. 하나는 교사가 몸담고 있는 교육체제 및 제도를 비판하도록 하는 일이며, 다른 하나는 교사가 자기 자신을 비판해 보도록 하는 일이다. 전자는 소위 거시적 비판으로서, 이것은 교육체제 및 제도가 교육현장에서 가르치고 있는 교사의 삶에 주는 긍정적 혹은 부정적 영향을 담금질해 보는 작업을 말하는 것이요, 후자는 미시적 비판으로서, 이것은 교사 개개인의 심리 및 행동이 그의 교육행위에 어떤 영향을 미치고 있는지를 철저하게 검증해 보고자 하는 소위 자기 반성적 작업이다.

예비교사에게 전자의 비판능력과 후자의 비판능력을 가지도록 가르치는 일이 모두 중요하다. 하지만 교육철학 교수는 전자의 비판능력을 기르는 일보다 후자의 비판능력을 기르는데 더 큰 관심을 기울여야 한다. 왜냐하면 후자의 비판을 토대로 하지 않는 체제비판이란 맹목적이며 때론 위험하기 때문이다. 이러한 점에서 그는 교사의 자기비판이 체제비판에 비해 더 근원적이고 본질적이라는 점을 인식시킬 필요가 있다. 그는 교사가 자기의 교육활동에 대한 철저한 비판을 통해 거듭날 수 있는 존재임을 깨닫게 해야 하며, 그것이 교육발전의 토양이 된다는 점을 재인식시켜 나가야 한다.

사실, 교사는 철저한 자기비판(自己批判) 없이 교사다운 교사로서 성장해 가기 어렵다. 왜냐하면 교사의 자기비판은 교사를 교사답게 만드는 중요한 자질이기 때문이다. 학교 안에서 이루어지는 자신의 교육행위들 예컨대, 수업, 학생지도, 상담 등의 행위들에 대한 비판적 담금질이 없이는 '좋은 교사' 혹은 '훌륭한 교사'로서 거듭나기 어렵다. 나아가 자기반성(自己反省)이 없이는 교사로서의 확고한 사명감, 소명의식, 목적의식을 가지기 어렵다. 자기반성 혹은 자기비판은 정상 궤도로부터 일탈한 우리 교육현실을 꼬집는데 목적이 있는 것이 아니라 그것을 정상궤도로 가져다 놓으려는 강한 의지에서 비롯된 몸부림이라고 할 수 있다. 이러한 점에서 교육철학 교수는 예비교사들에게 자기비판과 자기반성이 우리 교육을 정상화할 수 있는 중요한 기초요 기반이 된다는 점을 인식시킬 필요가 있다.

3) 교육활동의 정당화 능력

교육철학 교수는 예비교사들에게 자신의 교육활동을 정당화하는 방법을 가르칠 필요가 있다. 여기서 정당화(正當化)란 일종의 어떤 활동의 합리적 근거를 제시하는 작업 혹은 신념과 행동의 이유를 제시하는 작업이다(Bailey, 1984: 11). 학교 현장에서 이런 저런 교육활동을 전개해 가고 있는 교사들에게도 정당화는 대단히 의미 있는 작업들 중의 하나이다. 오늘날 교단에서 가르치고 있는 교사들이 직면하는 문제들 중의 하나는 자신이 행한 교육활동에 대해 합리적 근거를 제시하는 능력이 비교적 부족하다는 점이다. 교사는 교육활동을 해가는 가운데 자주 이런 저런 선택을 하고 결단을 내려야할 상황에 직면하게 되는데, 이러한 상황 가운데서 왜 X가 아닌 Y를 행했는가에 대한 합리적인 이유를 제시할 수 있어야 한다. 예컨대, 교사는 자신이 추구하는 교육목적, 자신이 가르치는 교육내용, 그 자신이 구사하는 교육방법 등에 대해 합리적인 근거를 제시할 수 있어야 한다. 그러나 교사가 자신의 교육활동을 정당화하는 일은 결코 쉬운 일이 아니다. 이러한 정당화의 능력은 하루아침 사이에 길러지는 것이 아니며, 심리학적 지식이나 기법을 터득했다고 해서 성취될 수 있는 것도 아니다. 오히려 이러한 능력은 자신의 교육활동에 대한 깊은 철학적 성찰과 반성을 기반으로 성취될 수 있다. 이러한 관점에서 교육철학 교수는 장차 교단에 설 예비교사들에게 자신의 교육활동을 정당화해가는 방법과 기법을 가르치는데 관심을 기울여야 한다. 교육활동에 대한 내재적 정당화에 깊은 관심을 보였던 피터스(Peters, ed., 1973: 242-252)의 논의를 빌어 말하자면, 그는 교사가 자신의 교육행위를 도구적으로 정당화하기보다는 비도구적으로 정당화해 가는 것이 바람직하며, 공리주의적으로 정당화하기보다는 선험적(先驗的) 혹은 윤리적으로 정당화하는 것이 교육 본질에 가깝다는 점을 인식시킬 필요가 있다. 또 그는 교사들이 자신들의 교육활동을 외재적(外在的)으로 정당화하기보다는 내재적(內在的)으로 정당화하는 것이 바람직하다는 점을 보여줄 필요가 있다.

우선, 교육철학 교수는 예비교사들에게 교육목적을 내재적으로 정당화하는 방법을 가르칠 필요가 있다. 오늘날 현장의 교사들은 "교육을 받는 목적이 무엇인가?"라는 질문을 종종 받게 되는데, 이러한 질문에 대해 교사는 외재적 혹은 도구적인 이유를 들어 답할 것이 아니라 내재적 혹은 비도구적인 이유를 들어 답해야 할 것이다. 그러나 많은 교사들이 이러한 질문에 대해 답을 회피하거나 기껏해야 도구적인 답을 제시하고 있다. 이러한 외재적 정당화가 교육계를 지배하게 된 것은 교사 스스로가 자신의 교육활동을 철저하게 반추해 보지 않았기 때문이다. 따라서 교직과목을 담당하고 있는 교육철학 교수는 예비교사들에게 교육본질에 비추어 교육목적을 정당화해 가는 방법과 절차를 가르쳐야 할 필요가 있다.

다음으로, 교육철학 교수는 예비교사들에게 교육내용 및 방법을 정당화하는 방법을 가르칠 필요가 있다. 왜 A가 아닌 B의 내용을 가르쳐야 하는지, 혹은 X의 방법이 아닌 Y의 방법으로 가르쳐야 하는지에 대해 합리적인 이유를 제시하는 일이 매우 중요한 작업이라는 점을 인식시킬 필요가 있다. 현장에서 가르치는 교사들은 수학교과가 컴퓨터게임보다 왜 더 가치가 있는지의 이유를 제시할 수 있어야 하고, 또 토론수업이 강의식 수업보다 왜 더 교육적인지의 이유를 제시할 수 있어야 한다. 이 경우에도 교사는 도구적인 이유를 제시하기보다는 비도구적인 이유를 제시할 수 있어야 한다. 즉 교육의 본질에 비추어 교육내용과 방법을 정당화할 수 있어야 한다. 이러한 정당화의 기술은 하루아침 사이에 터득할 수 있는 것이 아니라 오랜 기간 동안의 철학적 훈련을 통해 획득될 수 있다. 이러한 능력을 길러줘야 할 책임이 바로 교육철학 교수에게 있다.

4) 언어의 명료화 능력

분석 철학자들은 언어의 의미를 명료화하는 일을 철학의 중요한 작업으로 여겨왔다. 일찍이 하이데거(M. Heidegger)는 "언어란 존재의 집이다"라고 말한 바 있다. 이러한 그의 통찰은 언어가 존재의 실상(實相)을 담고 있다는 점에서 언어의 의미를 밝히는 일이 매우 중요하다는 점을 암시해 주고 있다. 이러한 의미에서 언어의 의미를 밝혀내는 일은 곧 존재의 비밀을 푸는 실마리가 된다는 점에서 매우 중요한 철학적 작업으로 인식되고 있다. 오늘날 교육학 분야에서도 교육언어(educational language)를 분석해 내는 일이 교육의 본질을 밝히는 중요한 철학적 작업으로 받아들여지고 있다. 물론 몇몇 학자들이 밝힌 바 있듯이, 교육의 언어를 분석하는 일이 교육철학의 유일한 작업은 아닐 것이다(Edel, 1973: 252; Dearden, 1984: 27-28). 하지만 이것이 애매 · 모호한 교육언어 사용이 가져오는 폐해를 줄여 준다는 점에서 그 의의를 과소평가할 수 없을 것이다. 교직과목을 가르치는 교육철학 교수는 교육언어를 분석하는 일에 관여하기도 하지만 교육언어를 명료화(明瞭化)하는 방법을 가르치는 일에도 관심을 기울여야 한다.

그렇다면 교육철학 교수는 왜 예비교사들에게 교육언어를 명료화하는 방법을 가르쳐야 하는가? 교사교육자로서 교육철학 교수의 주된 관심은 철학을 가진 교사를 길러내는 일이며, 교사들이 교육현상 및 교육문제를 철학적으로 사색하고 비판할 수 있도록 도와주는 일이다. 여기서 문제가 되는 것은 교사가 교육철학을 해 가기 위해서는 필연적으로 교육언어들에 대한 분석과 명료화 작업을 해 가야 한다는 점이다. 교육현상에 대한 깊은 사색과 교육문제에 대한 예리한 비판은 교육언어 분석을 출발점으로 삼아야 한다는 것이다. 왜냐하면 교육현상과 교육문제는 언어를 통해 드러나고 표출되기 때문이다. 따라서 현상과 문제를 표현해 내는 언어에 대한 분석이 없이는 교육의 본질을 바르게 파악하고 이해했다고 할 수 없을 것이다. 일찍이 많은 언어철학자들이 밝힌바 있듯이 언어와 사고는 불가분의 관계를 가지고 있다. 언어가 사고발달에 끼치는 영향은 심대하다. 비트겐슈타인이 말했듯이, 언어는 사고를 왜곡하기도 한다(Wittgenstein, 1951: 4.002). 애매 · 모호한 언어를 사용하게 되면 우리의 사고는 더 이상 심원해질 수 없으며 나아가 교육현상 및 교육문제의 본질을 꿰뚫어볼 수 없게 된다. 이러한 관점에서 보면 교육철학을 한다는 것은 교육언어를 비판하는 데서부터 출발해야 한다고 말할 수 있다.

오늘날 교육현장에는 거대하고 거창한 언어들이 난무하고 있으며 명료하지 않는 애매·모호한 개념들이 무분별하게 사용되고 있다. 이러한 언어들이 교사들의 사고활동, 비판적 활동, 철학적 활동, 나아가 교육활동을 어렵게 만들고 있다. 이러한 관점에서 교육철학 교수는 예비교사들에게 기존의 교육언어가 가지는 의미(意味)를 끊임없이 묻도록 가르쳐야 한다. 즉 그는 기존의 교육언어가 가지는 의미가 과연 옳은지 혹은 올바르게 사용되었는지를 탐색하고 반추하도록 자극해야 한다. 그는 예비교사들에게 언어분석이 사이비(似而非) 언어를 찾아내는데 도움을 줄 뿐만 아니라 참된 명제와 그릇된 명제, 참된 신념과 그릇된 신념을 분별해 내는데 도움을 준다는 점을 보여주어야 한다. 결국 교육철학 교수는 장차 교단에 설 예비교사들에게 언어 명료화가 가지는 의미, 중요성, 방법 및 절차를 보여줌으로써 그들이 교단에 섰을 때 교육을 제대로 철학해 갈 수 있도록 도와주어야 한다.

5) 교사의 윤리의식

교육철학 교수는 장차 교단에 서게 될 예비교사들에게 교사로서의 투철한 윤리의식(倫理意識)을 가지도록 가르쳐야 한다. 교사의 투철한 윤리의식이야 말로 철학을 가진 교사에게서 나타나는 두드러진 특징이며 동시에 교사를 교사답게 만드는 중요한 자질이기 때문이다. 그렇다면 그는 예비교사에게 구체적으로 어떠한 윤리의식을 가지도록 가르쳐야 하는가? 다음 세 가지 측면에서 교사의 윤리의식을 논할 수 있을 것이다.

우선, 교육철학 교수들은 예비교사들이 장차 교직(教職)과 관련된 윤리의식을 가지고 교단에 서도록 가르쳐야 한다. 교직에 관한 윤리의식이 결여될 경우 교사로서의 사명감, 소명의식, 책임감이 생겨날 수 없다. 최근까지만 해도 교직은 성직(聖職)으로 평가받아 왔는데, 그것은 교직에 몸담고 있는 사람들에게 수준 높은 윤리적 의식 및 도덕적 표준이 요구되기 때문이었다. 이러한 교직관은 중세 대학의 교수들로부터 유래하였다. 이들은 가르치는 소임을 맡은 사람으로서 청빈, 검소, 금욕을 몸소 실천해 왔다. 또 교수는 그들에게 교직이 사적인 이익을 추구하는 전문직이 아니라 공적인 이익을 위해 봉사하는 전문직이라는 점을 인식시켜야 한다.

다음으로, 교육철학 교수는 예비교사들에게 교수활동과 관련된 윤리의식을 가지도록 가르쳐야 한다. 교사의 본업이란 크게 교재연구, 교과지도, 그리고 생활지도라고 할 수 있는데 이 중에서도 가르치는 일이 교사의 가장 중핵적인 활동이라고 할 수 있다. 그러나 불행하게도 교사들 중에는 이러한 활동에 충실하기보다는 다른 부수적인 활동에 더 많은 관심과 시간을 할애하고 정열을 쏟는 경우가 있다. 예컨대 취미생활, 스포츠활동, 시민단체 활동, 보직 활동, 부업 등에 더 많은 투자를 하고 있다. 이러한 활동들은 교사의 본래적인 활동이 아니며 오히려 본래적인 활동을 방해하는 것들이다. 본래적인 활동을 게을리 하는 교사들은 법률과 규정의 범위 안에서만 가르치고 지도하려고 한다. 이러한 교사는 자신뿐만 아니라 학생, 동료교사에게도 나쁜 영향을 끼친다. 최근 교육부와 학부모 단체가 교사를 평가해야 한다고 주장하고 나선 것도 바로 본업에 충실하지 않은 교사들 때문에 생겨난 조처라고 봐야 한다.

교육철학 교수는 교사의 교수활동과 관련하여 학생을 가르치는 방법이 도덕적으로 온당해야 한다는 점을 인식시켜야 한다. 많이 가르치고 잘 가르치는 것이 중요한 것이 아니라 바르게 혹은 온당하게 가르치는 것이 더 중요하다는 점을 인식시켜야 한다. 그는 교수와 수업이라는 이름으로 이루어지는 선전, 세뇌, 조건화가 학생에게 어떠한 해악을 가져오는지를 인식시켜야 한다. 교사가 자신의 정치적, 종교적 신조를 학생에게 선전하거나 세뇌하려는 태도가 도덕적으로 얼마나 큰 문제를 불러일으키는지를 인식시켜야 한다.

끝으로, 교육철학 교수는 예비교사들이 교사 연구 활동과 관련된 윤리의식을 가지고 교단에 서도록 가르쳐야 한다. 연구 활동이 교사의 본질적인 활동은 아니지만 연구를 게을리 하는 교사는 교단에 설 자질이 부족한 사람이다. 최근 교사를 교수자로서가 아니라 탐구자 혹은 연구자(researcher)로 바라보려는 연구들이 본격적으로 이루어지고 있다(최의창, 1998; 조재식, 2002; 양은주, 2003; Kincheloe, 1991; Clandinin & Connelly, 1999). 이러한 연구들은 교사를 이미 완결된 존재가 아니라 현장 연구를 통해 자신의 능력을 끊임없이 강화하고 자신을 완성해 가는 존재로 부각시키고 있다. 하지만 연구자로서 교사는 학생을 연구의 대상으로 삼을 경우 연구윤리를 준수해야 한다. 학생을 피험자로 할 경우 연구자는 학생에 대한 인권(人權)을 고려해야 하며, 학생 개개인의 정보를 함부로 공개하거나 악의적으로 이용해서도 안 될 것이다. 따라서 교육철학 교수는 연구활동이 교사를 교사답게 만드는 중요한 활동이기는 하지만 그러한 활동이 초래할 수 있는 윤리적인 문제도 함께 고려하도록 가르칠 필요가 있다. 또한 교육연구에 몰입한 나머지 교수활동이나 학생지도 활동을 소홀히 할 가능성이 있음도 함께 인식시켜야 한다.

4 맺는 말

이 글에서 연구자는 사범대학 및 교육대학의 교육철학 교수가 교사다운 교사를 기르기 위해 어떤 역할을 해야 하는가를 제시하려고 하였다. 연구자는 크게 두 가지 관점, 즉 그가 교사연구자로서 무엇을 연구해야 하는지, 그리고 교사교수자로서 무엇을 가르쳐야 하는지를 탐구하였다. 앞에서 논의한 결과를 토대로 내린 결론은 다음과 같다.

교사 연구자로서 교육철학 교수는 교사에 관한 철학적 연구를 지속적으로 수행해야 한다. 왜냐하면 교사를 연구하는 일이 교사교육의 목적을 실현하는 중요한 방법이기 때문이다. 교육철학 교수는 크게 교사의 현실에 대해 비판적 연구를 감행해야 하며 동시에 교사의 이상에 대한 규범적 연구를 감행해야 한다. 그리고 이를 토대로 교사교육의 목적을 탐색하고 그 방향을 설정해야 한다. 교사의 현실에 대한 비판적 연구는 교사의 외면적 행동을 기술하기 보다는 교사의 정신세계를 현상학적으로 탐색하려고 한다는 점에서 교육 과학적 접근과 구별되어야 한다. 또 교육철학 교수는 교사의 이상을 연구하는 일이 중요하긴 하지만 그 이상의 근거를 텍스트나 특정 교육사상가의 주장으로부터 추론해 내기보다는 교육현실로부터 뽑아 올릴 때 훨씬 설득력이 있고 호소력이 있다는 점에 주목해야 한다. 마지막으로 그는 교사의 현실에 대한 비판적 연구와 교사의 이상에 대한 규범적 연구를 토대로 교사교육의 이념과 방향을 설정하는 것이 무엇보다 중요하다는 점을 인식할 필요가 있다.

교사 교육자로서 교육철학 교수는 철학을 가진 교사를 길러내기 위해 교사들이 합리적으로 사고하도록 가르쳐야 하며, 교육현실을 보다 근원적으로 비판할 수 있는 능력을 길러주어야 한다. 또 그는 교사가 자신의 교육행위에 대해 합리적인 이유를 제시하는 능력 즉 정당화 능력을 가지도록 가르쳐야 하며, 교육언어를 명료화하는 방법도 가르쳐야 한다. 마지막으로 그는 예비교사들이 장차 교단에 섰을 때 교직윤리, 교수활동의 윤리, 연구활동의 윤리를 가지고 살아가도록 가르쳐야 한다. 합리적인 사고, 교육현실에 대한 비판, 교육활동에 대한 정당화, 교육언어의 명료화, 윤리의식 등은 훌륭한 교사가 가져야 할 중요한 자질들로서 이것들은 바로 교육철학 교수들이 길러주어야 할 중요한 능력들이다.

오늘날 사범대학과 교육대학에 몸담고 있는 교육철학 교수는 훌륭한 교사를 길러내야 할 막중한 소임과 책임을 안고 있다.

이를 위해 그는 교사연구자로서 그리고 교사교수자로서 역할에 충실해야 한다. 그의 연구와 교수는 분리되어서는 안 되며 어느 한쪽에 무게가 주어져서도 안 된다. 이 두 가지는 균형과 조화를 이루어야 한다. 왜냐하면 이 두 가지가 조화를 이룰 때 비로소 교사교육의 시너지효과가 나타날 수 있기 때문이다. 즉 좋은 연구가 좋은 교수를 가능하게 하기 때문이다. 따라서 교육철학 교수는 교사에 대한 연구와 교수를 변증적으로 조화시켜가야 할 필요가 있다.

참고문헌

김민남(1995). "교사교육론의 철학". 한국교사교육. 11, 한국교원교육학회, 1-32.

김병찬(2000). "교사교육의 패러다임 변화". 한국교사교육. 17(3), 한국교원교육학회, 113-141.

김창환(2005). "한국교육철학의 학문적 정체성". 교육철학. 33, 교육철학회, 7-22.

양은주(2003). "연구자로서의 교사개념과 대안적 교실 실천". 한국교사교육, 20 (2), 한국교원교육학회, 203-221.

______(2005). "교육철학의 '교사' 연구 동향과 과제". 교육철학. 33, 교육철학회, 68-82.

유현숙(2002). "교사교육에 대한 새로운 요구와 방향". 한국교원교육연구. 19(3), 한국교사교육학회, 127-145.

유혜령 역(1997), Carson, T. 저. 반성적 실천을 통한 교사교육의 재개념화. 허숙 · 유혜령 편. 교육현상의 재개념화: 현상학, 해석학, 탈현대주의적 이해. 서울: 교육과학사, 395-418.

이병승(2006). "교사교육자의 철학적 연구와 교수". 교육사상연구. 19, 한국교육사상연구회, 101-117.

조재식(2002). "연구자로서의 교사개념에 대한 이론적 고찰". 한국교육인류학회 2002년 춘계학술대회 자료집, 35-61.

최의창(1998), 학교교육의 개선, 교사연구자, 그리고 현장 개선 연구. 이용숙 · 김영천 편. 교육에서의 질적 연구. 서울: 교육과학사, 559-585.

한명희(1995). "현대교사론의 한계극복의 과제". 교육과정연구. 13, 한국교육과정학회, 191-200.

Bailey, C.(1984). *Beyond the Practitioner and the Present: A Theory of Liberal Education*. London: Routledge and Kegan Paul.

Clandinin, J. & Connelly, M.(1999). "The Teacher Research Movement: A Decade Later". *Educational Researcher*. 28(7), 15-25.

Darling-Hammond, L.(2002). "How Teacher Education Matter?". *Journal of Teacher Education*. 51(3), 166-173.

Edel, A.(1973). Analytic Philosophy of Education at the Crossroad. in J. F. Doyle, ed., *Educational Judgment*. London: Routledge and Kegan Paul.

Kincheloe, J.(1991). *Teachers as Researchers: Qualitative Inquiry as a Path to Empowerment*. London: The Falmer Press.

Peters, R. S.(1974). The Justification of Education. in R. S. Peters, ed., *The Philosophy of Education*. Oxford: Oxford University Press.

______(1974). *Psychology and Ethical Development*. Oxford: George Allen & Unwin.

Wittgenstein, L.(1951). *Tratatus Logico-Philosophicus*. New York: The Humanities Press.

Worsfold, V. L.(1982). Philosophers of Education as Middleman. *Foundations of Teacher Preparation: Responses to Public Law 94-142*, ed., Maynard C. Reynolds. Minneapolis: Universi- ty of Minnesota Press, 45-52.

Zeichner, K.(1983). "Alternative Paradigms of Teacher Education". *Journal of Teacher Education*. 34(3), 3-9.

색 인

【인명 색인】

ㄱ

ㄴ

ㄷ

ㄹ

ㅁ

ㅂ

ㅎ

【내용 색인】

ㄱ

ㅇ

ㅈ

ㅊ

저자소개

이병승(李秉承)

•공주대학교 사범대학교 교육학과 교수

【저서】

- 도덕교육의 철학, 역서(2005)
- 교육에 관한 철학적 담론(2006)
- 쉽게 풀어쓴 교육철학 및 교육사, 공저(개정판, 2007)
- 쉽게 풀어쓴 교육학, 공저(2판, 2008)
- 교육적 사유와 안목을 넓히기 위한 교육학개론, 공저(2011)

【논문】

- 훌륭한 교사의 철학적 자질 탐구(2008)
- 듀이 의식이론의 교육적 의미 탐색(2009)
- 피터스 교사관에 관한 비판적 고찰(2010)
- 소로우의 〈월든〉에 나타난 실존적 삶과 자기교육(2010)
- 교사의 실질적 권위와 그 정당화(2011)
- 〈대교수학〉의 구조를 통해 본 코메니우스의 교수학습원리 탐구(2011)
- 피터스의 교사교육의 철학(2011) 외 다수

교사에 관한 철학적 담론

2012년 2월 25일 인쇄
2012년 3월 1일 발행

저 자 이병승
발행자 박준식

발행처 도서출판 원미사
서울 성북구 장위 2동 65-192호 우남빌딩 202호
전화 : 02) 919-9630, 942-1276
등록 : 1994년 1월 18일(제6-192호)
E-mail : wonmisa9630@daum.net

정가 16,000원

ISBN : 978-89-5544-171-0